»Förderer deutscher Kultur«
100 Jahre Literarische Gesellschaft

»Förderer deutscher Kultur«

100 Jahre Literarische Gesellschaft

Herausgegeben von
Hansgeorg Schmidt-Bergmann
Im Auftrag der Literarischen Gesellschaft Karlsruhe
unter Mitarbeit von
Judith Samp und Miriam Schabinger

Wallstein Verlag

Stationen
der Literarischen Gesellschaft Karlsruhe

Gasthaus zum Ritter

Schloss Karlsruhe

Inhalt

Scheffel-Museum Haus Solms   Röntgenstraße 6   PrinzMaxPalais

Einleitung

Als im September 1924 in Heidelberg der »Deutsche Scheffel-Bund« gegründet wurde, war das literarische Werk von Josef Victor von Scheffel weitgehend vergessen. Die Gründung des Deutschen Scheffel-Bundes wollte dem entgegenwirken, wobei es nicht allein um die Bewahrung seiner Werke und seines Nachlasses gehen sollte, sondern um die Aktualisierung seiner »Geisteshaltung« inmitten der zerrissenen Gesellschaft der Weimarer Republik.

In der Weimarer Republik beschleunigte sich der gesellschaftlich-politische Wandel, die literarische Öffentlichkeit veränderte sich und damit auch das Selbstverständnis der Kultur. Die Literatur des 19. Jahrhunderts war inmitten der Werke des Expressionismus und der Neuen Sachlichkeit Geschichte.

Die Gründung des »Scheffel-Bundes« 1924 fiel in eine Zeit einer kurzfristigen inneren Stabilität der Weimarer Republik, die Hyperinflation konnte zurückgefahren werden, die Arbeitslosigkeit sank, die Wahlen im Dezember führten zu einer Stärkung der bürgerlichen Parteien, die allerdings keine Koalition bilden konnten, so dass es auf Regierungsebene zu einem Rechtsruck kam.

Die Gründung des »Scheffel-Bundes« sollte dem konservativen Bürgertum, das in Distanz zur Republik standen, eine Plattform geben. Verbunden war damit ein Bildungsprogramm, das in der Verleihung eines Abiturpreises mündete, dem bis heute erfolgreichen Scheffel-Preis. Im Mai 1926 konstatierte Eck Freiherr von Reischach-Scheffel mit Blick auf das neue Scheffel-Museum in Karlsruhe: »Ein würdiges Gegenstück zu Marbach und Weimar. Ein Kulturdenkmal mehr im Vaterlande«.

Der vorliegende Band dokumentiert die hundertjährige Geschichte der heute mit 7.000 Mitgliedern größten Literarischen Gesellschaft in Europa. Erstmals konnten bisher unbekannte Dokumente aus den Archiven ausgewertet und veröffentlicht werden.

Hansgeorg Schmidt-Bergmann

Judith Samp

Vorgeschichte
»Ein herzlicher Gruß –
Der Scheffelbund in Oesterreich-Deutschland«

1889 – 1924

Zur Vorgeschichte des Deutschen Scheffel-Bunds

Der Dichter Joseph Victor von Scheffel (1826-1886) gehörte
zu den bekanntesten und meistgelesenen Autoren seiner
Zeit. In der zweiten Hälfte des 19. Jahrhunderts hatte sich
in Deutschland und Österreich ein regelrechter Scheffelkult
entwickelt, der um 1870/80 nach der Gründung des Deutschen Reiches seinen Höhepunkt erreichte. Bereits 1889,
drei Jahre nach dem Tod des Autors, gründete der Schriftsteller Anton Breitner in Mattsee bei Salzburg den »Österreichischen Scheffelbund« mit einem dazugehörigen Museum zu Leben und Werk Scheffels. Zunächst sollten die
Werke neu veröffentlicht und Scheffel-Gedenktafeln errich-
tet werden. Die Enthüllungen der Denkmäler wurden dann
zu einem öffentlichen Ereignis: Am 11. Juli 1891 wurde in
Anwesenheit des Obmann-Stellvertreters Adolf Farosch aus
Graz sowie von Dr. Emil Fischer ein Denkmal in der Dichter-
stadt Heidelberg enthüllt. Ein großer Eichenkranz mit
Schleifen in den salzburger und badischen Farben wurde
überbracht, auf dem gedruckt stand: »Ein herzlicher Gruß –
Der Scheffelbund in Oesterreich-Deutschland«. Direktor
Schmetzer aus Mannheim hob im Auftrag der Stadtverwaltung hervor, dass der Scheffelbund auch als nationale Verbindung zwischen Österreichern und Deutschen zu sehen
und es eine gemeinsame Mission sei, das Erbe des Autors
des *Trompeters von Säckingen* und des *Ekkehard* populär zu
bewahren.[1] Als drittes Anliegen sah es der Bund als seine
Hauptaufgabe an, Studierende und Künstler zu unterstützen, ferner das »wirkliche, politische Talent« der Jugend zu
fördern.[2] Für das Erreichen dieser Ziele setzte man auf Mitglieder, welche die Botschaft gleich »Aposteln« verbreiten
sollten: »So mögen Sie denn Alle, hochverehrte Anwesende,
hinausziehen als Apostel unserer Ueberzeugung: daß es aus

Emil Fischer (1855-1921) war Mediziner
und Volkskundler. Er studierte an den
Universitäten in Heidelberg, Wien und
Graz Medizin, wurde 1880 promoviert
und arbeitete an den Augenkliniken in
Wien und Graz. Er ließ sich schließlich in
Bukarest nieder und gehörte ab 1904 zu
den Mitbegründern des Deutschen
Volksbildungsvereins in Bukarest.

(Vgl. Walther Killy: Emil Fischer, in:
Deutsche Biographische Enzyklopädie,
Bd. 3, München 1999, S. 314.)

Titelzitat: Salzburger Volksblatt
(13.7.1891).
1   Vgl. Salzburger Volksblatt
(16.12.1890), S. 2; vgl. Salzburger Fremden-
zeitung (15.4.1890), S. 5; vgl. Salzburger
Volksblatt (13.7.1891); zitiert nach ebd.; vgl.
Salzburger Volksblatt (16.12.1890), S. 2;
vgl. Matthias Kußmann: 70 Jahre Literarische Gesellschaft (Scheffelbund) Karlsruhe.
1924-1994, Karlsruhe 1994, S. 18.
2   Vgl. Salzburger Volksblatt (13.7.1891);
zitiert nach: Linzer Tages-Post (21.9.1895).

Abb.: Villa Breitner, Sitz des Scheffel-
Museums in Mattsee.

Anton Breitner (1858-1928) war ein österreichischer Schriftsteller. Nach dem Landwirtschaftsstudium in Tharandt und Leipzig ließ er sich 1885 in Mattsee bei Salzburg nieder und beteiligte sich dort an archäologischen Ausgrabungen. Er verfasste das Epos *Der Mönch von Mattsee* (1882) und die kulturgeschichtliche Skizze *Diemut* (1894) und beschrieb in *Die Odyssee einer Kaiserin* (1895) das Leben der Kaiserin Elisabeth von Österreich. Seit 1894 gab er die Literaturbilder *Fin de siècle* heraus. Breitner widmete sich auch dem Werk Joseph Victor von Scheffels, veröffentlichte 1890 ein *Scheffel-Gedenkbuch* und gab ab 1904 das *Scheffel-Jahrbuch* heraus. Er gründete den Österreichischen Scheffelbund und errichtete in Mattsee ein Scheffel-Museum, dessen Exponate später vom Deutschen Scheffel-Bund in Karlsruhe übernommen wurden.

(Vgl. Walther Killy: Anton Breitner, in: Deutsche Biographische Enzyklopädie, Bd. 3, München 1999, S. 107.)

3 Salzburger Volksblatt (16.12.1890), S. 2; Ischler Wochenblatt (18.8.1889), S. 5.
4 Allgemeine Kunst-Chronik (1889), S. 495: »Gewiß wird daher eine Vereinigung allseits lebhaften Anklang finden, die den Namen Scheffel's, des Studenten, Künstlers und Dichters zum ehrenvollen Schilde nimmt, um wahr und echt poetisches Wirken zu fördern und wissenschaftlichem und künstlerischem Streben helfend zur Seite zu stehen. [...] Auf, Studenten, in deren Adern deutsches Blut jugendkräftig glüht, fehlet auch Ihr nicht, wo es gilt, im Namen Eures Lieblingsdichters, Eures Scheffel, ein Scherflein beizutragen, um manchem Eurer Kommilitonen den Studienweg zu erleichtern.«

Abb.: Anton Breitner, um 1920.

ist mit dem Epigonenthum, wenn nur wir endlich zur Erkenntnis kommen, daß wir seine Epigonen sind.«[3]

Bereits 1889 erfolgte zum Erreichen dieses Ziels ein großer Aufruf in der *Allgemeinen Kunst-Chronik* zur Werbung neuer Mitglieder für den Österreichischen Scheffelbund. Es gab Pläne für die Ausschreibung eines Scheffel-Preises für epische Dichtung und historische Romane. Zudem wollte man Scheffel-Stipendien für Studierende und Künstler gewähren: »Auch Ihr, Jünger der Kunst, bleibet nicht ferne! Gedenkt Scheffels, der selbst ein Künstler, eine Künstlernatur war, gedenkt der hilfsbedürftigen Genossen!«[4] Die Aufrufe

Scheffelbund in Oesterreich.

Scheffel! Wie wundersam klingt dieser Name von Nord zum Süd in Deutschlands Gauen. Scheffel! In wessen Brust weckt dieses Wort nicht tausendfachen, mächtigen Wiederhall? Wo gibt es eine Bücherei, in der sich nicht der jugendfrische, freifrohe Sang vom Trompeter von Säkkingen fände, wo hätte sich nicht auch der sinnigernst durchhauchte Mönch Ekkehard ein Plätzchen erobert?

Dem Sänger der Bergpsalmen strahlen die Felsen des klaren Abersees Dankbarkeit wieder, und die muntern, feuchten Lieder des „Gaudeamus" leben fort im Munde der deutschen Studentenschaft.

Gewiss wird daher eine Vereinigung allerseits lebhaften Anklang finden, die den Namen Scheffel's, des Studenten, Künstlers und Dichters zum ehrenvollen Schilde nimmt, um wahr und echt poetisches Wirken zu fördern und wissenschaftlichem und künstlerischem Streben helfend zur Seite zu stehen.

Auf d'rum Alle, die Ihr den heiteren Sinn an Scheffel's Liedern ergötzt, die Ihr das Gemüth erbaut und kräftigt an den Gestalten, die so warm und wahr des Sängers Geiste entsprungen, auf, und entrichtet den Manen des Dichters einen kleinen Tribut der Dankbarkeit!

Auf, Studenten, in deren Adern deutsches Blut jugendkräftig glüht, fehlet auch Ihr nicht, wo es gilt, im Namen Eures Lieblingsdichters, Eures Scheffel, ein Scherflein beizutragen, um manchem Eurer Commilitonen den Studienweg zu erleichtern. Gedenkt des Spruches, der Euch gesungen ward:

> „Nicht rasten und nicht rosten,
> Weisheit und Schönheit kosten,
> Durst löschen, wenn er brennt,
> Die Sorgen versingen mit Scherzen,
> Wer's kann, der bleibt im Herzen
> Zeitlebens ein Student!

Doch wenn Ihr die Sorgen lustig versingt, vergesst nicht die Eurer Collegen, denen das vom Schicksal nicht so leicht gemacht ward!

Auch Ihr, Jünger der Kunst, bleibet nicht ferne! Gedenkt Scheffel's, der selbst ein Künstler, eine Künstlernatur war, gedenkt der hilfsbedürftigen Genossen!

Und Ihr, Sänger im deutschen Dichterwald, schliesst auch Ihr Euch dem „Scheffelbund in Oesterreich" enge an in treuer Erinnerung an unseren Scheffel.

Scheffel's Name sei das Banner, unter dem der neugegründete „Scheffelbund in Oesterreich" blühen und gedeihen soll!

Derselbe stellt sich zum Zweck die Ausschreibung eines Scheffelpreises für Epos und historischen Roman, Ehrung verdienstvoller Dichter, Gewährung von Scheffel-Studienbeiträgen für Studenten und Künstler.

Beitrittserklärungen werden entgegengenommen von A. Breitner, Mattsee (Salzburg).

Zugleich wird ersucht, anzugeben, ob Wien, Graz oder Salzburg als Ort der Gründungsversammlung erwünscht ist, die im Laufe der nächsten Monate stattfinden wird und die Aufstellung der Statuten zur Aufgabe hat.

Auf also, Freunde und Verehrer Scheffel's, tragt bei zum edlen Zweck!

Paul Peter,
Bügermeister in St. Wolfgang.

Franz Pomezny,
stud. phil.

Carl Weizner,
stud. jur.

Adolf Jarosch,
Typograph.

Hugo Thöni,
stud. jur.

Anton Breitner,
Schriftsteller,
Custos des Scheffelmuseums in Mattsee.

Dr. Bernhard v. Beck (1821-1894) studierte Medizin an den Universitäten in Freiburg und Heidelberg und wurde in Heidelberg promoviert. Als 1848 die Badische Revolution ausbrach, trat er in die Armee ein und rückte bis zum Generalarzt 1. Klasse auf. Er bildete dort als erster 1866 eine Sanitätskompanie aus. 1893 erhielt er den Rang eines Generalmajors und spezialisierte sich auf das Gebiet der Kriegschirurgie.

(Vgl. Walther Killy / Rudolf Vierhaus: Dr. v. Beck, in: Deutsche Biographische Enzyklopädie, Bd. 1, München 1999, S. 369.)

Abb.: Aufruf des Österreichischen Scheffelbunds in der *Allgemeinen Kunst-Chronik* 1889.

hatten zur Folge, dass der Österreichische Scheffelbund im ersten Jahr auf 100 Mitglieder in Österreich und Deutschland anwuchs.[5]

Der Scheffelbund expandiert

Diese Resonanz sowie das Ziel, das Deutsche Reich und die anderen deutschsprachigen Länder im Sinne einer großdeutschen Lösung, die auch Scheffel lange vertreten hatte, als Kulturraum als Ganzes zu denken, zeigten schon bald Erfolge. So wurde bereits zwei Jahre nach der Gründung des Österreichischen Scheffelbundes in Schwetzingen der ›Deutsche Scheffelbund‹ gegründet, dessen Leitung Joseph Stöckle und Prof. Dr. A. F. Maier übernahmen.[6] Einem Antwortschreiben des Erbgroßherzogs Friedrich von Baden (1857-1928)[7] von 1892 ist zu entnehmen, dass er selbst Joseph Stöckle darum bat, die Vereinsleitung zu übernehmen. Das Jahrbuch *Nicht rasten und nicht rosten!* war vorab an alle Fürstenhöfe geschickt worden, die in Beziehung zu Scheffel standen: an Karl Joseph Wilhelm von Bayern (1821-1912), Wilhelm II. (1848-1921), König von Württemberg, Carl Alexander von Sachsen-Weimar (1818-1901) und an Prinzessin Luise Marie Elisabeth von Preußen, Großherzogin von Baden (1838-1923).[8] An Joseph Stöckle schrieb Erbgroßherzog Friedrich, dass er dem Wunsch, das ›Protektorat‹ zu übernehmen, gerne nachkommen werde:

Indem ich Ihnen für Ihre werte Sendung meinen verbindlichsten Dank sage, entspreche ich mit Vergnügen dem Wunsche der Vereinsleitung, zumal ich glaube, die Aufgabe des Bundes insbesondere darin erkennen zu dürfen, daß er die Erinnerung an die bleibenden Vorzüge der Scheffel'schen Dichtung pflege [...]. Ich bin somit bereit, das mir angebotene Protektorat zu übernehmen und dem Gedeihen des Scheffelbundes, deutsche Abteilung, meine Teilnahme zu widmen und benütze mit Vergnügen diesen Anlaß, Sie meiner vorzüglichen Wertschätzung zu versichern.[9]

5 Vgl. Die Lyra (15.12.1890), S. 7.
6 Vgl. Salzburger Volksblatt (16.12.1890), S. 3; vgl. Landesarchiv Baden-Württemberg, Generallandesarchiv Karlsruhe 60 1568 (›Der unter dem Protektorat des Erbgroßherzogs stehende Scheffelbund, hier: Abteilung Deutschland 1892-1904‹, Permalink: http://www.landesarchiv-bw.de/plink/?f=4-1157715), Briefentwurf von Erbgroßherzog Friedrich an Joseph Stöckle vom 21.3.1892; siehe auch: Joseph Stöckle (Hg.): Nicht rasten und nicht rosten! Scheffelbund. Jahresbericht der Abteilung Deutschland und Österreich für das Vereinsjahr 1892, S. 5 ff.
7 Vgl. Walther Killy: Deutsche Biographische Enzyklopädie, Bd. 3, München 1999, S. 460.
8 Vgl. Landesarchiv Baden-Württemberg, Generallandesarchiv Karlsruhe 60 1568 (›Der unter dem Protektorat des Erbgroßherzogs stehende Scheffelbund, hier: Abteilung Deutschland 1892-1904‹, Permalink: http://www.landesarchiv-bw.de/plink/?f=4-1157715), Briefentwurf von Erbgroßherzog Friedrich an Joseph Stöckle vom 21.3.1892: »Wertgeschätzter Herr Professor Joseph Stöckle! Ihre freundliche Sendung vom 11. v. M. ist mir zugekommen, worin Sie mir als Obmann des ›Scheffelbundes, Abteilung Deutschland‹, eine Mehrzahl von Schriften überreichen, welche von diesem Verein veröffentlicht wurden; in dem Begleitschreiben der Sendung stellen Sie, namens der Leitung des Scheffelbundes Abteilung Deutschland, den Antrag, daß ich das Protektorat übernehmen möchte.«; siehe auch: Joseph Stöckle (Hg.): Nicht rasten und nicht rosten! Scheffelbund. Jahresbericht der Abteilung Deutschland und Österreich für das Vereinsjahr 1892, S. 5 ff.
9 Ebd.

Motiv aus dem Scheffel=Museum in Mattsee.

Eigenthum des Scheffel-Museums. Nachdruck verboten.

Zur Erinnerung an die Gründung wurden Abzeichen nach dem Bundessiegel gearbeitet. Diese hatten einen Rundschild mit einer Trompete in der Mitte und waren mit der Unterschrift »Scheffelbund. Nicht rasten und nicht rosten!« versehen. Sie wurden in den badischen Farben (gelb-rot-gelb) vergoldet oder in den deutschen Farben versilbert. Bei der Enthüllung des Scheffel-Denkmals in Karlsruhe 1892 wurden die Abzeichen öffentlich getragen.[10]

Neben den Ähnlichkeiten des Österreichischen Scheffelbunds mit dem späteren Deutschen Scheffel-Bund in den

10 Vgl. Brief von Anonymus an den Museumsdirektor des Victor-von-Scheffel-Museums in Mattsee (N2817, MLO).

Abb.: Innenansicht des Scheffel-Museums in der Villa Breitner.

Joseph Stöckle (1844-1893) studierte ab 1866 an den Universitäten zu Freiburg und Heidelberg katholische Theologie und klassische Philologie. Nach bestandenem Staatsexamen wurde er 1875 Professor an der höheren Bürgerschule, der jetzigen Realschule in Pforzheim. 1886 wurde er an die höhere Bürgerschule nach Schwetzingen versetzt, wo er nach längerem schwerem Leiden starb. Stöckle hat sich durch eine Reihe literarischer Arbeiten, insbesondere zu Joseph Victor von Scheffel bekannt gemacht. Daneben gab er zahlreiche literaturgeschichtliche und pädagogische Abhandlungen und Aufsätze heraus.

(Vgl. Friedrich von Weech / Albert Krieger: Joseph Stöckle, in: Badische Biographien, 5. Teil 1819-1901, Heidelberg 1906, S. 738.)

Zielen gab es strukturelle Überschneidungen: So wurde am Anfang eines jeden Jahres ein ›Jahresbericht‹ herausgegeben, der die Arbeiten des vergangenen Jahres dokumentieren sollte.[11] Das Jahrbuch aus dem Jahr 1894 enthielt ›Auf Scheffel Bezügliches‹ in einem ersten Teil. Nachfolgend gliederte sich das Jahrbuch in Biografisches, Novellen, Epik, Humoristisches, Aperçus, einen Anhang sowie Kunstblätter.[12] Diese Scheffel-Begeisterung blieb nicht unwidersprochen; so formierte sich um 1900 in Graz ein ›Anti-Scheffelbund‹. In Form sogenannter ›Anti-Jahrbücher‹, auch ›Rachejahrbücher‹ genannt, wurde satirische Kritik an der übermäßigen ›Scheffelei‹ geübt.[13]

Die Quellen geben wenig Aufschluss darüber, wie lange der Österreichisch-Deutsche Scheffelbund aktiv war. Jedoch legt die Einstellung der Jahrbücher nahe, dass er sich um 1918 aufgelöst hat. Der Übergang zum ›Deutschen Scheffel-Bund‹, der sich 1924 in Heidelberg gründete, verlief dann fließend. Im *Aufruf des Deutschen Scheffel-Bunds* von 1925 wurde Anton Breitner allerdings noch als Leiter geführt. Leonie von Scheffel, die Schwiegertochter Scheffels, hatte bereits seit Anfang des Jahrhunderts geplant, der Stadt Karlsruhe und dem Land Baden den Nachlass Scheffels zu übereignen. Die Verhandlungen hatten sich zunächst schwierig gestaltet, jedoch war es Leonie von Scheffels Intention, das

11 Vgl. Die Lyra (15.12.1890), S. 7.
12 Vgl. Ischler Wochenblatt (15.7.1894), S. 7.
13 Vgl. Kußmann: 70 Jahre Literarische Gesellschaft (Scheffelbund) Karlsruhe 1994, S. 18.

Abb.: Jahrbuch des Österreichischen Scheffelbundes 1892: Nicht rasten und nicht rosten, hg. von Joseph Stöckle, Stuttgart 1892.

C. Weixner fec.

Scheffelstube in Mattsee.
(Villa Breitner.)

Erbe in Karlsruhe in einem ausschließlich Scheffel gewidmeten Museum zu präsentieren, um es der Öffentlichkeit zugänglich zu machen. 1917 erfolgte die Einrichtung eines Scheffel-Archivs, in welchem der Nachlass zunächst gesichtet und geordnet werden konnte. 1924 wurde der Besitz schließlich an den neu gegründeten ›Deutschen Scheffel-Bund‹ in Karlsruhe endgültig übergeben.[14]

14 Vgl. ebd., S. 18 f.; Landesarchiv Baden-Württemberg, Generallandesarchiv Karlsruhe 56-1 2579 [Eigentum: Haus Baden] (Permalink: http://www.landesarchiv-bw.de/plink/?f=4-1984861), Aufruf des Deutschen Scheffelbundes e. V. aus dem Jahr 1925, o. S.

Abb.: Scheffelstube in der Villa Breitner.

AUFRUF
des Deutschen
Scheffelbundes
E. V.

Sitz Hohentwiel bei Singen

Geschäftsstelle Karlsruhe, Kaiserstraße 90

Hansgeorg Schmidt-Bergmann

»Deutsche Männer! Deutsche Frauen! Deutsche Jugend! […] Euch ruft der Deutsche Scheffelbund. Tretet in seine Reihen!«

1924 – 1933

»Zu Heidelberg kamen am 13. September 1924 im alten Gasthaus zum Ritter Männer von Wissenschaft und Wirtschaft, aus Kunst- und Kulturkreisen jeglicher Art zusammen, um den Scheffelbund zu gründen und ihm eine Satzung zu geben.«[1]

Zu den Initiatoren des Bundes, die sich vorgenommen hatten »das Geistesgut Scheffel'scher Dichtung in ihre Obhut zu nehmen«, gehörte neben dem Initiator Eck Freiherr von Reischach-Scheffel, dem Ehemann von Freifrau Margaretha von Reischach-Scheffel, der Enkelin des Dichters, der 1870 geborene Mediävist Friedrich Panzer.[2] In den 1920er Jahren hatte der angesehene Gelehrte in Heidelberg eine Professur für Germanistische Philologie inne und wurde 1926 zum Rektor der Universität gewählt. Zuvor war Panzer der erste Professor für Germanistik und Prorektor der Universität Frankfurt a. M., an deren Gründung er maßgeblich beteiligt gewesen war. Panzer, der 1913 die *Kinder- und Hausmärchen der Brüder Grimm in ihrer Urgestalt* in zwei Bänden herausgegeben hatte, war Mitbegründer und zwischen 1922 und 1933 Vorsitzender des Deutschen Germanistenverbandes sowie Mitherausgeber der *Zeitschrift für Deutschkunde*. Sein kulturpolitisches Anliegen in den hektischen politischen Zeiten war die Förderung des Deutschunterrichts und der Lehrerausbildung. Er sah die Kenntnisse der alten Sprachen bedroht und damit auch die literarischen Werke wie das *Nibelungenlied*, die für ihn einen Teil einer deutschen Identität bildeten und eines seiner Forschungsgebiete noch bis in die fünfziger Jahre waren. 1919 hatte er das mangelnde deutsche Nationalgefühl als einen der Gründe für den verlorenen Weltkrieg angesehen.

Als einen literarischen Gegenpol zur Geisteshaltung der beginnenden Weimarer Republik exponierte er die Werke

Titelzitat: Landesarchiv Baden-Württemberg, Generallandesarchiv Karlsruhe 56-1 2579 [Eigentum: Haus Baden] (Permalink: http://www.landesarchiv-bw.de/plink/?f=4-1984861), Aufruf des Deutschen Scheffelbundes e. V. aus dem Jahr 1925, o. S.

1 Eck Freiherr von Reischach-Scheffel: Zum Geleit, in: 30 Jahre Volksbund für Dichtung (Scheffelbund). 1924-1954 / Festschrift zum dreißigsten Gründungstag des Volksbundes für Dichtung (Scheffelbund). 13. September 1954, im Auftrag der Bundesleitung hg. v. Reinhold Siegrist, Karlsruhe 1954, S. 3.

2 Landesarchiv Baden-Württemberg, Generallandesarchiv Karlsruhe 56-1 2579 [Eigentum: Haus Baden] (Permalink: http://www.landesarchiv-bw.de/plink/?f=4-1984861), Aufruf des Deutschen Scheffelbundes e. V. aus dem Jahr 1925, o. S.

Abb. oben: Außenansicht Schloss Nussdorf, Wohnsitz der Familie Reischach-Scheffel.

Joseph Victor von Scheffels, die er 1919 in vier Bänden heraus-
gab.[3] Denn Scheffel war imstande, so Panzer, »bestimmten
Seiten deutschen Lebens einen vollendeten Ausdruck zu
geben; seine Werke gehören zu jener echten Dichtung, die
nach dem Ekkehardwort ›gesund und stark‹« macht.[4] Doch
inmitten der Neuen Sachlichkeit und der Avantgarden in den
großen Städten, der sich etablierenden Massenkultur, der
Illustrierten, des Rundfunks und der Filmindustrie waren die
Werke des einstigen Bestsellerautors Scheffel, vergleichbar
im 19. Jahrhundert nur mit den Auflagen Johann Wolfgang
von Goethes, Friedrich Schillers und Heinrich Heines, welt-
anschaulich Teil einer untergegangenen Welt. Gelesen wurde
der Autor der *Gartenlaube* nur noch wenig. Signifikant lässt
sich das an der Geschichte der zahlreichen Prachtausgaben

3   Friedrich Panzer (Hg.): Scheffels
Werke. Kritisch durchgesehene und erläuterte Ausgabe, 4 Bände, Leipzig/Wien
[1919].
4   Friedrich Panzer (Hg.): Scheffels
Werke. Kritisch durchgesehene und erläuterte Ausgabe, Bd. 1: Gedichte, Leipzig/
Wien [1919], S. 70.

Abb. oben: Zunftschild (auch Nasen-
schild genannt) am Hotel zum Ritter in
Heidelberg. Zu sehen ist Ritter Georg auf
dem Pferd, der mit seiner Lanze einen
Drachen tötet.

Abb.: Hotel zum Ritter in der
Heidelberger Innenstadt: Ort der
Gründung der Literarischen Gesell-
schaft ursprünglich unter dem Namen
›Deutscher Scheffelbund‹.

des *Ekkehard* und des *Trompeters von Säckingen* zeigen – nach 1914 wurden so gut wie keine der reich illustrierten, mit Goldschnitt und in historistischer Formensprache gestalteten großformatigen Bücher mehr gedruckt. Friedrich Panzer und Eck Freiherr von Reischach-Scheffel war bewusst, dass die Werke Scheffels einer vergangenen Epoche angehörten. Doch den ›Geist‹ und die damit verbundene politisch-kulturelle Haltung wollte man nicht nur bewahren, sondern gesellschaftlich wirksam werden lassen. Joseph Victor von Scheffel sollte daher einen dauerhaften, festen Ort bekommen, eine Memorialstätte wie Goethe in Weimar und Friedrich Schiller in Marbach a. N. Sein Werk sollte bewahrt, erforscht, ediert, vermittelt, sein Nachlass zentral gesichert werden. Die Gründung des Deutschen Scheffel-Bunds stand 1924 bewusst in Opposition zu der Beschleunigung in allen gesellschaftlichen Lebensbereichen. Rückblickend schrieb Eck Freiherr von Reischach-Scheffel 1954 anlässlich des 30-jährigen Bestehens des Deutschen Scheffel-Bunds über die Absicht der Gründungsmitglieder:

Abb. links: Prof. Dr. Friedrich Panzer, Vorsitzender des Deutschen Scheffel-Bunds von 1924 bis 1938. Professor für Literaturwissenschaft an der Universität Heidelberg.

Abb. rechts: Das *Wiener Salonblatt* (2.10.1927) tituliert: »Eck Freiherr von Reischach-Scheffel, der Organisator des weithin bekannten Deutschen Scheffelbundes«.

Hugo Freiherr von Reischach

>Alt Heidelberg‹ schien ihnen just der rechte Platz zu sein, um das Geistesgut Scheffel'scher Dichtung in ihre Obhut zu nehmen und fürderhin getreulich darüber zu wachen. Sie bestimmten, daß Scheffel-Archiv und -Museum sowie die Geschäftsstelle des Bundes in Karlsruhe, dem Geburts- und Sterbeort des Dichters, erstehen sollten. Es galt, den Nachlaß zu sichten, zu einen; aber auch zu mehren und das Gewichtigste zu veröffentlichen. Gewiß, das Überkommene sollte gewahrt werden; aber die Pflege geistigen Lebens im allgemeinen Sinne war von Anbeginn der Gründer oberster Leitgedanke und darum waren sie auf das Ziel gerichtet, eine Gemeinschaft zu schaffen, aus jung und alt, die teilnimmt am dichterischen Geist, an den Dichterwerken der Vergangenheit und der Gegenwart. Das Fundament wurde an jenem sonnigen Spätsommertag sorgfältig gelegt. Es hat bis heute gehalten![5]

Zehn Tage vor der Gründungsversammlung im Heidelberger ›Gasthaus zum Ritter‹ teilte Eck Freiherr von Reischach-Scheffel dem Geheimrat Professor Dr. Friedrich Panzer mit, dass die »Vorbereitungen für die Tagung des Organisationsausschusses am 13. September nachmittags [um] 3 Uhr im Hotel ›Ritter‹ zu Heidelberg«[6] beendet seien. Laut Briefkopf hatte der Deutsche Scheffel-Bund seinen Sitz noch in Singen an dem für Scheffels Werk historisch bedeutsamen Hohentwiel. Er berichtete von den Anmeldungen der Ortsgruppen Singen, Stuttgart und Wien, sowie von den finanziellen Unterstützern: der Rheinischen Creditbank Mannheim, der Süddeutschen Disconto-Gesellschaft und der Württembergischen Vereinsbank Stuttgart.[7] Als Herausgeber für das geplante Jahrbuch sollte der den Völkischen nahestehende Lyriker Börries Freiherr von Münchhausen, der sich selbst nach 1930 offen als Antisemit bekannte, angefragt werden. Es war intendiert, einen Arbeitsausschuss zu bilden, mit dem Ziel der Realisierung eines repräsentativen Scheffel-Museums.[8]

Die *Wiener Zeitung* berichtete am 18. September 1924 über die Gründung des Deutschen Scheffel-Bunds am 13. September 1924 in Heidelberg:

5 Eck Freiherr von Reischach-Scheffel: Zum Geleit, in: 30 Jahre Volksbund für Dichtung (Scheffelbund). 1924-1954 / Festschrift zum dreißigsten Gründungstag des Volksbundes für Dichtung (Scheffelbund). 13. September 1954, im Auftrag der Bundesleitung hg. v. Reinhold Siegrist, Karlsruhe 1954, S. 3.
6 Universitätsbibliothek Heidelberg, Heid. Hs. 3824 Teil a C2.392, Brief von Eck Freiherr von Reischach-Scheffel an Friedrich Panzer vom 3.9.1924.
7 Vgl. ebd.
8 Landesarchiv Baden-Württemberg, Generallandesarchiv Karlsruhe 56-1 2579 [Eigentum: Haus Baden] (Permalink: http://www.landesarchiv-bw.de/plink/?f=4-1984861), Aufruf des Deutschen Scheffelbundes e. V. aus dem Jahr 1925, o. S.

Abb.: Hugo Freiherr von Reischach, Vater von Eck Freiherr von Reischach-Scheffel, Oberstallmeister, Oberhof- und Hausmarschall, Titelblatt seiner Autobiografie *Unter drei Kaisern*.

Am 13. d. M. fand zu Heidelberg unter dem Vorsitze des Geheimrates Universitätsprofessors Dr. Friedrich Panzer ein Bundestag statt, zu dem aus allen Teilen Deutschlands Mitglieder eingetroffen waren. Als Delegierte der österreichischen Abteilung nahm Professor W. U. Hammer aus Wien, als Vertreter der Familie Scheffels Freiherr von Reischach-Scheffel, der Gatte der Enkelin des Dichters, an der Beratung teil. Es wurden im Einvernehmen mit der österreichischen Abteilung sowie mit verschiedenen Ortsgruppen gewisse Satzungen abgeändert, ferner ein Ehrenvorstand sowie ein Arbeitsausschuß gewählt. Geheimrat Panzer übernahm für die Folge den Ehrenvorsitz des Bundes. Die wichtigeren Beschlüsse erstreckten sich auf die Erhaltung des Scheffel-Museums im Geburtshause des Dichters sowie auf die Hütung und Veröffentlichung des noch ungedruckten Nachlasses, wobei die Erben des Dichters dem Bunde weiterzige Zugeständ-

Abb.: Mittelhalle im Hotel und Restaurant zum Ritter.

nisse machten. Auch die Wiederherausgabe eines Jahrbuches, für das bereits ein Verleger gewonnen ist, wurde
beschlossen.[9]

In Karlsruhe bestand seit 1917 ein von der Stadt unterstütz-
tes kleines Museum und ein von Werner Kremser geführ-
tes Scheffel-Archiv – der Grundstock des späteren Karlsruher Scheffel-Museums –, das jedoch nicht öffentlich
zugänglich war. Es war Leonie von Scheffel, die Schwiegertochter des Dichters, die großes Interesse an der Zusammen-
führung des Nachlasses und der verschiedenen Sammlungen an einem zentralen Ort hatte. Bereits seit 1910 arbeitete
Werner Kremser an der Sichtung der Materialien und
Leonie von Scheffel verfügte daher im Januar 1921 in einer
Vollmacht:

9 Wiener Zeitung 221 (18.9.1924),
Nr. 215, S. 3.

Abb.: Werner Kremser,
erster Archivar des Scheffel-Bundes.

Deutscher Scheffel-Bund
Sitz: Hohentwiel
Geschäftsstelle und Postanschrift: Deutscher Scheffel-Bund, Singen-Hohentwiel
Bank-Konto: Rheinische Creditbank Filiale Singen-Hohentwiel.

Einschreiben
Eck Freiherr von Reischach-Scheffel
Fremersbergstr.67a

Baden-Baden, den 3. September 1924.

(U&H)

Sr. Hochwohlgeboren

Herrn Geheimrat Professor Dr. Friedrich P a n z e r

H e i d e l b e r g
- -

Hochzuverehrender Herr Geheimrat!

Im Anschluss an die Herrn Kremser und mir freundlichst gewährte letzte Unterredung möchte ich Ihnen heute mitteilen, dass die Vorbereitungen für die Tagung des Organisationsausschusses am 13. September nachmittags 3 Uhr im Hotel " Ritter " zu
Heidelberg beendet sind und damit die reibungslose Abwicklung gesichert erscheint. Nachdem Sie uns in so freundlicher Weise Ihrer
Anwesenheit hierfür in Aussicht gestellt haben, möchte ich nicht
verfehlen nochmals zu betonen, dass irgend eine Belastung Ihrer-
seits durch Arbeit oder Zeitaufwand,wie auch mündlich versprochen,
unter keinen Umständen erfolgen soll. Meine Bitte geht lediglich
dahin,sehr verehrter Herr Geheimrat, den Beginn der Tagung mit
einigen Begrüssungsworten zu eröffnen. Den geschäftsführenden Vorsitz soll irgend einer der anwesenden Herren übernehmen, vielleicht
werde ich dies Amt auch selbst-lediglich für diesen Tag- vorsorgen.

Aus der Anlage mögen Sie ersehen, wer bisher seine
Unterschrift für den Ihnen ja bekannten Werbeaufruf genehmigt hat
und wer an obengenannter Tagung teilnehmen wird. Es sind noch
einige Genehmigungen zu erwarten, von denen ich am 13. gleichfalls
Kenntnis geben werde.

Herr Werner Kremser hat sich seit dem Jahre 1910 große Verdienste um die Hebung, Sichtung und Erschliessung des literarischen Nachlasses meines verst. Schwiegervaters, des Dichters Joseph Victor von Scheffel erworben. Er hat aus diesem Grund und wegen seiner genauen Sachkenntnis der Materie von meiner Familie das alleinige Recht erhalten, diesen Nachlaß zu verwalten. Es ist dabei ausdrücklich vereinbart worden, dass der Nachlass in seinem volle Umfang erhalten und meine Familie unbedingt Eigentümerin des gesamten Nachlasses bleibt. Herr Kremser hat unserer Familie gegenüber die Stellung und Pflichten eines verantwortlichen Bevollmächtigen.[10]

10 Vollmacht gez. von Leonie von Scheffel, geb. von Mollenbeck, vom 25.1.1921 (B1, MLO).

Abb.: Brief von Eck Freiherr von Reischach-Scheffel an Prof. Dr. Friedrich Panzer vom 3. September 1924.

11 Ebd.
12 Brief des Rechtsanwalts der Rheinischen Creditbank an die Geschäftsstelle
des Scheffelbundes, z.Hd. Reinhold
Siegrist, 8.12.1925 (B1, MLO).
13 Vertragsentwurf zwischen Frau
Leonie von Scheffel und dem Deutschen
Scheffel-Bund vom 24.11.1925, § 2
(B1, MLO).
14 Landesarchiv Baden-Württemberg,
Generallandesarchiv Karlsruhe 56-1 2579
[Eigentum: Haus Baden] (Permalink:
http://www.landesarchiv-bw.de/
plink/?f=4-1984861), Aufruf des
Deutschen Scheffelbundes e. V. aus dem
Jahr 1925, o. S.
15 Ebd.

Abb.: Joseph Victor von Scheffel.

Die abschließende Formulierung, »dass Herr Kremser mit Rücksicht auf die von ihm geleisteten Vorarbeiten bei evtl. Gewinnen«[11] zu beteiligen sei, hatte noch ein Nachspiel. Die Vollmacht stand 1925 den Verhandlungen mit dem badischen Staat über eine finanzielle Förderung an dem geplanten Museum im Wege und musste widerrufen werden. Nach mehreren Unstimmigkeiten und einer fortschreitenden Erkrankung Werner Kremsers – von einem »sehr bedauernswerten körperlichen und seelischen Zustand«[12] ist die Rede – kam es dann zur endgültigen Trennung. Zwischen Leonie von Scheffel und dem Deutschen Scheffel-Bund konnte daher 1925 ein Vertrag über die Bewahrung des »Nachlassmaterial[s] Joseph Victor von Scheffels« geschlossen werden.[13] »Der Deutsche Scheffelbund verpflichtet sich, das Nachlassmaterial in einem zu gründenden Archiv und Museum mit dem Sitz in Karlsruhe, Baden, zu verwahren«, hieß es in dem Vertrag. Die erste Geschäftsstelle befand sich vorläufig in der Karlsruher Kaiserstraße 90, im Neubau der Rheinischen Creditbank.[14] Dort standen auch zwei Räume für die Errichtung des Archivs zur Verfügung. »Der Besuch des Archives ist Mitgliedern unentgeltlich gestattet«[15], informierte 1925 der *Aufruf des Deutschen Scheffelbundes*. Der symbolische Sitz am Hohentwiel bei Singen, dem Schauplatz von Scheffels historischem Roman *Ekkehard. Eine Geschichte aus dem 10. Jahrhundert*, der 1855 erschienen war, wurde noch kurze Zeit beibehalten, dann aber nach Karlsruhe verlegt. Im *Aufruf des Deutschen Scheffelbundes* heißt es pathetisch:

Was will der Bund? Er will die Dichtung und vor allen Dingen den Geist, den ideal gerichteten, freien und im rechten Sinne vaterländischen Geist Scheffels im deutschen Volke verbreiten und immer tiefer in die Herzen senken, auf daß er zur vollen fruchtbringenden Auswirkung gelange. Durch Sammlung und Erschließung des Scheffelschen Nachlasses will er genaue und vollständige Anschauungen über des Dichters Wesen, sein Streben und seine Leistungen vermitteln und dadurch seine wirkliche Bedeutung nach jeder Richtung klarstellen.
Über diese Aufgabe hinaus verfolgt der Bund weitere Ziele. Hierbei ist ihm Scheffels Name Symbol. Im *Ekke-*

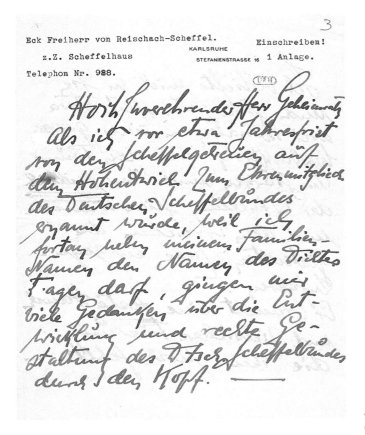

Victor v. Scheffel's Adelswappen.

16 Landesarchiv Baden-Württemberg, Generallandesarchiv Karlsruhe 56-1 2579 [Eigentum: Haus Baden] (Permalink: http://www.landesarchiv-bw.de/plink/?f=4-1984861), Aufruf des Deutschen Scheffelbundes e. V. aus dem Jahr 1925, o. S.
17 Ebd.

Abb. oben: Adelswappen der Familie von Scheffel. Auf dem Schild zu sehen ist die Friedenstaube mit dem Ölzweig (Biblische Sintflut-Erzählung, Gen. 6,5-7). Die gerade Maserung steht für die Farbe Rot, welche Mitleid, Mut, Kampfeslust und Stärke symbolisiert. Der Adelsstand wird durch den Helm in der Bildmitte symbolisiert.

Abb.: Brief von Eck von Reischach-Scheffel an Prof. Dr. Friedrich Panzer.

hard hat Scheffel dem deutschen Volke die edelste Belebung deutscher Vergangenheit geschenkt, um in künstlerisch reizvoller Form Verständnis zu wecken für Wert und Pflege deutschen Geistesgutes. Und er hat in diesem unvergänglichen Buche die deutsche Seele ausgebreitet. Auf solche Botschaft seines Meisters hörend, will der Scheffelbund Brückenbauer sein und im Bereich seiner Mittel und Möglichkeiten mitwirken, das zerrissene deutsche Volkstum zu sammeln um seine geistigen, um seine seelischen Güter.[16]

Das »deutsche Volk aus dem Dunkel der Gegenwart in eine lichtvollere Zukunft zu führen«[17], war das Ziel des neu gegründeten Deutschen Scheffel-Bunds. »Errichtung und Erhaltung eines würdigen Deutschen Scheffel-Museums und

-Archives«, die jährliche Herausgabe eines »gediegenen Jahrbuches« sowie »guter und billiger Volksausgaben Scheffelscher Dichtungen«, später auch »ein häufiger erscheinendes zeitschriftenartiges Bundesorgan«, »Festspiele auf dem dichtungsumwobenen Hohentwiel« waren geplant. Auf dem Berg »sollen deutsche Meister der Vergangenheit und der Gegenwart zu Euch sprechen«[18]. Als erste Jahresgabe wurde ein Album mit künstlerischen Reproduktionen bisher unveröffentlichter Skizzen und Zeichnungen Scheffels angekündigt[19], mit einer Einführung des Kunsthistorikers Josef August Beringer, dem Verfasser der *Badischen Malerei des 19. Jahrhunderts* (1913), dessen Kunstverständnis als traditionell, später als völkisch und gegen die zeitgenössische Moderne gerichtet, bezeichnet werden kann. Darüber hinaus wurde die Herausgabe der Briefe des Dichters an das Elternhaus, die »für das Verständnis der menschlichen und künstlerischen Entwicklung Scheffels hochbedeutsam sind«,[20] avisiert.

»Wir rufen Euch!«[21]: Es war eine stattliche Liste von Persönlichkeiten aus Politik, Verwaltung, Akademien, Universitäten und kulturellen Institutionen, bis auf wenige Ausnahmen männliche, die den Aufruf, um das deutsche Volk »aus dem Dunkel der Gegenwart in eine lichtvollere Gegenwart zu führen« unterschrieben haben.[22] Darunter der Mediziner und 1924/1925 amtierende badische Staatspräsident und Kultusminister Prof. Dr. Willy Hellpach, der Karlsruher Oberbürgermeister Dr. Julius Finter, der 1933 von den Nationalsozialisten zum Rücktritt gezwungen wurde, der Politiker und Diplomat Fürst Otto von Bismarck, ein Enkel des ehemaligen Reichskanzlers, und Anton Breitner, Leiter des Scheffel-Museums in Mattsee. Der Adel war repräsentativ beteiligt und auch bedeutende Schriftsteller: Gerhart Hauptmann, Hugo von Hofmannsthal, Arno Holz, Hermann Sudermann und Anton Wildgans. Unter den Unterzeichnern finden sich zudem zahlreiche deutsch-nationale und konservative Vertreter. Hermann Bahr, der einst einflussreiche Begleiter der Moderne, war in den 1920er Jahren zum Katholizismus konvertiert, Hanns Johst, der spätere Verfasser des nationalsozialistischen Theaterstücks *Schlageter*, radikalisierte bereits lange Jahre vor 1933 seine rechtsextreme Kritik an der Weimarer Politik, Rudolf Alexander Schröder

18 Ebd.
19 Vgl. ebd.
20 Ebd.
21 Landesarchiv Baden-Württemberg, Generallandesarchiv Karlsruhe 56-1 2579 [Eigentum: Haus Baden] (Permalink: http://www.landesarchiv-bw.de/plink/?f=4-1984861), Aufruf des Deutschen Scheffelbundes e. V. aus dem Jahr 1925, o. S.
22 Ebd.

Abb.: Jahresgabe 1928: *Briefwechsel zwischen Scheffel und Großherzog Carl Alexander von Sachsen-Weimar-Eisenach*, hg. von Conrad Höfer im Auftrag des Deutschen Scheffel-Bundes, Karlsruhe 1928.

Eck Freiherr v. Reischach-Scheffel (30.7.1888-7.3.1963), Sohn des letzten Oberhof- und Hausmarschalls des Deutschen Kaisers, Freiherr Hugo von Reischach und seiner Gemahlin geb. Prinzessin Margaretha v. Ratibor (1894-1977), war Hauptmann a.D. im Potsdamer Garde-Jäger-Btl. (Garde-Jäger-Bataillon, Preußen), mehrere Jahre Mitglied des Deutschen Generalstabes, Gutsbesitzer in Nussdorf, Gesellschafter der Holzindustrie Wolfegg, Beirat der deutschen Buchgemeinschaft, seit 1918 im Bankberuf in Berlin tätig.

Heirat am 25. Juni 1921 mit Margaretha v. Scheffel, der ältesten Enkelin des Dichters Joseph Victor von Scheffel, Tochter der Frau Leonie v. Scheffel (geborene von Möllenbeck) (1870-1947), der Schwiegertochter des Dichters. Nach seiner Vermählung fügte Eck seinem Namen laut Reskript der württembergischen Regierung den Dichternamen Scheffel hinzu.

Abb.: Das *Wiener Salonblatt* berichtete am 8. Dezember 1923 von der Vermählung von Eck Freiherr von Reischach-Scheffel und Margaretha Freifrau von Reischach-Scheffel, geb. von Scheffel.

Abb. S. 27/28: Aufruf des Deutschen Scheffel-Bundes (1924).

Deutsche Männer!   Deutsche Frauen!   Deutsche Jugend!

Euch ruft der Deutsche Scheffelbund. Tretet in seine Reihen!

Was will der Bund? Er will die Dichtung und vor allen Dingen den Geist, den ideal gerich=
teten, freien und im rechten Sinne vaterländischen Geist Scheffels im deutschen Volke verbreiten und
immer tiefer in die Herzen senken, auf daß er zur vollen fruchtbringenden Auswirkung gelange.
Durch Sammlung und Erschließung des Scheffelschen Nachlasses will er genaue und vollständige
Anschauungen über des Dichters Wesen, sein Streben und seine Leistungen vermitteln und dadurch
seine wirkliche Bedeutung nach jeder Richtung klarstellen.

Über diese Aufgabe hinaus verfolgt der Bund weitere Ziele. Hierbei ist ihm Scheffels Name
Symbol. Im „Ekkehard" hat Scheffel dem deutschen Volke die edelste Belebung deutscher Ver=
gangenheit geschenkt, um in künstlerisch reizvoller Form Verständnis zu wecken für Wert und Pflege
deutschen Geistesgutes. Und er hat in diesem unvergänglichen Buche die deutsche Seele ausgebreitet.
Auf solche Botschaft seines Meisters hörend, will der Scheffelbund Brückenbauer sein und im Bereich
seiner Mittel und Möglichkeiten mitwirken, das zerrissene deutsche Volkstum zu sammeln um seine
geistigen, um seine seelischen Güter. Diese Güter zu pflegen und ihre unschätzbaren Werte fruchtbar
zu machen, erscheint ihm eine Aufgabe, die auf rein geistigem Boden die Herzen aller Deutschen in
gemeinsamer Betätigung zueinander führen kann. Solche Gemeinschaft zu schaffen, ist oberster Leit=
gedanke des Scheffelbundes. Sie erstrebend, will er mithelfen, unser deutsches Volk aus dem Dunkel
der Gegenwart in eine lichtvollere Zukunft zu führen. Der Bund ist streng neutral in
religiöser Beziehung und auch in politischer. Scheffels Wappenschild – die Taube mit
dem Ölzweig – ist sein Wahrzeichen.

Seine Ziele erreichen will der Bund:

durch tatkräftige Mitwirkung und Unterstützung bei Errichtung und Erhaltung eines würdigen
Deutschen Scheffel=Museums und Archives, wofür neben dem literarischen Nachlaß des
Dichters reiche und kostbare Bestände bereits vorhanden sind;

durch alljährliche Herausgabe eines gediegenen Jahrbuches sowie guter und billiger
Volksausgaben Scheffelscher Dichtungen. Das Jahrbuch soll neben Arbeiten über Scheffel und
sein Schaffen, die sich besonders auf den Nachlaß stützen werden, auch Beiträge aus anderen Stoff=
gebieten bringen, in erster Linie freie Arbeiten namhafter Schriftsteller, Gelehrter und schaffender
Künstler aller Gebiete. Neben dem Jahrbuch wird der Bund auch Einzelveröffentlichungen
herausbringen. Für die spätere Zukunft ist auch an ein häufiger erscheinendes zeitschriftenartiges
Bundesorgan gedacht, das zugleich auch dem freien Buchhandel übergeben werden soll;

durch alljährliche oder in größeren Intervallen stattfindende Festspiele auf dem dichtung=
umwobenen Hohentwiel, der wuchtigsten Naturbühne unseres deutschen Heimatlandes. Dort,
wo des Bodensees tiefes Blau und der Alpen glühender Firn Euch grüßt, dort auf historischer
Stätte und vor den Kulissen einer heroischen Landschaft, dort sollen deutsche Meister der Ver=
gangenheit und der Gegenwart zu Euch sprechen. Hier sollen auch junge aufstrebende Talente die

Uraufführung ihrer Werke erleben. Die Spiele bestehen in neuer Form schon seit einigen Jahren; sie sollen durch Programmgestaltung und Darstellungsform ein ganz besonderes Gepräge erhalten und auf diese Weise zu einzigartigen künstlerischen Darbietungen ausgebaut werden. Laut Beschluß des Organisationsausschusses des Deutschen Scheffelbundes sollen die Festspiele auf dem Hohentwiel vorerst eine Sonderangelegenheit der Scheffelgemeinde auf dem Hohentwiel (Ortsgruppe Singen des Deutschen Scheffelbundes) bleiben. Der Bund will sie aber nach Möglichkeit fördern.

Das sind die Ziele des Deutschen Scheffelbundes! Darum, deutsche Männer, deutsche Frauen, deutsche Jugend und besonders Ihr alten Freunde des Dichters: Tretet dem Bunde bei und werbt für ihn!

Wir rufen Euch!

E. von Adlersfeld=Ballestrem
Justizrat Ahlemann, Berlin
Hermann Bahr
Rudolf Hans Bartsch
Notar Bauer, Singen a. H.
Felix Baumbach, Karlsruhe
Geh. Hofrat Dr. Benckiser, Karlsruhe
Dr. Carl Berthan, Stuttgart
Prof. Th. Birt, Marburg
Fürst Otto von Bismarck
Otto Blesch, Bürgermeister, Radolfzell
Walter Bloem
Dr. Hans Friedrich Blunck, Hamburg
Ernst Voerschel
Freiherr Emanuel von Bodman
Prof. Arthur Böhtlingk, Karlsruhe
Prof.Dr.M.Bollert,Sächs.Landesbibliothek
Frau von Bonin=Schönwerder
Geh. Rat Dr. W. Brambach, Karlsruhe
Dr. Walter Brecht, Univ.=Prof., Wien
Anton Breitner sen., Leiter des Scheffel-
museums Mattsee bei Salzburg
Prof. H. A. Bühler
Dr. P. Crain, Reg.=Bibliothek, Schwerin
Oberburghauptmann v. Cranach, Wartburg
Dr. K. Dammert, Presseverlag Berlin
Kom.=Rat Dr.=Ing. V. Demmer, Eisenach
Prof. Dr. Arthur Drews, Karlsruhe
Fritz Droop, Mannheim
Geh. Reg.=Rat Dr. Oskar Eisenmann,
Museumsdirektor a. D.
Dr. H. Fecht, Karlsruhe
Prof. H. G. Fiedler, Orford (England)
Oberbürgermeister Dr. Finter, Karlsruhe
Wilh. Fluhrer, Chefredakteur, Frankf. a. M.
Dr. Ludwig, Fulda
Fürstl. Fürstenberg. Hofbibliothek Donau-
eschingen
Alexander von Gleichen=Rußwurm
Dr. Johann Goldfriedrich, Bibliothek des
Börsenver. d. deutschen Buchhändler
Geh. Hofrat Univ.=Prof. Dr. W. Golther,
Rostock i. M.
Armin Gräff, Verlagsbuchhändl., Karlsruhe
Rudolf Greinz
Geh.=Rat Prof.Dr.O.Günther,Marbacha.N.
Dr. Max Halbe, München
Dr. Gerhart Hauptmann
Prof. Dr. Hellpach, Bad. Staatspräsident
und Kultusminister, Karlsruhe
Prof. Hans Hermann, Dresden
Albert Herzog, Chefredakteur, Barmen
Prof. Dr. Otto Heuer, Frankfurt a. M.
Prof. Dr. Eduard Heyck, Ermatingen
Hugo von Hofmannsthal
Arno Holz
Reg.=Rat Dr. L. Janzer, Direktor der Rhein.
Creditbk., Mannheim, Bundesschatzmeister

Hanns Johst
Prof. Dr. Arthur Kampf, Berlin
Paul Keller, Breslau
Dr. Eugen Kilian, München
Prof. Dr. Alfred Klaar, Berlin
Prof. Dr. Fritz Klimsch, Berlin
Prof. Dr. F. Klose, Locarno=Muralto
Geh.Rat Univ.=Prof.Dr.Max Koch, Breslau
Eberhard König, Frohnau i. d. Mark
Werner Kremser, Begründ. d. Scheffelarchivs
Dr. Bogdan Krieger, Schloßbibliothekar,
Berlin
Hugo Kubsch, Feuilleton=Redakteur der
Deutschen Tageszeitung, Berlin
Staatssekretär a. D. R. von Kühlmann,
Wirkl. Geh.=Rat, Berlin
Prof.Dr.Gg.Küntzel,Univers.Frankf. a. M.
Kommerzienrat Wilhelm Lauser, Stuttgart
Prof. Dr. Th. Längin, Direktor der Bad.
Landesbibliothek Karlsruhe
Ernst Legal, Generalintendant, Darmstadt
Lilli Lehmann, Kammersängerin, Berlin
Dr.Th.Lewald,Staatssekretär a.D.,Wirkl.
Geh.=Rat, Berlin
Prof. Dr. Friedrich Lienhard, Weimar
Dr. Heinrich Lilienfein, Weimar
Rechtsanwalt Friedr. List, 1. Vorsitzender
des Deutschen Sängerbundes, Berlin
Prof. Otto Lohse
Dr. Gustav Manz, Chefredakteur, Berlin
Reg.=Präs. a. D. Dr. Wilhelm v. Meister,
Homburg v. d. H.
Generalkonsul W. Menzinger, Karlsruhe
Geh. Rat Dr. Fritz Milkau, Gen.=Dir. d.
Preuß. Staats=Bibliothek, Berlin
Walter von Molo
Börries Freiherr von Münchhausen
Geh.Hofr.Prof.Dr.Franz Muncker,München
Freih. Kurt v. Mutzenbecher, Intend., Berlin
Prof. Dr. W. E. Oeftering, Karlsruhe
Geh. Rat Prof. Dr. Herm. Oncken, München
Geh. Rat Prof. Dr. Friedrich Panzer,
Heidelberg, Bundes=Vorstandsmitglied
Geh. Rat Prof. Dr. Adolf Passow, Berlin
Prof. Dr. Wilhelm Paulcke, Karlsruhe
Dr. Albert Pfeiffer, Staatsoberarchivar,
Speier a. Rh.
Dr. Hans Pfitzner
Dr. Josef Ponten, München
Dr. Rudolf Presber
Prof. Otto Propheter, Karlsruhe
Eck Freiherr von Reischach=Scheffel
Jobst von Reith=Zanther, Dramaturg
Geh.Kom.=Rat August Röchling, Mannheim
Max Röder, 1. Vorst. des Börsenvereins
der Dt. Buchhdlr., Leipzig
Karl Röhrig, Pfarrer u.Schriftstell., Potsdam
Dr. Erich Römer, Berlin

Prof. Dr. H. Rott, Direktor des Bad.
Landesmuseums, Karlsruhe
Prof. Dr. Robert Saitschick, Köln
Graf v. Seebach, Generalintend., Dresden
Dr. Bogislav Freiherr von Selchow, Berlin
Dr. Reinhold Siegrist, Karlsruhe, Bundes=
Geschäftsführer
Dr. Hans Simon, Chefredakt., Frankf. a. M
F. X. Singer, Schriftleiter und Archivar
Oberndorf a. N.
Geh. Kom.=Rat Robert Sinner, Karlsruhe
Direktor Spannuth Bodenstedt, Intendant
d. Stadttheaters Würzburg
Diedrich Speckmann
Friedrich Spitz, Rechtsanwalt, Heidelberg
Hermann Sudermann
Prof. Dr. Georg Swarzenski, Frankf. a. M.
Dr. Heinrich Schneider, Bibliothekar d.
Landesbibliothek zu Wolfenbüttel
Dr. Hermann Schönleber, Stuttgart
Rudolf Alexander Schröder
Dr. Arthur Schurig, Dresden
Kommerzienrat Albert Schwarz, Stuttgart
Prof. Dr. Julius Schwering, Münster i. W.
Medizinalrat Dr. Stadler, Singen a. H.
Hermann Stehr
Richard Strauß
Dr. Bruno Thiergarten=Schulz, Karlsruhe
Irene Triesch
Dr. Fritz Ullmer, Rechtsanwalt, Wiesloch
Klara Viebig
Reinh. Volbeding, Scheffelsammler, Leipzig
Dr. Ludwig Volk, Direktor der Hess. Lan-
desbibliothek Darmstadt
Wilhelm Weigand, München
Lilli von Werner, Berlin
Anton Wildgans
Geh. Rat Prof. Dr. J. Wille, Heidelberg
Ernst Winkler, München, Präsidium des
Weltvereins
Prof. Dr. Georg Witkowski, Leipzig
Prof. Gustav Wohlgemuth, Leipzig, Schrift-
leiter der D. Sängerbundes=Zeitung
Geh. Reg.=Rat Univ.=Prof. Dr. Wolfram,
Frankfurt a. M.
Heinrich Zerkaulen, Dresden
Fedor von Zobeltitz
Richard Zoozmann
Scheffelgemeinde Achdorf
Scheffelsteingemeinde am Dreiherrenstein,
Thüringen
Scheffelgemeinde zu Säckingen
Scheffelgemeinde auf dem Hohentwiel,
Singen a. H.
Ortsgruppe des Deutschen Scheffelbundes
Groß-Stuttgart
Gauleitung des Scheffelbundes Oesterreich,
Prof. W. A. Hammer, Wien.

Karlsruhe i. B.
Schloßkirche

stand in intellektueller Distanz zu den demokratischen Grundlagen der Republik, Walter von Molo, der nach 1945 den Begriff der ›Inneren Emigration‹ prägte und in den 1920er Jahren ein auflagenstarker Autor von biografischen Romanen und Stücken war, wie etwa *Friedrich der Große* oder *Schiller*, vertrat deutschnationale Positionen und der Maler, Akademiedirektor und Museumsdirektor Hans Adolf Bühler vertrat schon früh in denunzierender Opposition zur zeitgenössischen Kunst deutschtümelnde Positionen.

Deutlich wird an der Liste der Unterstützer der Gründer des Deutschen Scheffel-Bunds, ein Jahr vor der Wahl des Monarchisten Paul von Hindenburg zum Reichspräsidenten, dass die Unterzeichner mehrheitlich in Distanz zur ersten deutschen demokratischen Republik standen. Die Jahre bis 1924 waren politisch und ökonomisch krisenhaft. Von den westlichen Optionen versprachen sich die konservativen Eliten wenig, das Deutschtum war wieder gefragt und damit auch die Institutionen, die diese Haltung offensiv repräsentierten. Angesprochene Schichten, auch das zeigt diese Liste,

Abb.: Schlosskirche (r.) neben dem Hauptgebäude des Karlsruher Residenzschlosses.

waren die Aristokratie und der ›niedere‹ Adel, Juristen, Ärzte und weitere akademische Berufe.

Mit dem 13. September 1924 begann die überregionale Geschichte des Deutschen Scheffel-Bunds. Ein Jahr später konnte der Karlsruher Oberbürgermeister i. R. Karl Rudolf Julius Siegrist, der Vater des Geschäftsführers Dr. Reinhold Siegrist, zufrieden verkünden:

Bei der Neubildung des deutschen Scheffelbundes im Oktober v. Js. war man bestrebt, alle noch vorhandenen Splitter früherer Organisationen von Freunden und Verehrern Scheffels in einem einheitlichen Bunde zu vereinigen. All diese hatten denn auch Vertreter entsandt. Insbesondere war auch der deutsche Scheffel-Bund in Wien durch Herrn Professor Hammer vertreten, der den geplanten Zusammenschluss begrüßte und die Beteiligung des Wiener Bundes zusagte. Darauf wurde Herr Professor

Abb.: Das erste Scheffel-Museum, eröffnet 1926, war im Bibliotheksbau des Karlsruher Schlosses untergebracht.

[Dr. Walter] Brecht (auf Antrag Hammers) zum zweiten Vorsitzenden des neuen deutschen Scheffel-Bundes gewählt. [...] Die Neubelebung des Scheffel-bundes mit dem Mittelpunkt in Karlsruhe ist wesentlich dadurch veranlasst worden, dass die Stadt Karlsruhe unter ihrer jetzigen Verwaltung die von mir angeregte und vor dem Kriege schon ziemlich weit geförderte, auch von Sr. Königlichen Hoheit dem Großherzog freundlichst unterstützte Einrichtung eines Scheffel-Museums und Archivs nicht selbst weiter verfolgen zu sollen glaubte. Dieses Projekt hat nun der deutsche Scheffel-Bund übernommen. [...] Auch die Staatsregierung hat dem Scheffel-Bund für diesen Zweck bereits ihre Unterstützung gewährt [...]. So bedeutet die Gründung des deutschen Scheffel-Bunds keinesfalls ein Konkurrenzunternehmen, sondern einen Ausbau und eine Konsolidation der bis-

Abb.: Eck Freiherr von Reischach-Scheffel bei der Rede anlässlich der Eröffnung des Scheffel-Museums auf der Mettnau im *Wiener Salonblatt* vom 30.9.1928. Links im Bild ist Margaretha Freifrau von Reischach-Scheffel, außerdem der Vorstand, u.a. Friedrich Panzer.

herigen Organisationen zu Ehren unseres Badischen und deutschen Dichters.[23]

Die ersten Ziele konnten rasch realisiert werden. 1926 wurde das Scheffel-Museum im damaligen Bibliotheksbau des Karlsruher Schlosses eröffnet – der Deutsche Scheffel-Bund verfügte jetzt über einen festen attraktiven Ort für die öffentliche Präsentation des literarischen und künstlerischen Lebenswerks des Dichters. Bereits zwei Jahre später konnte man im Erdgeschoss des ›Scheffelschlösschens‹ auf der Mettnau am Bodensee eine Filiale eröffnen. Scheffel hatte das ehemalige Pächterhaus, in dem er viele Jahre zurückgezogen gelebt hatte, 1876 erworben und ausgebaut. Noch heute ist das Originalinterieur zum Teil erhalten, das Schlösschen wird jedoch als Verwaltungsgebäude genutzt. Das Scheffel-Museum in Karlsruhe wurde zu dem erwünschten attraktiven Ort, die Räume wurden schnell zu klein. 1932 konnte man im Karlsruher Haus Solms in der Bismarckstraße 24 größere Räume beziehen, 1936 erfolgte dort die Erweiterung zum ›Badischen Dichtermuseum‹.

Im Vertrag zwischen der Landeshauptstadt Karlsruhe und dem Deutschen Scheffel-Bund aus dem Jahr 1932 heißt es:

Die Stadt Karlsruhe überläßt dem Deutschen Scheffelbund e.V. Räume im Hause Solms in Karlsruhe, Bismarckstraße 24 mietzinsfrei vom 1. Oktober 1932 an zur Unterbringung des Deutschen Scheffelmuseums und -Archivs und gegebenenfalls des Badischen Dichtermuseums, sowie der Verwaltung des Deutschen Scheffelbundes. Das Mietobjekt umfaßt sämtliche Räume des II. Stocks, sowie die Benützung des offenzuhaltenden Gangs im Dachstock zur Aufstellung von Schränken. Hier sind die erforderlichen Durchgänge für die übrigen Mieter offen zu halten.[24]

In dem *Aufruf des Deutschen Scheffelbundes* wird betont: »Der Bund ist streng neutral in religiöser Beziehung und auch in politischer.«[25] Doch die monarchistische Haltung, auch bedingt durch die familiäre Tradition der von Reischachs, war ein stützendes Moment. In einem Brief vom

23 Landesarchiv Baden-Württemberg, Generallandesarchiv Karlsruhe 56-1 2579 [Eigentum: Haus Baden] (Permalink: http://www.landesarchiv-bw.de/plink/?f=4-1984861), Brief von Karl Siegrist vom 28.6.1925 bezüglich der Gründung des Deutschen Scheffel-Bunds.
24 Abschrift Vertrag zwischen der Landeshauptstadt Karlsruhe und dem Deutschen Scheffelbund e.V. vom 30.4.1932 (B354, MLO).
25 Landesarchiv Baden-Württemberg, Generallandesarchiv Karlsruhe 56-1 2579 [Eigentum: Haus Baden] (Permalink: http://www.landesarchiv-bw.de/plink/?f=4-1984861), Aufruf des Deutschen Scheffelbundes e.V. aus dem Jahr 1925, o.S.

Abb.: Eckansicht des Hauses Solms in der Bismarckstraße 24 (um 1935) mit Schriftzug des Scheffel-Museums.

6. Dezember 1926 an die Gräfin Sophie von Arnim-Muskau, Gräfin und Edle Herrin zur Lippe-Weissenfeld, bat Eck Freiherr von Reischach-Scheffel die »Gnädigste Frau Gräfin!«, ihren Austritt aus dem Scheffel-Bund zu überdenken. Denn, so führte er aus, es läge im Interesse des Bundes, »unter fördernder Anteilnahme des Herrn Reichspräsidenten Feldmarschall von Hindenburg« den Ausbau des Bundes »zu einem massgebenden Kulturfaktor« fortzusetzen. »Dass ich ganz persönlichen Wert darauf lege, auch künftig unter den Gönnern die führenden Damen und Herren der Hocharistokratie Deutschlands zu sehen, werden Frau Gräfin sicherlich verstehen.«[26]

Zu den »Hocharistokraten« gehörte auch der letzte Großherzog von Baden, Friedrich II., der Sohn Luise von Preußens. Dr. Reinhold Siegrist schrieb in einem Brief vom 17. Juni 1925 an den ehemaligen Großherzog Friedrich II., der nach dem Ende der Monarchie 1918 seinen Thronverzicht erklärt

26 Brief von Eck Freiherr von Reischach-Scheffel an Gräfin Sophie von Arnim-Muskau, Gräfin und Edle Herrin zur Lippe-Weissenfeld, vom 6.12.1926 (B1, MLO).

Abb.: Scheffel-Museum in der Bismarckstraße 24 (um 1935), ab 1936 Badisches Dichtermuseum.

hatte: »Eure königliche Hoheit! […] Es wäre uns eine ganz besondere Ehre, wenn wir erfahren dürften, dass auch Eure Königliche Hoheit unsere Ziele gutheißen und Anteile an deren Verwirklichung haben sollten.«[27]

Eine weitere wichtige Stütze des Bundes sollten die Burschenschaften werden, war doch gerade in ihren Kreisen Scheffel durch seine Liedersammlung *Gaudeamus igitur* und weitere Lieder des Jahres 1858 erstmals erschienenen *Allgemeinen Deutschen Kommersbuch* präsent. Im Mai 1926 richtete sich Eck Freiherr von Reischach-Scheffel in einer Rede an den Kösener Convents-Verband, den Dachverband der Studentenverbindungen, und warb für das Scheffel-Museum in Karlsruhe:

> Unsere Zeit braucht Kulturarbeit. Die deutsche Studentenschaft war immer ein Hort Deutschen Denkens […]. Tragen Sie den Scheffelgedanken zu allen Commilitonen, dann wird so manches Scheffellied Ihnen besonders warm ans Herz klingen.[28]

So wie Eck Freiherr von Reischach-Scheffel, selbst Burschenschaftler, um die Unterstützung der Studenten warb, so wollte er, auch mit Blick auf die bündische Jugend der 1920er Jahre, die sich mehrheitlich als deutsch-national verstand, gezielt die schulische Jugend als eine ›Gesinnungsgemeinschaft‹ für den Scheffelbund gewinnen. Dazu wurde 1926 eine Schulpreis-Stiftung eingerichtet, die eine Auszeichnung für besondere Leistungen im Fach Deutsch vergeben sollte. Gezielt begann man Schulen anzuwerben. Die Verleihung des Scheffel-Preises fand erstmals 1928 statt. Ausgezeichnet wurde der Oberprimaner Paul Schrag aus Karlsruhe.[29] Verbunden mit dem Preis waren in den ersten Jahren die kostenfreie lebenslange Mitgliedschaft im Scheffelbund sowie der Bezug der Jahresgaben, anfänglich Publikationen von Briefen und Werken Scheffels. Finanziell getragen wurde die Schulpreisstiftung durch Patenschaften. Durch den zielgerichteten kontinuierlichen Ausbau stieg auch die Zahl der den Scheffel-Preis verleihenden Gymnasien und somit die Zahl der jährlichen Preisträgerinnen und Preisträger an. Geschickt nutzte man moderne Marketingstrategien, warb gezielt in der gan-

27 Landesarchiv Baden-Württemberg, Generallandesarchiv Karlsruhe 56-1 2579 [Eigentum: Haus Baden] (Permalink: http://www.landesarchiv-bw.de/plink/?f=4-1984861), Brief von Reinhold Siegrist an ›Seine Königliche Hoheit dem Grossherzog von Baden‹ vom 17.6.1925.
28 Brief von Eck Freiherr von Reischach-Scheffel an den Kösener Convents-Verband vor dem Kösener Kongress im Mai 1926, S. 3.
29 Vgl. Badischer Beobachter, Nr. 93 (2.4.1928), S. 6.

zen Republik um die großen und alteingesessenen Firmen – und blickte auch ins Ausland. Dort war das Interesse an der Förderung deutscher Kultur vorhanden. 1929 war in der Tagespresse zu lesen:

> Neuerdings hat wiederum ein Auslandsdeutscher, geborener Württemberger, der Schulpreisstiftung des Deutschen Scheffelbundes, Karlsruhe, den für die Zuteilung des alljährlich wiederkehrenden Preises an eine Schule erforderlichen Kapitalbetrag zugewiesen, woraus nun auch dem Gymnasium zu Ulm a.d.D. der jährliche Preis für einen Abiturienten mit besonders anzuerkennenden Leistungen im Deutschen gewährt worden ist.[30]

Die ideellen Werte, die mit dem Scheffel-Preis verbunden sein sollten, kommen deutlich in einem Schreiben zum Ausdruck, das als Bestandteil der Rede der Schuldirektoren anlässlich der Verleihung des Scheffel-Schulpreises im Rahmen der Abiturfeiern vorgesehen war.

Die Direktoren verlesen bei Ausgabe der Schulpreise:

> Der Deutsche Scheffelbund zeichnet anerkennenswerte Leistungen im Fach ›Deutsch‹ aus, weil ihm daran liegt,

30　Der Volksfreund, Nr. 162 (16.7.1929), S. 8.

Abb.: Mitgliedskarte von Großherzog Friedrich I. von Baden, ausgestellt am 20. Juli 1925.

den volksgestaltenden Geist zu fördern, der in der deutschen Sprache wirksam ist. Die Auszeichnung soll aber
derart sein, dass durch sie selbst wiederum der Preisträger angeregt wird, seine Muttersprache getreu und
echt in sich weiterzupflegen, auch wenn er die mah-
nende Schule verlassen hat. Darum besteht der Preis in
der zehnjährigen Mitgliedschaft des Preisträgers beim
Deutschen Scheffelbund: zehn Jahre lang erhält der Preisträger die jährlichen Veröffentlichungen des Bundes.
Was veröffentlicht der Bund? Er stellt seine Hilfskraft in
den Dienst junger, noch unbekannter Schaffender, deren
Werke nach ernster Prüfung auf künstlerischen Wert
und geistigen Gehalt, aber ohne an wirtschaftlichen Erfolg denken zu müssen, dem Mitgliederkreis in jährlichen Gaben bekanntgegeben werden. Und hier schließt
sich der Kreis: Der Bund wird auch seinen Preisträgern
helfen, wenn sie ihm, sei's auch nach vielen Jahren erst,
eigene reife Arbeiten vorlegen, oder, wenn sie ihm wertvolle Arbeiten Dritter zur Förderung empfehlen. Auf
solche Weise bedeutet die Erteilung des Preises: Aufnahme in eine Gesinnungsgemeinschaft, deren Ziel es
ist, die schaffenden Geister zur Wirkung zu rufen am
deutschen Volkstum.[31]

Als Stifter konnten neben Privatpersonen auch Firmen durch
eine einmalige Zahlung eine Patenschaft zu Gunsten eines
Gymnasiums nach eigener Wahl übernehmen. Im Zuge des
weiteren Ausbaus der Scheffel-Schulpreisstiftung wurden
gezielt deutschlandweit namhafte ›Grossfirmen‹ angeschrie-
ben, wie etwa der Schokoladenhersteller Sarotti, Elektrolux,
Salamander-Schuh / Salamander-Schuhgesellschaft m.b.H.,
die Lingner-Werke (Odol Zahnöl und Rasierwasser Pitra-
lon), Reemtsma Cigarettenfabriken und die Cigarettenfabrik
Neuerburg. Auf diese Weise wuchs die finanzielle Basis der
Stiftung kontinuierlich.[32] Die Leitung des Bundes forcierte
die Strategie der öffentlichen Kommunikation und die Be-
richterstattung in der Tagespresse, sodass die Übernahme
der Patenschaften der Firmen zugleich als »wirkungsvolle
Reklamewirkung«[33] dienen konnte: »Es wird also damit eine
Kulturtat mit zweckdienlicher und wirkungsvoller Reklame
verbunden.«[34] Der den Anschreiben beigelegte Werbe-

31 Empfehlung für Direktoren für Reden
anlässlich der Vergabe des Scheffel-Schulpreises (B8, MLO).

32 Vgl. bspw. den Brief von Eck Freiherr
von Reischach-Scheffel an die Direktion
der Sarotti A.-G. vom 10.4.1929 (B4,
MLO); vgl. den Brief von Eck Freiherr von
Reischach-Scheffel an Werner Freiherr
v. Bischoffshausen, Direktion der Elektrolux
A.-G., vom 11.4.1929 (B3, MLO); vgl. den
Brief von Eck Freiherr von Reischach-
Scheffel an Sem Levi, Salamander-Schuh-
gesellschaft m.b.H., vom 11.4.1929 (B3,
MLO); vgl. den Brief von Eck Freiherr von
Reischach-Scheffel an Hans Ritter und
Edler von Braun vom 11.4.1929 (B3, MLO);
vgl. den Brief von Eck Freiherr von
Reischach-Scheffel an Wilhelm Bramann,
Direktor der Haus Neuerburg O.H.G.,
vom 5.2.1929 (B3, MLO).

33 Vgl. bspw. den Brief von Eck Freiherr
von Reischach-Scheffel an Carl Dinkelacker vom 12.5.1929 (B3, MLO).

34 Brief von Eck Freiherr von Reischach-
Scheffel an Hans Ritter und Edler von
Braun vom 11.4.1929 (B3, MLO).

prospekt belegt, dass die Schulpreis-Stiftung die Kosten pro Schule auf 2.000 Reichsmark kalkulierte. Die Stifter stellten durch die einmalige Zuwendung das Stiftungskapital zur Verfügung und sicherten dadurch die zukünftigen öffentlichkeitswirksamen Verleihungen des Scheffel-Preises.[35]

Der Werbetext wurde sogar in der *Washington Staatszeitung* vom 5. September 1929 abgedruckt.[36] Die Akquise zahlungskräftiger Geldgeber erstreckte sich – auch da halfen die internationalen Kontakte Eck Freiherr von Reischach-Scheffels – bis in die Vereinigten Staaten von Amerika. So ist ein Brief an die Westliche Post in St. Louis, Missouri, USA, verbunden mit der Bitte, »die Patenschaft über eine Schule, vielleicht in dessen Heimatstadt [zu] übernehmen«.[37] Angeregt wurde, den Scheffel-Preis »zum Gedächtnis an Carl Schurz« zu verleihen, der als radikaler Demokrat an der badischen Märzrevolution 1848/1849 in Baden beteiligt war und in die USA emigrieren musste, und dort zwischen 1877 und 1881 das Innenministerium im Kabinett Rutherford B. Hayes leitete. Generell wollte der Deutsche Scheffel-Bund mit amerikanischen Schulen kooperieren. Die Korrespondenz lief über den in Berlin ansässigen Botschafter, beziehungsweise dessen Privatsekretär: So wird berichtet, »daß die Bundesleitung einen neuen und einzigartigen Plan gefaßt hat, seine Schulpreise auf dem Gebiet der Literatur auf die Schulen Amerikas auszudehnen.«[38]

Indem die Akquise systematisch auch in Deutschland erweitert wurde, steigerte sich der Bekanntheitsgrad des Scheffel-Preises. Um in Württemberg Schulen anzuwerben, suchte Eck Freiherr von Reischach-Scheffel gezielt nach Unternehmen, die an Patenschaften für Stuttgarter Gymnasien interessiert sein könnten.[39] Dieses Modell fand reichsweit Beachtung. Die *Süddeutsche Zeitung* konstatierte 1930: »Die Zuteilung solcher alljährlichen Preise bedeutet für die Schulen eine außerordentliche Anregung und Wertbetonung des Deutsch-Unterrichts.«[40]

Bei der 2. ordentlichen Mitgliederversammlung des Deutschen Scheffel-Bundes, die im Jahr 1930 im Scheffel-Museum im Karlsruher Schloss stattfand, betonte der Geschäftsführer Dr. Reinhold Siegrist, der Sohn des ehemaligen Karlsruher Oberbürgermeisters, der seit 1925 als Geschäfts-

35 Vgl. Dokument ›Ueber die Schulpreisstiftung des Deutschen Scheffelbundes‹, S. 1-3 (B5, MLO).
36 Vgl. Washington Staatszeitung (5.9.1929), S. 5.
37 Brief von Anonymus an die Westliche Post in St. Louis, USA, vom 20.4.1932 (B8, MLO).
38 Brief von Eck Freiherr von Reischach-Scheffel an Tigner Ogletree, Private Secretary to the Ambassador of the United States of America in Berlin, vom 5.6.1929 (B6, MLO).
39 Vgl. Brief von Eck Freiherr von Reischach-Scheffel an Carl Dinkelacker vom 12.5.1929 (B3, MLO).
40 Süddeutsche Zeitung, Nr. 176 (15.4.1930), S. 2.

Abb.: Dr. Reinhold Siegrist, Geschäftsführer des Deutschen Scheffel-Bunds seit der Gründung 1924 (bis 1966).

führer des Scheffel-Bunds tätig war, die immense Bedeutung des Scheffel-Preises und bezeichnete den »Ausbau der
deutschen Schulpreisstiftung und im engsten Zusammenhang damit die Förderung künstlerischer Begabungen« als
wesentliche Aufgabe des Scheffel-Bunds.[41] Die Anwerbung
neuer Stifter wurde angesichts der desolaten wirtschaftlichen
Lage und der hohen Inflation Ende der 1920er Jahre zunehmend schwierig. So lehnte die I.G. Farbenindustrie Aktien-
gesellschaft die Patenschaft für ein Gymnasium in Ludwigs-
hafen am Rhein in Rheinland-Pfalz aufgrund der »starken
›Drosselung‹ unseres Spenden-Kontos« ab.[42] Eine weitere
Absage kam im Dezember 1932 von der Reemtsma Cigarettenfabriken G.m.b.H.:

Sehr geehrter Freiherr von Reischach-Scheffel! Wir be-
sitzen Ihr gefälliges Schreiben vom 2. Dezember, mit
dem Sie uns erneut die Bestrebungen des Scheffelbundes nahelegen und unsere Unterstützung in Form einer
Schulpreisstiftung erbitten. So interessiert wir Ihren Bestrebungen auch gegenüber stehen, bedauern wir doch,
uns auch in diesem Jahr von der Unterstützung ihrer
Belange grundsätzlich fernhalten zu müssen. Die wirtschaftliche Situation hat sich gegenüber den Vorjahren
auch für unser Unternehmen leider nicht gebessert. Im
Gegenteil, die materielle Not in weitesten Kreisen unserer deutschen Volksgemeinschaft hat noch grösseren Umfang angenommen, sodass wir uns genötigt sahen, die
uns heute noch – entsprechend der wirtschaftlichen Situation in stark beschränktem Maße – zur Verfügung
stehenden Unterstützungsmittel lediglich in der in dem
anliegenden gedruckten Schreiben festgelegten Weise zu
verausgaben. Wir dürfen annehmen, dass unser Standpunkt Ihrem Verständnis begegnet und wir geben der
zuversichtlichen Hoffnung Ausdruck, dass uns in künf-
tigen Jahren wieder eine materielle Interessenahme an
Ihrem Wirken möglich ist. Mit dem Ausdruck unserer
vorzüglichsten Hochachtung. Ergebenst Reemtsma Cigarettenfabriken G.m.b.H. Vorstandssekretär.[43]

41   Vgl. Hallische Nachrichten, Nr. 291
(11.12.1939), S. 3.
42   Brief von Eck Freiherr von Reischach-
Scheffel an I.G. Farbenindustrie Aktien-
gesellschaft vom 19.12.1932 (B7, MLO).
43   Brief vom Vorstand der Reemtsma
Cigarettenfabriken GmbH an Eck Freiherr
von Reischach-Scheffel vom 6.12.1932
(B8, MLO).

Abb.: Räume des Scheffel-Museums im
Haus Solms.

Einige Jahre später, 1939, waren die wiederholten Bemühungen schließlich erfolgreich, die Reemtsma GmbH übernahm

eine Patenschaft; der Scheffelbund war inzwischen ein anerkannter Kulturträger im NS-Regime.

Im Januar 1933, als die Gewalt durch die NSDAP im Wahlkampf zum Reichstag eskalierte, verwies Eck Freiherr von Reischach-Scheffel in einem Brief an Dr. Ottomar von Mayenburg, dem Gründer der Leo-Werke in Dresden, auf die Integrität des Deutschen Scheffel-Bunds und nannte einige Namen als Referenzen für »den Bund und sein völlig unpolitisches, neutrales, rein kulturelles Werk«[44]. In seiner Argumentation betonte Reischach-Scheffel das gemeinsame kulturelle Fundament und appellierte eindringlich an den Unternehmer, »daß gerade Ihre Firma allergrößten Wert darauf legen muss, den Kulturstand unseres Volkes zu erhalten und nicht weiter absinken zu lassen.«[45]

Wenige Wochen später, am 30. Januar 1933, ernannte Paul von Hindenburg Adolf Hitler zum Reichskanzler. Am folgenden Tag notierte Joseph Goebbels in sein Tagebuch: »Es ist so weit. Wir sitzen in der Wilhelmstraße.«[46]

Am 1. Februar 1933 löste der Reichspräsident das Parlament auf. Die Weimarer Republik, der erste deutsche demokratische Staat, war Geschichte.

44 Brief von Eck Freiherr von Reischach-Scheffel an O. H. von Mayenburg, Generaldirektor der Leo-Werke GmbH vom 3.1.1933 (B7, MLO).
45 Ebd.
46 Joseph Goebbels: Tagebücher 1924-1945, Bd. 2: 1930-1934, hg. v. Ralf Georg Reuth, München / Zürich 1992, S. 757.

REICHSWERK BUCH UND VOLK

DEUTSCHER SCHEFFEL-BUND E.V.

MITTEILUNGEN DER BUNDESLEITUNG

Judith Samp

»Im Dienst der deutschen Erneuerung« – der Deutsche Scheffel-Bund im Nationalsozialismus

1933 – 1945

Die sogenannte ›Machtergreifung‹ der NSDAP im Januar 1933 bedeutete einen radikalen Bruch für die Arbeit der Kulturinstitutionen. Im Deutschen Scheffel-Bund sollten nicht mehr nur die Verehrung Scheffels und die Pflege der deutschen Sprache im Zentrum stehen, sondern die deutschsprachige oberrheinische Region.[1]

Ein Brief von Dr. Reinhold Siegrist an Ministerialrat Prof. Dr. Karl Asal, Ministerium des Kultus und Unterrichts, vom 29. März 1939 dokumentiert die kulturpolitische Haltung, die der Scheffel-Bund während des Nationalsozialismus einnahm: »[…] unseren Willen, der oberrheinischen Grenzkulturpolitik zu dienen«.[2] Eine Schrift des Deutschen Scheffel-Bunds vom 2. Oktober 1941 mit dem Titel *Kulturelle Gemeinschaftsveranstaltungen im Oberrheingebiet* zeigt die kulturpolitische Bedeutung, die dem Oberrheinraum beigemessen wurde: »Der Kulturraum am Oberrhein erstreckt sich über die Länder und Staaten, die um den Oberlauf des Stromes liegen, nämlich Baden, Rheinpfalz, Elsass und Schweiz. Es ist ein im Süden von Alemannen, im Norden von Franken bewohntes Gebiet.«[3] Betont wurden die Gemeinschaft und das Deutschtum: »Die Pflege der Kultur in diesem Oberrheingebiet ging schon immer in die Richtung der gegenseitigen Unterstützung und des Austausches, und sie hat längst einige Mittelpunkte des gemeinsamen Wirkens gefunden.«[4] Hierzu zählen Anfang der 1940er Jahre die Ortsverbände in Straßburg, Baden-Baden, Donaueschingen, Karlsruhe, Freiburg und Heidelberg.[5]

Eine der ersten folgenreichen strukturellen Veränderungen war der personelle Umbau des Vorstandes und des Beirats. Am 8. Dezember 1933 fand im Deutschen Scheffel-Museum im Palais Solms in der Bismarckstraße 24 in Karlsruhe die 3. ordentliche Mitgliederversammlung des ›Deutschen Scheffel-Bundes‹ statt. Zum Vorsitzenden wurde

Titelzitat: Rudolf Ludwig: Scheffelbund und Burschenschaften 46 (1932), S. 181 f., hier: S. 181.
1 Vgl. Protokoll zur Tagung der Gemeinschaft der Ortsverbandsleiter am 15.11.1942 im Aufsichtsrats-Sitzungssaal der Karlsruher Lebensversicherung AG vom 17.11.1942 (B20, MLO).
2 Landesarchiv Baden-Württemberg, Generallandesarchiv Karlsruhe 235 40455 (Permalink: http://www.landesarchiv-bw.de/plink/?f=4-3374821), Brief von Reinhold Siegrist an Ministerialrat Karl Asal, Ministerium des Kultus und Unterrichts, vom 29.3.1939.
3 Kulturelle Gemeinschaftsveranstaltungen im Oberrheingebiet, vom 2.10.1941.
4 Ebd.
5 Vgl. Landesarchiv Baden-Württemberg, Generallandesarchiv Karlsruhe 235 40455 (Permalink: http://www.landesarchiv-bw.de/plink/?f=4-3374821), Brief von Reinhold Siegrist an Ministerialrat Karl Asal, Ministerium des Kultus und Unterrichts, vom 29.3.1939; vgl. Protokoll zur Tagung der Gemeinschaft der Ortsverbandleiter am 15.11.1942 im Aufsichtsrats-Sitzungssaal der Karlsruher Lebensversicherung AG vom 17.11.1942 (B20, MLO).

Abb.: Die Mitteilungen aus den Jahren 1941 und 1942: Übersicht über die durchgeführten Veranstaltungen und Publikationen.

Generaloberst Friedrich Karl Albert Dollmann (1882-1944) konnte bereits vor Beginn des Zweiten Weltkriegs auf eine militärische Laufbahn zurückblicken. Ab 1933 machte er schnell Karriere: 1939 wurde er mit dem Amt des Oberbefehlshabers der 7. Armee im Westen betraut; 1940 folgte die Beförderung zum Generaloberst. 1944 erkannte er die Sinnlosigkeit des Einsatzes von 14.000 Soldaten in Cherbourg und bestimmte eigenmächtig den Abzug. Die Besetzung Cherbourgs scheiterte endgültig, wofür Adolf Hitler ihn verantwortlich machte und aburteilen lassen wollte. Dollmann beging daraufhin Selbstmord.

(Vgl. Institut für Zeitgeschichte München – Berlin, Bestand ED 462, URL: https://web.archive.org/web/20110919193607/http://www.ifz-muenchen.de/archiv/ed_0462.pdf (letzter Zugriff: 8.8.2024).)

6 Vgl. Badische Presse (15.12.1933), S. 2; vgl. Christian Kiening: ›Panzer, Friedrich‹, in: Neue Deutsche Biographie 20 (2001), S. 40-41, URL: https://www.deutsche-biographie.de/pnd11878952X.html#ndbcontent (letzter Zugriff: 26.3.2024): Friedrich Panzer hatte vormals den 1. Weltkrieg mit Artikeln zur Kriegsliteratur begleitet, in welchen er die deutsche Niederlage auf einen ›Mangel an Nationalgefühl‹ zurückführt.
7 Stadtarchiv Karlsruhe, Beirat des Bundes vom 13.3.1942; Zitat ebd.
8 Badische Presse (15.2.1936), S. 10.
9 Vgl. Badische Presse (15.2.1936), S. 10; vgl. Stadtarchiv Karlsruhe, Protokoll der Beiratssitzung vom 20.5.1941.

erneut der Germanist Prof. Dr. Friedrich Panzer gewählt. Panzer begrüßte den Nationalsozialismus 1933 zunächst, jedoch blieben ihm wie auch anderen Intellektuellen und Schriftstellern die rassischen und anti-intellektuellen Ideologien fremd. Eck Freiherr von Reischach-Scheffel als Leiter der Abteilung für Werbung und Organisation und Dr. Reinhold Siegrist als Leiter der Geschäftsstelle des Bunds blieben im Vorstand.[6]

Im Laufe der Jahre kamen weitere nationalsozialistisch gesinnte Personen hinzu: Über die Einsetzung im März 1942 von Generaloberst Friedrich Karl Albert Dollmann, der seit längerem Mitglied des Deutschen Scheffel-Bunds war, heißt es:

Durch die siegreiche Waffentat ist der Oberrheinraum erst zu seiner natürlichen Einheit wieder gelangt, und der wirtschaftliche und kulturelle Aufbau innerhalb des Oberrheinraums ist hierdurch erst ermöglicht worden. Der Bundesleiter beabsichtigt, Herrn Generaloberst Dollmann in den Beirat des Bundesleiters zu berufen, weil er der Meinung ist, daß eine Vertretung der Wehrmacht innerhalb des Beirats gerade durch den siegreichen Feldherrn vom Oberrhein für die Entwicklung des Bundes ausserordentlich bedeutungsvoll ist.[7]

Mit der aktualisierten Führung gingen neue Ziele, Maßnahmen und Strategien einher, welche durch eine Feier anlässlich der 110. Wiederkehr des Geburtstages des ›Volks- und Heimatdichters‹ 1936 ersichtlich wurden. Zahlreiche Vertreter von Regierung, Partei und Behörden nahmen an der Feier im Deutschen Scheffel-Museum teil. Die neuen Leitlinien spiegeln sich in einer Rede Friedrich Panzers über Joseph Victor von Scheffel wider: »Alemannischem Volkstum, dem er zugehörte, hat er ein Denkmal gesetzt, um das man diesen deutschen Stamm beneiden darf. Aber nicht nur diesen Stamm allein, sondern deutsches Leben weithin hat er geschildert.«[8] Panzer betonte anlässlich des Jubiläums, wie wichtig es sei, alt und neu, Tradition und Zeitgeist miteinander zu vereinen. Gleichzeitig sei es notwendig, den Nachlass Scheffels und die Werke vergangener Dichtungen aus dem Gebiet am Oberrhein zu bewahren, zu bearbeiten und politisch fruchtbar zu machen.[9]

»ein großes, begeisterndes, völkisches Ideal«[10] – die Dichterstunden als nationalsozialistische Kulturarbeit

Im »Der Führer« konnte man über die Dichterstunden lesen: »Dank dem Scheffelbund für diesen Abend und der Wunsch nach weiteren Dichterstunden und die Mahnung an jeden Volksgenossen teilzunehmen am literarisch-geistigen Leben unsres Volkes.«[11]

Das ursprüngliche Ansinnen des Scheffel-Bunds, den Nachlass Joseph Victor von Scheffels zu verwalten sowie den »wesenhaft volksgestaltenden Geist im deutschen Schrifttum« zu fördern und den »Schaffenden unserer Zeit«[12] zu helfen, wurde im Zeitraum 1933 bis 1945 im Sinne der Stärkung des ›deutschen Volkstums‹ vom Bund intensiviert. Auch der Ausbau der Dichterstunden, um neue Mitglieder zu gewinnen, war geplant: »Der Deutsche Scheffel-Bund pflegt und fördert deutschen Geist in Leben und Dichtung«[13]. Komplementär zur politischen Ideologie und Propaganda und der Festigung der nationalsozialistischen Macht sollten die Scheffel-Preistragenden an die völkische Literatur herangeführt werden. Der Bund versuchte deshalb seit 1934, aktiv an die volkstümlichen deutschen Dichterinnen und Dichter anzuknüpfen und das »volkhafte« Dichterwerk zu vermitteln, das auch als belebende Ergänzung in den Deutsch-Unterricht integriert werden sollte. Die Dichterstunden sollten deshalb »zur Erweckung und Erziehung des deutschen Menschen beitragen, der nicht nur äußerliche, sondern auch innerliche geistige Zucht kennt und übt.«[14]

> Denn der Inhalt allen Deutschtums ist das Wesen der deutschen Seele, die lebendig ist in den echten Werken deutscher Dichtung […]. Der Deutsche Scheffel-Bund trägt in einer durchaus neuartigen weit und breit einzigartigen Weise dazu bei, daß die Voraussetzung hierzu geschaffen wird. In seinen Dichterstunden, die hier in Karlsruhe […] stattfinden, werden erlesene Werke deutscher Dichtung der Vergangenheit und Gegenwart vorgetragen.[15]

10 Christian Kiening: ›Panzer‹, in: Neue deutsche Biographie, Bd. 20, Berlin 2001, S. 40 f. zitiert nach: ›Jakob Grimm‹: in: Der Kunstwart u. Kulturwart 27 (1913), S. 7.

11 Der Führer. Hauptorgan der NSDAP (22.12.1933), S. 8.

12 Karlsruher Tagblatt (23.10.1933), S. 2.

13 Vgl. Der Führer. Hauptorgan der NSDAP (22.12.1933), S. 8; vgl. Schwäbischer Merkur (28.12.1933), S. 10; Badische Presse (15.12.1933), S. 2; vgl. Reichswerk Buch und Volk. Deutscher Scheffel-Bund e. V. von 1942; Beilage 6 zum Protokoll zur Beiratssitzung am 20.5.1941 vom 10.6.1941 (B16.8, MLO); Stadtarchiv Karlsruhe, Protokoll zur Beiratssitzung vom 20.5.1941; vgl. Werbemaßnahmen und Zielpunkte von Oktober 1938 (B12.9, MLO).

14 Schrift: Der Deutsche Scheffel-Bund pflegt und fördert deutschen Geist in Leben und Dichtung, ohne Datum (B8.12, MLO); Zitat nach ebd.; Dichterstunden im Scheffel-Museum, ohne Datum (B10.3, MLO).

15 Generalanzeiger für Südwestdeutschland: Das gesprochene Dichterwort als Zuchtweiser zu deutscher Lebensform (Siegrist) vom Februar 1934 (B10, MLO).

16 Vgl. Brief von Anonymus an Ministerialrat Eugen Fehrle vom 4.11.1933 (B8, MLO).

17 Dichterstunden im Scheffel-Museum, ohne Datum (B10, MLO).

18 Vgl. ebd.

19 Ebd.

20 Vgl. Aufruf an die Karlsruher Mitglieder von Oktober 1937 (B12, MLO); vgl. Brief von Anonymus an Generaldirektor Samwer vom 7.10.1937 (B12, MLO): Bei einem Gespräch zwischen dem Bund und der Karlsruher Lebensversicherungsbank wurde festgelegt, dass der Bund zwecks seiner monatlich an einem Abend stattfindenden Dichterstunden den Saal des Gebäudes beleuchtet und beheizt kostenfrei zur Verfügung gestellt bekam. Der Bund musste lediglich die Kosten für die Reinigung, den Blumenschmuck, die Türaufsicht und den Kartenverkauf übernehmen.

Abb.: Eine Postkarte aus dem Bestand der Literarischen Gesellschaft. Absender und Empfänger sind anonym. Die Vorderseite zeigt Adolf Hitler.

Bereits im November 1933 trat der Bund an den Rektor der Hochschule in Karlsruhe, Vizekanzler Dr. Rudolf Georg Weigel, und an den Studentenführer heran mit der Bitte, die Studierenden zur Teilnahme an den Dichterstunden zu verpflichten. Man plante zudem, Dichterstunden für die Schüler der Oberklassen einzurichten.[16] Dichterstunden, bei denen das gesprochene Wort im Mittelpunkt stand, eigneten sich, so die Argumentation, am besten für die Erweckung und Erziehung eines nationalen Bewusstseins. Durch die Rezitationsabende sollte somit unmittelbarer ideologischer Einfluss ausgeübt werden: Die Anschauungen der Dichterinnen und Dichter, die den deutschen Geist repräsentierten, wirkten an der »Erziehung der Deutschen zu deutschen Menschen« mit.[17] Im Weiteren wurde vom Bund selbst ausgeführt, dass »in besonderem Maße die deutschen Dichter [dazu] berufen [sind], an der Formung des deutschen Menschen mitzuwirken«, aber insbesondere die »Hitler-Jugend, S.S., S.A. und Kameradschaften aller Art«; folglich sei es die Aufgabe der kulturellen Organisationen, das Völkische zu Tage zu bringen und entsprechend zu fördern:[18]

Und wir bauen bewusst auf der Idee der Volksgemeinschaft, des Nationalsozialismus [auf] [...]. Es wird also zunächst darauf ankommen, die Freiwilligen aus allen Schichten des Volkes aufzurufen und sie teilhaben zu lassen an echten kulturellen Leistungen. Dies nur als andeutenden Beitrag zur Frage der beginnenden Auslese der kulturellen Führer [...]. Es ist der Weg der Selbstbestimmung und der Selbsterziehung, worauf die Dichterstunden den Einzelnen verweisen wollen, auch durch die Strenge der Auswahl des Gebotenen [...]. Das Leben des deutschen Volkes soll endlich gestaltet werden nach der inneren Wahrheit deutschen Wesens.[19]

Die neuen Dichterstunden wurden sehr gut besucht, sodass größere Räume bezogen werden mussten. Wurden die Abende vormals in den Räumen des Scheffel-Museums im Haus Solms veranstaltet, so wurde ab Oktober 1937 der Saal der Karlsruher Lebensversicherungsbank genutzt.[20]

Auch im Ausland sollte der Deutsche Scheffel-Bund vertreten sein. Ab 1940 wurden Dichterstunden in Madrid für

EINLADUNG ZUR

Scheffel-Feier
in der Trompeterstadt Säckingen

AM 12. JULI 1936

110. Geburtsjahr u. 50. Todesjahr

DES SÄCKINGER EHRENBÜRGERS

Josef Viktor v. Scheffel

Deutscher Scheffelbund und die Stadt Säckingen a. Rhein

Dr. M. UTTENTHALER · BÜRGERMEISTER

Schülerinnen und Schüler der Deutschen Schule und einen privaten Kreis von Unterstützern eingerichtet. Davon erhoffte man sich einen Ausbau der kulturellen und politischen Beziehungen zwischen Deutschland und ›befreundeten‹ Staaten wie Spanien.[21] Die Leitung übernahm der ehemalige Scheffel-Preisträger Dr. Rolf Fechter, welcher die Dichterstunden in Madrid ab April 1941 nach dem Vorbild des Deutschen Scheffel-Bunds organisierte. Für das Winterhalbjahr 1941/1942 plante er eine Reihe von Abenden, darunter Lesungen aus Werken von Johann Wolfgang von Goethe, Rainer Maria Rilke, Adalbert Stifter und auch von dem Mediziner und Verfasser von Märchenbüchern Richard von Volkmann (Pseud. Richard Leander).[22] Anlässlich der Eröffnung der Kulturabende in Madrid hieß es:

21   Vgl. Brief von Rolf Fechter an Reinhold Siegrist vom 13.7.1940 (B14, MLO).
22   Vgl. mitteilungen (1941/42) (B15, MLO); vgl. Ansprache anlässlich der Eröffnung der Kulturabende am 30.10.1940 (B16, MLO); Walther Killy / Rudolf Vierhaus (Hg.): Richard von Volkmann, in: Deutsche Biographische Enzyklopädie, Bd. 10, München 1999, S. 246.

Abb.: Einladungskarte zur alljährlichen Scheffel-Feier im Jahr 1936; diesmal anlässlich des 50. Todestags und 110. Geburtstags Joseph Victor von Scheffel in der Trompeterstadt Bad Säckingen.

Dr. Rolf (eig. Rudolf) Fechter (1912-1990) war nach einem Studium der Geschichte zwischen 1939 und 1949 Leiter der deutschen Kulturstelle in Spanien, danach für einige Zeit der stellvertretende Chefredakteur des *Rheinischen Merkurs*, in den Jahren 1953/54 der Presse- und Kulturattaché der Deutschen Botschaft in Mexiko, 1955 bis 1960 im Auswärtigen Amt in Bonn tätig, zwischen 1960 und 1964 deutscher Generalkonsul und 1962 Botschafter in Damaskus. Schließlich war er Botschaftsrat an der Deutschen Botschaft Paris.

(Vgl. Wilhelm Kosch: Rolf Fechter, in: Deutsches Literatur-Lexikon. Das 20. Jahrhundert, Bd. 8, München 2005, S. 306.)

23 Ebd.
24 Vgl. Protokoll zur Tagung der Gemeinschaft der Ortsverbandleiter am 15.11.1942 im Aufsichtsrats-Sitzungssaal der Karlsruher Lebensversicherung AG vom 17.11.1942 (B20, MLO).
25 Vgl. Brief von Anonymus an Bankdirektor Willy Leers vom 11.5.1942 (B21, MLO).
26 Vgl. Brief von Anonymus an Bankdirektor Willy Leers vom 11.5.1942 (B21, MLO); vgl. Protokoll zur Tagung der Gemeinschaft der Ortsverbandleiter am 15.11.1942 im Aufsichtsrats-Sitzungssaal der Karlsruher Lebensversicherung AG vom 17.11.1942 (B20, MLO); Brief von Eck Freiherr von Reischach-Scheffel an von Alten vom 8.12.1941 (B17, MLO); vgl. Der Führer. Hauptorgan der NSDAP (22.12.1933), S. 8; vgl. Reichswerk Buch und Volk. Deutscher Scheffel-Bund e. V. von 1942; vgl. Beilage 6 zum Protokoll zur Beiratssitzung am 20.5.1941 vom 10.6.1941 (B16, MLO); Stadtarchiv Karlsruhe, Protokoll zur Beiratssitzung vom 20.5.1941.

Mit der heutigen Dichterstunde, die dem Werk Rudolf Bindings gewidmet ist, weiht die Deutsche Schule eine Reihe von Kulturabenden nach dem Vorbild des Deutschen Scheffelbundes ein […]. Die Deutsche Schule will mit ihren Kulturabenden den deutschen Volksgenossen in Madrid und unseren der deutschen Sprache kundigen spanischen Freunden Gelegenheit zum Eindringen in den deutschen Geist geben, dessen Ausdruck auch die unermeßliche Leistung der deutschen Gegenwart und die Verwirklichung des großdeutschen Gedankens durch unseren großen Führer Adolf Hitler ist. Ich wünsche der Deutschen Schule vollen Erfolg bei dieser Arbeit, mit der sie eine wichtige Aufgabe inmitten des gewaltigen Geschehens der Gegenwart erfüllt. Heil Hitler![23]

Mit dem Expansionsgedanken ging die Gründung neuer Ortsverbände in Deutschland einher. Dem Geschäftsführer Dr. Siegrist gelang es bis November 1942, sechs neue Ortsverbände in Straßburg, Konstanz, Donaueschingen, Mühlhausen, Waldshut, Lörrach und Radolfzell zu gründen.[24] Die wichtigsten Aufgaben der Ortsverbände waren die Mitgliederwerbung und die Durchführung von Dichterstunden. Der Jahresbeitrag und eine einmalige Aufnahmegebühr waren sofort zu entrichten.[25] Der Deutsche Scheffel-Bund sollte die führende literarische Vereinigung am Oberrhein sein. Dafür wurde für jeden Ortsverband ein Ortsverbandsleiter eingestellt. 1942 standen die Ortsverbände zwar erst am Anfang der Mitgliederwerbung, wurden jedoch direkt in die Politik der Partei mit einbezogen. Es kam vor, dass in einem Standortbefehl der Wehrmacht der Besuch einer Veranstaltung des Ortsverbandes empfohlen wurde.[26] Mit Blick auf die in die Wehrmacht ›eingezogenen‹ Männer wurde diskutiert, ob und inwiefern Frauen in die aktive Arbeit des Bunds einzubeziehen und anzuwerben waren:

Es komme […] sehr auf den einzelnen Ort und das Verhältnis der dort lebenden Menschen untereinander an. Donaueschingen z. B. besitze eine enge Verbindung der geistig Interessierten untereinander, und der Ortsverbandsleiter könne diese Verbundenheit auch für Bundeszwecke ausnützen und Ehefrauen, deren Männer ein-

gezogen seien, veranlassen, das zu tun, was die Männer täten, wenn sie hier wären. Schwieriger liege der Fall in grossen Städten oder dort, wo der Ortsverbandsleiter erst kurze Zeit ortsansässig ist und den Konnex mit vielen Persönlichkeiten erst in gewissem Umfang erlangt habe.[27]

27 Protokoll zur Tagung der Gemeinschaft der Ortsverbandsleiter am 15.11.1942 im Aufsichtsrats-Sitzungssaal der Karlsruher Lebensversicherung AG vom 17.11.1942 (B20, MLO).

Abb.: Außenansicht des Gebäudes in der Kaiserallee 4 in Karlsruhe (heutiges Rathaus West): damaliger Sitz der Karlsruher Lebensversicherungsbank AG.

Die Fokussierung auf Literatur mit ›deutschem Geist‹ wurde ab dem Winterhalbjahr 1941/1942 nochmals gesteigert. Exemplarisch ist dafür eine Dichterstunde zu den ›Deutschen Volksmärchen‹ der Brüder Grimm. Damit knüpfte man an Friedrich Panzer an, dem es ein wichtiges Anliegen war, der Jugend anstelle einer »sachte verblassenden« Antike wieder ein »großes, begeisterndes, völkisches Ideal« zu vermitteln.[28]

Ein »grosses Kulturwerk zum Segen Deutscher Jugend«[29]

Die Situation im Herbst 1933 beschrieb Eck Freiherr von Reischach-Scheffel wie folgt:

> Augenblicklich stecke ich in meiner Eigenschaft als ehrenamtliches Vorstandsmitglied des Deutschen Scheffelbundes, wie fast immer tief in Arbeit, weil der Bund sich kraftvoll entwickelt und namentlich in den Kreisen der akademischen Verbände immer fester Fuss fasst. Neben diesem Teil der Arbeit beschäftigt mich in Sonderheit der finanzielle Ausbau des Jugendwerks, das nun auf alle deutschen Lehranstalten ausgedehnt werden soll.[30]

Offen war zu dieser Zeit noch, wie das »erforderliche Finanzfundament« gesichert werden konnte. »Bisher hat der Bund durch private Stiftungen 9 Schulen mit diesem im Volksmund Scheffel-Preis genannten Deutsch-Preis für Abiturienten ausstatten können.«[31] An anderer Stelle wurde als Ziel im Jahr 1933 der Ausbau der Scheffel-Schulpreis-Vergabe ›in allen deutschen Gauen‹ definiert.

Ein Brief von Eck Freiherr von Reischach-Scheffel vom 3. September 1933 zeigt exemplarisch, dass gezielt »die hilfsbereiten Kräfte der deutschen Industrie«, hier die Schokoladen-Fabrik Wilhelm Felsche in Leipzig, angeworben werden sollten:

> Es mag Ihnen wundersam erscheinen, dass ein Ihnen völlig Fremder aus fernen Gauen, in denen allerdings

28 Vgl. Der Führer. Hauptorgan der NSDAP (22.12.1933), S. 8; vgl. Schwäbischer Merkur (28.12.1933), S. 10; vgl. Badische Presse (15.12.1933), S. 2; vgl. Christian Kiening: ›Panzer‹ 2001, S. 40 f.; Reichswerk Buch und Volk. Deutscher Scheffel-Bund e. V. von 1942; Beilage 6 zum Protokoll zur Beiratssitzung am 20.5.1941 vom 10.6.1941 (B16, MLO); vgl. Stadtarchiv Karlsruhe, Protokoll zur Beiratssitzung vom 20.5.1941.
29 Brief von Eck Freiherr von Reischach-Scheffel an Regierungsbaumeister Julius Hug vom 17.5.1941 (B15, MLO).
30 Vgl. Brief von Eck Freiherr von Reischach-Scheffel an Günther von Berg vom 29.10.1933 (B7, MLO).
31 Ebd.

Ihre herrlichen Erzeugnisse namentlich bei der Jugend
rühmlichst bekannt sind, einen Vorschlag unterbreitet,
der vielleicht prima vista nicht in den Rahmen Ihres Wirkens hineinzupassen scheint. Und doch stellt mein Brief
nichts anderes dar, als den Ausdruck planvollen Ausbaus
eines Kulturwerks auf alle deutschen Gaue. Die Bundesleitung, dessen Dolmetsch zu sein, ich die Ehre habe, hat
den lebhaften Wunsch, ihre sogenannte ›Deutsch-Preis-
Stiftung‹ auch auf Leipzig, jene Stadt, die mit deutschem
Wesen und Werden auf dem Gebiet der Kultur so eng
verwoben ist, auszudehnen und als ständige Einrichtung
in Wirksamkeit zu bringen.[32]

32 Brief von Eck Freiherr von Reischach-
Scheffel an die Generaldirektion der
Schokoladen-Fabrik Wilhelm Felsche vom
3.9.1933 (B7, MLO) (Hervorhebungen im
Original).

Abb.: Großer Saal der Karlsruher
Lebensversicherungsbank AG.

Der badische Minister des Kultus und Unterrichts befürwortete in einem Schreiben vom 7. Januar 1936 ausdrücklich den Expansionskurs: »Ich halte das Unternehmen in jeder Richtung für unterstützungs- und aufbauwürdig. Demgemäß würde ich es begrüßen, wenn die Einrichtung der Scheffel-Preise auf alle badischen höheren Lehranstalten ausgedehnt würde und die hierzu erforderlichen Mittel im Wege freiwilliger Spenden beschafft werden könnten.«[33] Als Zusatz notierte Dr. Reinhold Siegrist am 23. November 1936 darunter: »Inzwischen konnte die Stiftung auf weitere elf Schulen in allen Teilen des Gaues Baden ausgebaut werden.«[34]

Die Schulen zahlten einen Jahresbeitrag von 4 Reichsmark (RM) zuzüglich einer einmaligen Aufnahmegebühr von 2 RM (körperschaftliche Mitglieder 8 RM).[35]

Während des Zweiten Weltkriegs setzte Eck Freiherr von Reischach-Scheffel seine Bemühungen um den Ausbau der Scheffel-Preis-Stiftung fort, wie ein undatierter Brief an die Direktion der *Daimler*-Werke in Stuttgart zeigt: »Mitten in einem grossen Kriege wird an der Heimatfront ein Deutsches Kulturwerk weiter ausgebaut. [...]«[36] Zum Zweck einer lückenlosen »Einbeziehung aller württembergischen Lehranstalten« warb er bei der *Daimler Benz AG* um die Übernahme einer Patenschaft für die Gottlieb Daimler-Oberschule in Bad Cannstatt:

Dadurch würde auch neben der Wirkung auf kulturellem Gebiet im Rahmen unserer Aufgaben [die] heranwachsende schwäbische Jugend immer wieder auf's Neue mahnend darauf hingewiesen werden, das Andenken an Gottlieb Daimler in Ehren zu halten. So würde also unser Kulturwerk durch sein Schaffen in Gegenwart und Zukunft auch Helfer sein, Tradition zu wahren.[37]

In einem anderen Brief Reischach-Scheffels findet sich die Formulierung »ein grosses Kulturwerk [...] zum Segen Deutscher Jugend«[38]. Zur Erfüllung seiner kulturellen Aufgabe wandte er sich auch an den Ingenieur und Flugzeugkonstrukteur Dr. Ernst Heinkel (»Schwabens grossen Sohn«[39]), denn er musste nach seinen eigenen Worten »aus den Händen der Württ[embergischen] Industrie,

33 Brief des Ministers des Kultus und Unterrichts vom 7.1.1936 mit einem Zusatz der Bundesgeschäftsstelle von Reinhold Siegrist, vom 23.11.1936 (B11, MLO).
34 Ebd. (Hervorhebung im Original).
35 Vgl. Stadtmuseum/-archiv Baden-Baden, A 0032/230, Brief von Reinhold Siegrist an die Richard-Wagner-Schule Baden-Baden vom 1.2.1939 und Brief von Reinhold Siegrist an die Richard-Wagner-Schule Baden-Baden vom 21.3.1939.
36 Brief von Eck Freiherr von Reischach-Scheffel an die Direktion der Daimler-Werke, ohne Datum (B15, MLO).
37 Ebd.
38 Brief von Eck Freiherr von Reischach-Scheffel an Regierungsbaumeister Julius Hug vom 17.5.1941 (B15, MLO).
39 Ebd.

aus Handel und Finanzwelt, aber auch von den Grossen Männern, die Schwaben sind, für unseren Stiftungsfond erbitten.«[40]

Der *Albtalbote* berichtete 1942 vom positiven Ausgang. Mittlerweile waren es bereits 200 deutsche Oberschulen:

Der Bund erhält [...] einen stetigen Zustrom an jungen, leistungsfähigen Mitgliedern und die jungen Preisträger werden auch nach Verlassen der Schule, vor allem während ihrer Zeit der Berufsausbildung, angeregt, sich mit deutscher Sprache und Dichtung zu beschäftigen und für sie einzutreten.[41]

Aus einem Schriftstück mit dem Titel *Die ›Scheffel-Preis-Stiftung‹ im Hinblick auf ihre gesamten Wirkungsmöglichkeiten* geht hervor, dass im November 1934 der Scheffel-Preis an Abiturientinnen und Abiturienten für die beste Gesamtjahresleistung im Schulfach Deutsch an insgesamt 22 neunjährigen Schulen verliehen wurde: in Altona, Aschersleben, Bergisch-Gladbach, Berlin-Dahlem, Heidelberg, Iserlohn, Karlsruhe, Köln, Ludwigsburg, Nürnberg, Roßleben, Stuttgart, Trier, Ulm. Definiertes Ziel war die »möglichst vollständige Erfassung aller höheren Lehranstalten des deutschen Sprachgebiets«[42]. Zudem wird in dem Dokument erläutert, welche Pläne die Bundesleitung mit diesem Ausbau der Stiftung »für die ganze deutsche Volksgemeinschaft«[43] verfolgte, wobei der Bezug zum Scheffel-Preis stets deutlich markiert wird:

Es ist der Wille der Bundesleitung, zur Gestaltung der neuen Lebensform deutschen Volkstums wesentlich beizutragen durch den Ausbau dessen, was in den Dichterstunden des Bundes in Karlsruhe und Stuttgart heute schon klar vorgebildet ist: Die Trennung, die zwischen dem deutschen Dichter und dem deutschen Volk zu beider Unsegen fast immer bestand und auch heute noch besteht, kann nur dann zu gegenseitiger fruchtbarer Wechselwirkung überwunden werden, wenn es gelingt, in weitestem Umfange den hohen Geist unserer Dichtung der Vergangenheit und der Gegenwart aus dem toten Buchstaben zu lösen, ihn wieder lebendig und

40 Ebd.
41 Der Albtalbote (7.10.1942), S. 4; Zitat ebd.
42 Die ›Scheffel-Preis-Stiftung‹ im Hinblick auf ihre gesamten Wirkungsmöglichkeiten, ohne Datum (B10, MLO).
43 Ebd.

unmittelbar wirksam zu machen durch das gesprochene Wort. […] Die Dichterstunden sind berufen, den vergrabenen Schatz deutscher Dichtung zu heben, ihn mitten ins Volk zu stellen als lebendige Kraftquelle und als Ausgangspunkt einer auf keine andere Weise zu erreichenden Durchdringung des deutschen Volkes mit wesenhaft deutschem Geist. Bei solcher Absicht ist es von größter Wichtigkeit, dass die Dichterstunden […] in sinnvoller den Richtlinien der Bundesleitung streng entsprechender Art durchgeführt werden.[44]

Deutlich wird, dass die Preisträger und Preisträgerinnen in Form einer »Auslese« zur Auswahl zukünftiger »kulturelle[r] Führer« im Hinblick auf den propagierten Aufbau deutscher Kultur angesehen wurden: »Diese Auslese ist einerseits zu verschärfen durch die Einrichtung jährlicher Schulungswochen« mit dem Ziel, »die Führerpersönlichkeiten heranzubilden, die zur Durchführung der Dichterstunden befähigt sind. […] Vorausgesetzt wird, dass die allgemeine Schulung zur Volksgemeinschaft durch H.J., S.A., S.S., Arbeitsdienst voraus- oder nebenhergeht.«[45] Auf diese Weise war eine »Auslese aus der Auslese möglich«, so die Argumentation:

44 Ebd., S. 4.
45 Ebd., S. 5 (Hervorhebung im Original).

Abb.: Mitgliedskarte des Deutschen Scheffel-Bunds für die Richard-Wagner-Schule Baden-Baden vom 21. März 1939.

Abb. S. 55: Brief von Dr. Reinhold Siegrist an die Richard-Wagner-Schule Baden-Baden vom 26. Januar 1939 bzgl. der Übernahme einer Patenschaft der Firma Reemtsma, Hamburg.

Deutscher Scheffel=Bund e. V.

Postanschrift: Deutscher Scheffel=Bund / Geschäftsstelle Karlsruhe, Baden
Bank=Konten: Badische Bank, Karlsruhe, und Deutsche Bank, Zweigstelle Karlsruhe + Postscheck=Konto: Karlsruhe 10750

Pflege deutschen Geistes in Leben und Dichtung

Richard-Wagner-Schule, Oberschule f. Mädchen, Direktion,

B a d e n - B a d e n .

Karlsruhe, 26.1.1939.

Die Firma H. F. & Ph. F. Reemtsma, Hamburg, hat unserer Stiftung für Scheffel-Preise an Oberschulen soeben einen Betrag zu-
gewiesen mit der Bestimmung, dass aus diesem Betrag der
Richard-Wagner-Schule in Baden-Baden der Scheffel-Preis als dau-
ernde Einrichtung und also alljährlich wiederkehrend zugesprochen werden soll.

Ich darf Ihnen daher heute im Auftrag der Bundesleitung die er-
freuliche Nachricht geben, dass es dem Bunde von jetzt an möglich sein wird, der Richard-Wagener-Schule in Baden-Baden alljährlich auf Schuljahrende seinen "Scheffel-Preis" für eine
Abiturientin, die besonders gute Leistungen im Schulfach
Deutsch aufzuweisen hat, zu gewähren.

Diesem Brief lege ich die Bestimmungen über die Zuwendung des
"Scheffel-Preises" an die Richard-Wagener-Schule bei. Ausserdem füge ich ein Druckblatt an, dem Sie bitte die Bedeutung
des Preises auch für die Preisträgerinnen entnehmen mögen.

Die Preiszuteilung an Ihre Schule geschieht im Einvernehmen mit
dem Herrn Unterrichtsminister in Baden. Die Richard-Wagner-
Schule ist die 53. Schule im Gau Baden, bei der unser Scheffel-
Preis eingerichtet ist.

Bitte, bestätigen Sie mir Ihr Einverständnis mit der Einrichtung des Scheffel-Preises an Ihrer Schule kurz für unsere Akten
und nennen Sie uns so bald wie möglich den Namen und die genaue
Anschrift der Preisträgerin 1939.

Heil Hitler!

J. A. Dr. Vingrich

NS. Als Drucksache lassen wir Ihnen die Mitteilungen des Bundes von April und Oktober 1938 zugehen, woraus noch nähere
Einzelheiten über die Wirkung der Scheffel-Preis-Stiftung
zu entnehmen sind.

Scheffel=Museum („Dichter und Dichtung am Oberrhein") in Karlsruhe, Bismarckstr. 24. Alljährliche Mitglieder=Buchgaben: Nachlaß=
veröffentlichung und Erstdrucke reifer Werke unbekannter Dichter („Hilfe den Lebenden"). Dichterstunden: Künstlerische Darbietung
erzählender Dichtung nach strenger Auswahl und Sprechschulung. Scheffel=Preis=Stiftung für Abiturienten („Deutsch"=Preise).

Die sich bewähren, bilden eine Gemeinschaft deutscher Menschen, denen ganz allgemein und nicht mehr auf die Dichterstunden beschränkt die Sorge um die geistige Pflege unseres Volkes wohl anvertraut werden kann. Sie bleiben in anregendem Austausch untereinander, sie versammeln sich in längeren Zeiträumen, verpflichten sich dem deutschen Geist zu Treue und Dienst am Volk – mag sein, es wächst die deutsche Gemeinschaft dereinst zum deutschen Orden …[46]

Doch nicht jeder sollte Teil dieser Gemeinschaft sein dürfen, wie die Vergabe des Scheffel-Preises an Karl Runser, Schüler des St. Paulusheims in Bruchsal, dokumentiert. In einem Brief vom 28. April 1941 schrieb zunächst der Kreispersonalamtsleiter der NSDAP, Kreis Wertheim, an die Kreisleitung der NSDAP, Kreispersonalamt Bruchsal: »Nach eingehender Erkundigung kann ich Ihnen mitteilen, daß Karl Runser für die Volksgemeinschaft verloren ist und er sich voll und ganz der katholischen Kirche verschrieben hat. Es gilt ihm als höchstes, die theologische Professur zu erlangen. […] M.E. ist Runser nicht würdig, den Scheffelpreis zu erhalten.«[47] Ein Antwortbrief vom 3. Mai 1941 belegt, dass der Kreisamtsleiter der NSDAP Gau Baden (Personalamt, Kreisleitung Bruchsal) daher auf einer Änderung der Richtlinien der Vergabe insistierte:

Die in dieser Angelegenheit gemachten Feststellungen machen es notwendig, auf eine Änderung der Zuteilungsbedingungen zu dringen. Hierbei hat der Grundsatz Niederschlag zu finden, daß in Hinkunft nur solche Schüler Berücksichtigung finden dürfen, die auf dem Boden unserer Überzeugung stehen und ein der Partei und dem Staate dienliches Berufsziel verfolgen.[48]

Daraufhin antwortete der Minister des Kultus und Unterrichts, Paul Schmitthenner, mit einem Schreiben vom 17. Juli 1941:

Ich habe den Fall mit dem Deutschen Scheffelbund hier erörtert. Dabei besteht volle Übereinstimmung darüber, dass von der Preisverleihung alle Schüler ausgeschlossen

46 Ebd., S. 6.
47 Landesarchiv Baden-Württemberg, Generallandesarchiv Karlsruhe 235 40455 (Permalink: http://www.landesarchiv-bw. de/plink/?f=4-3374821), Schreiben von Kreishauptstellenleiter Dostmann an das Kreispersonalamt der Kreisleitung der NSDAP vom 28.4.1941.
48 Landesarchiv Baden-Württemberg, Generallandesarchiv Karlsruhe 235 40455 (Permalink: http://www.landesarchiv-bw. de/plink/?f=4-3374821), Schreiben von Kreisamtsleiter Plitt an das Personalamt der NSDAP Gau Baden vom 3.5.1941.

Abb.: NS-Wappen auf dem Briefkopf eines Schreibens an Eck Freiherr von Reischach-Scheffel.

DER REICHSMINISTER
FÜR WISSENSCHAFT, ERZIEHUNG
UND VOLKSBILDUNG

BERLIN, DEN　7. September 1944
Neue Anschrift des Ministerbüros!
Berlin C 2, Unter den Linden 3
Telefon: 16 65 11

Zum Schreiben vom 19. Juli 1944 betr. Scheffelbund.

Lieber Parteigenosse Schmitthenner!

　　　　In der Badischen Presse vom 23. August 1944 befand sich
unter "Totale Kriegseinsatzmassnahmen in Baden-Elsass" die
Anordnung des Gauleiters Robert Wagner, nach der mit sofortiger Wirkung jegliche Tätigkeit der sogenannten Heimat- und
Kulturvereine wie Badische Heimat, Scheffelbund, Goethegesellschaft usw. einzustellen sei.
　　　　Ich nehme Ihr Einverständnis an, wenn ich daher die Frage der Schulstiftung des Scheffelbundes als vorläufig erledigt
ansehe, und bitte Sie, von dort aus zu gegebener Zeit auf die
Angelegenheit zurückzukommen.

　　　　　　Heil Hitler!

An
den Herrn Badischen Minister
des Kultus und Unterrichts
in S t r a ß b u r g
----

sein sollen, die nicht auf dem Boden der nationalsozialistischen Weltanschauung stehen. In allen nicht ganz klar liegenden Fällen sollen die für die Preisverleihung zuständigen Direktoren der Höheren Lehranstalten bei den massgebenden politischen Stellen sich nach der politischen Haltung und Zuverlässigkeit der Bewerber erkundigen, bevor die Preiszuerkennung erfolgt. Dies wird den Direktoren der Höheren Lehranstalten durch einen im Einvernehmen mit dem Scheffelbund zu erlassenden Runderlass zur Kenntnis gebracht werden.[49]

In einem undatierten *Exposé über den ›Scheffelpreis‹ für Schulentlassene* wurde die Frage der zukünftigen finanziellen Si-

49　Landesarchiv Baden-Württemberg, Generallandesarchiv Karlsruhe 235 40455 (Permalink: http://www.landesarchiv-bw. de/plink/?f=4-3374821), Antwortschreiben vom Minister des Kultus und Unterrichts vom 17.7.1941 auf das Schreiben vom 3.5.1941.

Abb.: Antwortschreiben des Reichsministers für Wissenschaft, Erziehung und Volksbildung an Paul Schmitthenner, den Badischen Minister des Kultus und Unterrichts in Straßburg vom 7. September 1944.

cherstellung behandelt und errechnet, dass als Anfangsstif-
tung ein Betrag von etwa 400 RM (statt bisher 600 RM) je
Schule zur Finanzierung des Scheffel-Preises für die Dauer
von drei Jahren auf Zinsbasis ausreiche.[50] Die Preisträgerinnen und Preisträger würden namentlich in lokalen Zeitungen genannt und auch deren Familien seien angesichts der
Preisverleihung erfreut – hinter der »kulturellen Idee« sieht
der Verfasser des Exposés eine »ungeheure Propaganda-
wirkung«:

> Bei der inneren Kraft, die der ganzen Idee des Scheffelbun-
> des inne wohnt und die sich auch bisher schon vielfach
> gezeigt hat, darf ohne Bedenken angenommen werden,
> dass die 500fach verstärkte dreijährige Propaganda-
> wirkung, die von dreimaliger Verleihung des Scheffel-
> preises an 500 Schulen ausgehen würde, und die sich
> mit einem Aufwand von 6000 RM erzielen lässt, nach
> Ablauf dieser 3 Jahre eine ausserordentliche Anzahl von
> Mitgliedern und Förderern auf den Plan rufen würde.[51]

50 Vgl. Exposé über den ›Scheffelpreis‹
    für Schulentlassene, ohne Datum
    (B10.4, MLO).
              51 Ebd.
    52 Vgl. Frank-Rutger Hausmann:
»Dichte, Dichter, tage nicht!«. Die europäische Schriftsteller-Vereinigung in Weimar
1941-1948, Frankfurt am Main 2004,
S. 399-400, 403-6, 410-1: Überzeugend
wirkten für viele die Folgen der Unterstützung der Partei. Ökonomisch gesehen
hatte man als Mitglied nämlich den Vor-
teil, im gesamten deutschsprachigen
Raum bekannt gemacht zu werden; zitiert
nach ebd. S. 406; Deutsche Allgemeine
Zeitung, Weimar 1942 (16.10.1942) (B20,
MLO): »Wer könnte am Daseinsrecht der
Dichtung in diesem Krieg zweifeln, wenn
er der schöpferischen Wirkungen des
Krieges auf die Dichtung spricht und
nachweist, daß der Krieg wieder zur Ein-
fachheit der großen Gedanken zurückführt, oder wenn er vom Kriegsbericht
und von der Kriegsdichtung spricht und
vor der Flut der eilfertig zurechtgemach-
ten Kriegsliteratur warnt, die sich über die
Leser stürzen will?«

Der erste europäische Dichterkongress

Ab 1940 wurde der NS-Propaganda bewusst, dass langfristig
der Kultursektor eine wichtige Stütze sein könnte, um die
Hilfe sympathisierender Kräfte im europäischen Ausland
zu mobilisieren. 1941 kamen auf dem ersten europäischen
Dichterkongress in Weimar etwa 30 ausländische Schriftsteller aus 14 Ländern, dazu zahlreiche deutsche Schriftsteller
sowie 100 Vertreter diverser NS-Ministerien, NS-Einrich-
tungen und Vertreter des Buchgewerbes zusammen. Zahlreiche eingeladene ausländische Schriftsteller traten dem am
8. November 1939 gegründeten Europäischen Schriftsteller-
Verein (ESV) bei, der eine gezielte Gegengründung zum
internationalen P.E.N. darstellte, und ließen sich für die politischen Zwecke der Partei instrumentalisieren: »Wer hier
mitmachte, billigte den Faschismus in seiner jeweiligen
nationalen Variante als Staatsdoktrin, er akzeptierte die
Gleichschaltung der Kultur, die Verfremdung und Vertrei-
bung jüdischer Kollegen sowie die Indoktrinierung der verbliebenen Schriftsteller.«[52] Der niederländische Altgermanist

Jan de Vries betonte die Bedeutung Weimars als symbolischen Ortes:

> Die Stadt sei zu Recht als Versammlungsort gewählt worden, denn der Geist Goethes, Schillers, Rilkes und Nietzsches sei dort noch ganz gegenwärtig. Die ESV habe längst eine feste Form gefunden und könne sich mit dem P.E.N.-Club durchaus messen. Dieser gehöre dem Gestern, die ESV dem Heute und Morgen. Europa habe eine geschlossene Kultur, die bedroht sei. Unter deutscher Führung würden alle Kräfte mobilisiert, um das europäische Geisteserbe zu retten.[53]

Der Scheffel-Bund war aktiv in die Europäischen Dichtertreffen eingebunden. 1939 wurde das von der Reichsschrifttumskammer geführte ›Reichswerk Buch und Volk‹ gegründet, das im nationalistischen Sinne auf die Pflege deutschen Geistesgutes einwirken sollte. Der Scheffel-Bund wurde als ›Deutscher Scheffel-Bund im Reichswerk Buch und Volk‹ als Mitglied geführt.[54] Im Rahmen einer Reise durch Deutschland besuchten im Oktober 1941 etwa 30 prominente ausländische Dichter im Rahmen des 1. Europäischen Dichtertreffens aus elf europäischen Ländern die Kurstadt Baden-Baden und wurden vom Scheffel-Bund begrüßt.[55]

Die Bundesleitung des Deutschen Scheffel-Bunds wurde vom Reichspropagandaleiter des Gaus Baden, Robert Wagner, aufgefordert, als führende Vereinigung der Pflege des dichterischen Schrifttums am Oberrhein im ›Reichswerk Buch und Volk‹ die Dichter in Baden-Baden zu empfangen und ihnen einen Einblick in die Art und Wirksamkeit der Organisation des Scheffel-Bunds zu geben. Vom Scheffel-Bund anwesend waren Friedrich Panzer, Eck Freiherr von Reischach-Scheffel, Bundesgeschäftsführer Reinhold Siegrist sowie der Vorstandsvorsitzende und Generaldirektor der *Karlsruher Lebensversicherungsbank* Adolf Samwer. Letzterer begrüßte die Gäste in einer Ansprache, in der er die besondere Organisationsform und die erfolgreichen Wirkungsweisen des Deutschen Scheffel-Bunds darlegte, und kündigte zudem die Mitgliedergabe 1941 an: die Anthologie *Lebende Dichter um den Oberrhein*. Die Aktivitäten des Scheffel-

Robert Wagner (1895-1946) wurde 1925 Leiter des ›Gaus Baden‹ der NSDAP und zog 1929 für die nationalsozialistische Partei in den badischen Landtag ein. 1932 avancierte Wagner zum stellvertretenden Reichsorganisationsleiter und Leiter des Hauptpersonalamtes in der Reichsführung der NSDAP. 1933 wurde er Mitglied des Reichstags und kommissarischer Ministerpräsident von Baden. Als Chef der Zivilverwaltung im Elsass und Reichsstatthalter des ›Reichsgaus‹ erhielt Wagner 1940 den Auftrag zur ›Eindeutschung‹ des Elsass, wo er für viele Gräueltaten die persönliche Verantwortung trug. Nach Kriegsende wurde Wagner von einem französischen Militärgericht in Straßburg zum Tod verurteilt und hingerichtet.

(Vgl. Walther Killy / Rudolf Vierhaus: Robert Wagner, in: Deutsche Biographische Enzyklopädie, Bd. 10, München 1999, S. 289.

53 Hausmann: »Dichte, Dichter, tage nicht!«, 2004, S. 415-6; vgl. ebd. S. 417.
54 Vgl. Stadtarchiv Karlsruhe, Stadtverwaltung Karlsruhe 2.10.1941; vgl. Stadtarchiv Karlsruhe Reichswerk Buch und Volk. Deutscher Scheffel-Bund e. V. 1942; vgl. Stadtarchiv Karlsruhe, Empfang ausländischer Dichter in Baden-Baden vom 3.11.1941; vgl. Reichswerk Buch und Volk: Deutscher Scheffel-Bund e. V. Leistungen und Ziele, 1941 (B18, MLO); Über den Empfang ausländischer Dichter durch den Deutschen Scheffelbund im Reichswerk Buch und Volk in Baden-Baden vom 3.11.1941 (B18, MLO).
55 Vgl. Frank-Rutger Hausmann: Dichte, Dichter, tage nicht!, 2004, S. 107-122.

Bunds waren Teil der nationalsozialistischen Propaganda.[56] Reinhold Siegrist betonte:

> Der Auftrag, der uns zuteil wurde, ist zweifellos in vieler Hinsicht für den Bund wertvoll, und es ist unser Bestreben, ihn so durchzuführen, daß der Empfang bei den ausländischen Dichtern in bester Erinnerung bleibt.[57]

In einem *Bericht für die Beiratsmitglieder über den Empfang ausländischer Dichter durch den Deutschen Scheffel-Bund im Reichswerk Buch und Volk in Baden-Baden*, der auch die Namen der Anwesenden von November 1941 enthält, heißt es zum Schluss: »Im übrigen war das Beisammensein einer herzlichen und lebhaften Aussprache gewidmet, die den Anteil bezeugte, den die ausländischen Dichter an den Einrichtungen der Kulturpflege im Reich nehmen.«[58]

Auch die Vortragsabende des Scheffel-Bunds in den Kriegsjahren beförderten die nationalsozialistische Ideologie: Am 7. Juni 1943 hielt Jakob Schaffner beispielsweise einleitend eine Rede über die Reichsidee:

> Jakob Schaffner, der Künder aus dem alemannischen Lebensraum [ergriff das Wort] zu einem tiefschürfenden Vortrag vom Wesen der deutschen Reichsidee [...]. [Er verstand] die unerbittlichen Konsequenzen, die geistesgeschichtlichen und historischen Zusammenhänge der Entwicklung der deutschen Reichsidee aufzuzeigen. Ausgehend von dem Gedanken, daß ein Volk nur würdig und bedeutsam in seiner reinen Idee leben kann und zu Grunde gehen muß, wenn die reine Idee einer äußeren Zweckhaftigkeit verfällt, entwickelte er das Wesen der Reichsidee von Theoderich, dem Ostgotenkönig, über Karl den Großen, den er seinem Wesen und Wirken nach als unbedingt deutlich charakterisierte, über die Sachsen- und Hohenstaufen [...], die Habsburger und das preußische Königtum bis in unsere Zeit [...]. Reicher Beifall bekundete den herzlichen Dank für solch erhebende Stunde geistiger Befruchtung.[59]

56 Vgl. Stadtarchiv Karlsruhe, Stadtverwaltung Karlsruhe vom 2.10.1941; vgl. Stadtarchiv Karlsruhe, Reichswerk Buch und Volk. Deutscher Scheffel-Bund e.V. 1942; vgl. Stadtarchiv Karlsruhe, Empfang ausländischer Dichter in Baden-Baden 3.11.1941; vgl. Reichswerk Buch und Volk: Deutscher Scheffel-Bund e.V. Leistungen und Ziele, 1941 (B18, MLO); vgl. Über den Empfang ausländischer Dichter durch den Deutschen Scheffelbund im Reichswerk Buch und Volk in Baden-Baden vom 3.11.1941 (B18, MLO).
57 Brief von Reinhold Siegrist an Eck Freiherr von Reischach-Scheffel vom 2.10.1941 (B18, MLO).
58 Ebd.
59 Stadtarchiv Karlsruhe/H-Reg 2918, Artikel ›Jakob Schaffner über die Reichsidee – Vortragsabend im Deutschen Scheffel-Bund‹ vom 7.6.1943, Nachrichtenstelle Karlsruhe vom 7.6.1943 an Frankfurter Zeitung / Der Führer / Völkischer Beobachter / Badische Presse / Durlacher Tagblatt, Nr. 155 vom 6.6.1943; vgl. Charles Linsmayer: ›Schaffner, Jakob‹, in: Neue Deutsche Biographie 22 (2005), S. 538; URL: https://www.deutsche-biographie.de/pnd118748386.html#ndbcontent (letzter Zugriff: 1.8.2024): Jakob Schaffner war ein schweizer Romanschriftsteller. Nahm er ursprünglich Partei für den Nationalsozialismus, übte er ab 1941 zunehmend Kritik an der NS-Führung und zog sich nach Straßburg zurück.

Das ›Badische Dichtermuseum‹ zwischen 1933 und 1945

Mit Sitz in Karlsruhe und damit nahe an der Grenze zum Elsass wurde in einem nächsten Schritt die Bedeutung badischer Literatur für die Förderung eines ›deutschen Volkstums‹ herausgehoben und auch entsprechend gefördert. Das Scheffel-Museum im Haus Solms in der Bismarckstraße 24 wurde 1936 zu einem ›Badischen Dichtermuseum‹ erweitert. Bisher hatte das Scheffel-Museum »in anschaulicher Weise die verschiedenen Etappen aus Leben und Schaffen eines Dichters [gezeigt], der aus der badischen Landschaft und ihren Menschen heraus gestaltet hat«[60]. Aufgrund der politischen Entwicklungen war es aus Sicht des Bunds nur folgerichtig, das Museum zu einem umfassenden ›Badischen Dichtermuseum‹ auszubauen und die literarische Entwicklung Badens zu zeigen.[61]

Dazu dienten auch die Jahresgaben. 1941/1942 wurde als 17. und 18. Jahresgabe eine Anthologie herausgegeben, die vom Bund als eine ganz besondere und einmalige beschrie-

60 Der Führer (16.2.1936), S.7.
61 Vgl. Badische Presse (15.2.1936), S.10; vgl. Der Führer. Hauptorgan der NSDAP (16.2.1936), S.7; Zitate nach ebd.; Stadtarchiv Karlsruhe, Protokoll zur Beiratssitzung vom 20.5.1941.

Abb.: Gruppenfoto von der Rundreise der ausländischen Schriftsteller vor dem Kurhaus in Baden-Baden 1941.

ben wurde. Unter dem Titel *Lebende Dichter um den Ober-rhein* wurde ein 600 Seiten starker Band publiziert mit Lyrik und Prosa von 117 Dichtern aus Baden, dem Elsass, Rhein-land-Pfalz und der Schweiz, die die aktuelle Gegenwarts-literatur der Oberrheinregion dokumentieren sollte. Gleiches wurde mithilfe der halbjährlich erscheinenden *mitteilungen* angestrebt, welche nicht nur Nachrichten aus dem Bund, son-dern jeweils ebenso Gedichte, eine Namensliste der Scheffel-Preisträgerinnen und Preisträger, einen Aufsatz über die Entwicklung der Preisträgertreffen und Nachrichten über beachtenswerte Leistungen einzelner Preisträgerinnen und Preisträger aus den früheren Jahrgängen beinhaltete. Unter dem Schlagwort ›Hilfe den Lebenden‹ sollten unmittelbar die Werke lebender Dichterinnen und Dichter aus dem Ge-biet am Oberrhein gefördert werden: So sollte nun auch verstärkt zeitgenössische Literatur publiziert werden.[62]

Seitens der NSDAP wurden diese Absichten gezielt unter-stützt und schlussendlich auch gefordert. Das Elsass sei schließlich seit jeher deutsch gewesen, so die Argumentation:

In Versailles konnte man Blut und Rasse nicht fälschen wie geographische Begriffe! […] [A]ltes deutsches Kultur-gut [überbrückte] die willkürlich gezogene Rheingrenze. Heute, wo die natürliche Einheit von Volk und Land am Oberrhein für alle Zeiten durch Blut und Stahl besiegelt ist, ist das deutsche Volkstum wieder frei wie der deutsche Strom und das Elsaß stimmt sich […] durch das Lied und die Musik wieder ein in den großen Chor der deut-schen Volksgemeinschaft.[63]

Die Bildung einer gemeinsamen Identität der deutsch-sprachigen Volksgemeinschaft wurde nicht nur durch die inhaltliche Konzeption der Jahresgabe, sondern auch durch den Ausbau der Scheffel-Schulpreis-Stiftung forciert: Im Mai 1941 bat Eck Freiherr von Reischach-Scheffel seinen Bekann-ten Karl (›Dewitz‹ ist handschriftlich annotiert, d. Verf.) um Rat bezüglich des Aufbaus der Scheffel-Preis-Stiftung im seit 1940 besetzten Elsass, beispielsweise in der Stadt des Humanismus Schlettstadt. Er verfolgte die Idee, dass »Offi-ziersvereine der s. Zt. an den Kämpfen beteiligten Jäger-Batl. eine Patenschaft übernehmen«[64] könnten.

62   Vgl. Stadtarchiv Karlsruhe, Reichs-werk Buch und Volk. Deutscher Scheffel-Bund e. V. 1942; vgl. Stadtarchiv Karls-ruhe, Protokoll zur Beiratssitzung vom 20.5.1941; vgl. ebd.: Zeitgenössische Lite-ratur in den Kanon aufzunehmen zeigte sich ebenso in der Wahl der Jahresgaben. So wurde 1940 die Jahresgabe *Pömperles Ausfahrt in die Welt*, eine elsässische Novelle, endlich veröffentlicht, nachdem die Publikation kriegsausbruchsbedingt 1939 kurzzeitig ausgesetzt werden musste. Stattdessen wurde 1939 eine Veröffent-lichung aus dem Nachlass Scheffels, Briefe Scheffels an seine Eltern von 1856/57, aufgenommen.
63   Straßburger Neuste Nachrichten (20.8.1942), S. 3.
64   Brief von Eck Freiherr von Reischach-Scheffel an Karl von Dewitz vom 24.5.1941 (B15, MLO).

Das NS-Volkskulturwerk:
Verleihung von Kunst- und Förderungspreisen

Die Gründung des NS-Volkskulturwerkes ist die Ver-
bündung einer allgemeinen deutschen Kulturpflicht, die
mit Absicht in Zeiten vermehrter seelischer Belastungen,
gleichbedeutend für die Zukunft unseres Volkes an die
Seite der Wehrpflicht aller Deutschen tritt. Kulturarbeit
auf breitester Grundlage, Erfassung aller Volksgenossen

Abb.: Eck Freiherr von Reischach-Scheffel
in Baden-Baden im Oktober 1941.

und Mobilisierung aller seelischen Kräfte, Indienststellung dieser ewigen Werte aus unserer kulturellen Vergangenheit und Gegenwart, ist der sich selbst rechtfertigende Zweck dieser neuen parteiamtlichen Organisation. Mehr als jemals in der Vergangenheit soll unser Hauptaugenmerk der Kulturfreudigkeit und Kulturfähigkeit des Dorfes gelten.[65]

Die Förderung deutsch-elsässischer Literatur in Verbindung mit der Stärkung des deutschen Volkstums wurde von der NSDAP Stück für Stück ausgeweitet: Zur Zeit des europäischen Kongresses in Weimar wurde im Oberrheinland das NS-Volkskulturwerk gegründet, welches in enger Verbindung mit den volkskulturellen Gemeinschaften stehen sollte. Auf Anweisung Joseph Goebbels' habe das Hauptkulturamt der NSDAP die kulturpolitische Führung der Vereine zu übernehmen, um so die Zersplitterung des volkskulturellen Lebens im 19. Jahrhundert wieder aufzuheben, welche »den Tod jeder auf das ganze Volk aufgerichteten Gemeinschaftskultur zur Folge haben mußte«. Infolgedessen ließ die Gaupropagandaleitung den volkskulturellen Verbänden ideelle und finanzielle Unterstützung zuteil werden, und der Beitritt in das NS-Volkskulturwerk wurde als Volkspflicht eingestuft.[66]

Die Gründung des NS-Volkskulturwerks besaß einen weitreichenderen Zweck: Es ging um die Rekrutierung von ›Volksgenossen‹, die im Sinne der NSDAP in den Kultureinrichtungen agierten. Ein ähnliches Prinzip verfolgte die Einrichtung des ›Jugendwerkes‹. Im Deutschen Scheffel-Bund spiegelte sich dies durch den Ausbau des Scheffel-Preises auf 124 Schulen wider.[67]

In der Satzung mit dem Titel *Der Deutsche Scheffel-Bund pflegt und fördert deutschen Geist in Leben und Dichtung* heißt es:

Der Bund baut eine ›Deutsch-Preis‹-Stiftung für Abiturienten deutschsprachiger, neunklassiger Mittelschulen aus. Auf Grund eines dem Stiftungskapital zuzuführenden Betrages von RM. 600,- wird einer Lehranstalt fortlaufend für jedes Schuljahrende der ›Deutsch-Preis‹ des Scheffel-Bundes für einen mit dem Reifezeugnis ab-

65 Der Führer. Hauptorgan der NSDAP (12.9.1942), S. 5.
66 Vgl. Straßburger neueste Nachrichten (20.8.1942), S. 3; vgl. Der Führer. Hauptorgan der NSDAP (12.9.1942), S. 5; zitiert nach ebd.
67 Vgl. Hakenkreuzbanner (2.4.1942), S. 4; Zitat vgl. ebd.; Stadtarchiv Karlsruhe, Reichswerk Buch und Volk. Deutscher Scheffel-Bund e. V. 1942; vgl. Stadtarchiv Karlsruhe, Protokoll zur Beiratssitzung vom 20.5.1941.

gehenden Schüler zugeteilt. Wer RM. 600,– stiftet, kann die Anstalt namentlich bestimmen, welcher der Preis zugesprochen werden soll. Für ausgezeichnete Leistungen im Schulfach ›Deutsch‹ (der Zuspruch geschieht durch die Direktoren im Einvernehmen mit den Fachlehrern) erhalten die Preisträger die zehnjährige Mitgliedschaft, also zehn Jahres-Mitgliedergaben des Bundes kostenlos. Im Schlußakt jeden Schuljahres wird der Preis vom Direktor feierlich überreicht. Dadurch erfahren alle Schüler schon in den niederen Klassen und jedes Jahr aufs neue, daß gute Sprachleistungen ausgezeichnet werden. Auch nach dem Urteil der Direktoren und Fachlehrer selbst ist hiermit eine wünschenswerte Anregung gegeben; es wird schon in der Schule betont, daß Pflege des Sprachgeistes für das Leben des Volkstums wesentlich ist. Die Preisträger aber werden durch die jährlichen Buchgaben wiederum immer erneut angeregt, die Sprache und ihre Werke in sich selbst weiter zu pflegen. Der Bund bittet überdies bei der Zuteilung des Preises um eine der Arbeiten jedes Preisträgers aus der Schulzeit für das Bundesarchiv, und zwar um jene Arbeit, die der Preisträger selbst für seine beste hält, ohne Rücksicht auf den behandelten Stoff. Es wird so zum erstenmal eine in vieler Hinsicht bedeutsame Sammlung von Jugendarbeiten aus dem gesamten deutschen Sprachgebiet entstehen. – Im Verlauf der Jahre sodann können die Preisträger den Bund auf reife Arbeiten Dritter aufmerksam machen, wo immer ihnen solche bekannt werden; oder auch: sollte ein Preisträger später selbst reife Arbeiten vorzulegen haben, so würde ihm der Bund durch honorierten Druck in den Jahresveröffentlichungen gerne weiterhelfen.[68]

Hier zeigt sich, dass dem Scheffel-Preis eine besondere Bedeutung beigemessen wurde. Die Preisträger sollten folglich in eine Gemeinschaft aufgenommen werden, die im Sinne der nationalsozialistischen Ideologie die Kenntnis der deutschen Sprache und zeitgenössischen Literatur fördert und unterstützt.

Ein Treffen der Ausgezeichneten aller Jahrgänge wurde 1939 bereits zum vierten Mal veranstaltet. Diese Feier, an der mehr als 40 ehemalige Preisträgerinnen und Preisträger

68 Satzung des Deutschen Scheffel-Bunds, ohne Datum (B8, MLO).

Joseph Goebbels (1897-1945) wurde 1928 Reichstagsabgeordneter, 1930 Reichspropandaleiter und war damit verantwortlich für die erfolgreichen Wahlkämpfe der NSDAP. Nachdem am 13. März 1933 die Machtübernahme der Partei vollzogen wurde, versuchte Goebbels durch politische Gleichschaltung und Selektion die uneingeschränkte Kontrolle über sämtliche meinungsbildenden Institutionen zu erlangen: Presse, Rundfunk, Buchwesen sowie alle künstlerischen und kulturellen Einrichtungen.

(Vgl. Institut für Zeitgeschichte München – Berlin, Bestand ED 462, URL: https://web.archive.org/web/2011091919360/http://www.ifz-muenchen.de/archiv/ed_0462.pdf (letzter Zugriff: 8.8.2024).)

69 Vgl. Einladung zum 4. Treffen der Scheffel-Preisträger und -Preisträgerinnen aller Jahrgänge vom 10.-12. Juni 1939 in Karlsruhe (B12, MLO).
70 Vgl. Hakenkreuzbanner (2.4.1942), S. 4; Zitat ebd.; Stadtarchiv Karlsruhe, Reichswerk Buch und Volk. Deutscher Scheffel-Bund e.V. 1942; vgl. Stadtarchiv Karlsruhe, Protokoll zur Beiratssitzung vom 20.5.1941.
71 Vgl. Stadtarchiv Karlsruhe, Verleihung des Förderungspreises des Deutschen Scheffel-Bundes vom 2.5.1944.
72 Vgl. Stadtarchiv Karlsruhe, Reichswerk Buch und Volk. Deutscher Scheffel-Bund e.V. von 1942.
73 Vgl. Stadtarchiv Karlsruhe 1/H-Reg. 2918/115, Schreiben von Joseph Goebbels vom 26.1.1939.
74 Vgl. Stadtarchiv Karlsruhe, Förderungspreis für Dichtung am Oberrhein vom 4.6.1942.

Abb. S. 67: Verordnung von Joseph Goebbels vom 26. Januar 1939: Ab dem Jahr nahm die Partei direkten Einfluss auf die Kulturinstitutionen. Joseph Goebbels, in seiner Rolle als Reichsminister für Volksaufklärung und Propaganda, musste so zum Beispiel seine Zustimmung bei der Verleihung von Kunstpreisen geben.

sowie oberrheinische Autorinnen und Autoren teilnahmen, fand im Zentrum der damaligen »Gauhauptstadt« Baden-Elsass in Karlsruhe vom 10. bis 12. Juni 1939 statt – weniger als ein Jahr nach der sogenannten ›Reichspogromnacht‹, etwa zehn Wochen vor Beginn des Zweiten Weltkriegs.[69] Während des Kriegs waren die alljährlich stattfindenden Treffen der Preisträgerinnen und Preisträger zeitweise unterbrochen.[70]

Zum Auftakt der Oberrheinischen Dichtertage 1944 wurde am 7. Mai im Karlsruher Rathaussaal der ›Förderungspreis des Deutschen Scheffel-Bundes‹ für Dichtung am Oberrhein verliehen.[71] Der Preis wurde für dichterische Leistungen, insbesondere Novellen und Erzählungen, alljährlich ab 1942 vergeben. Ziel war es, aufstrebende Dichterinnen und Dichter aus der Region des Oberrheingebietes zu fördern. Dotiert war der Preis mit 2.000 RM. Die Ausgezeichneten wurden auf Vorschlag des Preisrichter-Rings vom Bundesleiter des Deutschen Scheffel-Bunds im Reichswerk *Buch und Volk* bestimmt. Die Preisverleihung sollte alljährlich beim Festakt des Treffens der Dichterinnen und Dichter und der ausgezeichneten Schülerinnen und Schüler durch den Bundesleiter erfolgen.[72]

Inwieweit die Partei durch die Vergabe von Preisen direkten Einfluss auf Kulturinstitutionen ausübte, wird an einer Verordnung von Joseph Goebbels, Reichsminister für Volksaufklärung und Propaganda, vom August 1937 an die Reichsstatthalter, Oberpräsidenten, die Landesregierung und die Regierungspräsidenten deutlich. In seinem Schreiben erläutert Goebbels eine neue einheitliche Regelung bei der Verteilung von Kunstpreisen. Er bestimmte, dass Verleihungen solcher Kunstpreise generell seiner Zustimmung bedürften, sollte der Kunstpreis 2.000 RM oder mehr betragen. Ihm sollten die Preisträger zudem mindestens vier Wochen im Voraus vorgestellt werden. Außerdem habe der Leiter des zuständigen Reichspropagandaamts dem auszuwählenden Gremium anzugehören.[73] Diese Regelung bezüglich der Verleihung von Kunstpreisen betraf auch den Deutschen Scheffel-Bund. Im Juni 1942 stimmte Goebbels so der Verleihung des ›Förderungspreises für Dichtung am Oberrhein‹ an den Schriftsteller Friedrich Franz von Unruh zu.[74]

Abschrift.

Der Reichsminister
für Volksaufklärung und Propa=
ganda
IB 1375 K/21.11.38

Berlin W 8, den 26. Januar 1939.

Verleihung von Kunstpreisen.

An die Herren Reichsstatthalter
die Herren Oberpräsidenten
die Landesregierungen (außer Preußen)
die Herren Regierungspräsidenten.

Um die Wahrung einer einheitlichen Linie bei der Verteilung von
Kunstpreisen aus öffentlicher Hand zu gewährleisten, habe ich durch
mein an die Reichsstatthalter und die Landesregierungen gerichtetes
Schreiben vom 24. August 1937 - IB 1375/24.7.37 - angeordnet, dass die
Verleihung von Kunstpreisen aus öffentlicher Hand meiner Zustimmung
bedarf. Auf Grund der inzwischen angestellten Erhebungen bestimme ich
zur Durchführung dieser Anordnung folgendes:

1. Meine Zustimmung ist erforderlich für die Verleihung aller Kunst=
   preise in Höhe von 2.000,-- RM und darüber, gleichzeitig, ob es
   sich um einmalige oder wiederkehrende Verleihungen handelt. Zu den
   Kunstpreisen rechnen nicht Ausschreibungen zur Ermittlung bestimm=
   ter einmaliger Bestleistungen, z.B. für städtebauliche Zwecke.
2. Die in Aussicht genommenen Preisträger sind mir wenigstens vier
   Wochen vor der Verleihung zu benennen.
3. Soweit die Auswahl der Preisträger einem bestimmten Gremium über=
   tragen ist, hat der Leiter des zuständigen Reichspropagandaamtes
   ihm anzugehören.
4. Meine Regelung erstreckt sich nicht auf Preise, die im Rahmen einer
   Lehranstalt an Angehörige derselben zur Verteilung gelangen.

Heil Hitler!
gez. Dr. Goebbels.

1.

Um die Wahrung einer einheitlichen Linie bei der Verteilung von Kunstpreisen aus öffentlicher Hand zu gewährleisten, habe ich […] angeordnet, dass Verleihung von
Kunstpreisen aus öffentlicher Hand meiner Zustimmung
bedarf. […] 1. Meine Zustimmung ist erforderlich für die
Verleihung aller Kunstpreise in Höhe von 2.000,– RM
und darüber […]. 2. Die in Aussicht genommenen Preisträger sind mir wenigstens vier Wochen vor der Verleihung zu benennen. 3. Soweit die Auswahl der Preisträger
einem bestimmten Gremium übertragen ist, hat der Leiter
des zuständigen Reichspropagandaamtes ihm anzugehören.[75]

Einlagerung der Museums- und Archiv-
bestände zwei Jahre vor Ende des Krieges

Laut Geschäftsbericht vom 27. März 1943 erfolgte angesichts
des Kriegsgeschehens die Unterbringung aller Sammlungen während des Zweiten Weltkriegs aus Sicherheitsgrün-
den zunächst im Keller des Scheffel-Museums im Haus
Solms. Den Mittelungen vom 7. Mai 1944 ist zu entnehmen, dass die Archiv- und Museumsbestände bereits seit
längerer Zeit ausgelagert waren. Die Bibliothek mit etwa
4000 Bänden war kurze Zeit zuvor ebenfalls ausgelagert
worden.[76] Zur Rettung der Archiv- und Museumsgegenstände wurden diese in das Salzbergwerk Heilbronn und
Kochendorf ausgelagert und konnten so fast vollständig gerettet werden.[77] Die Publikation des Stadtarchivs Heilbronn
*Schatzkammer Salzbergwerk. Kulturgüter überdauern in Heil-
bronn und Kochendorf den Zweiten Weltkrieg*[78] dokumentiert die ausgelagerten Bestände. Dem ›Verzeichnis des Inhalts der in die Saline Kochendorf und Heilbronn durch die
Direktion der Kunsthalle Karlsruhe verbrachten Kisten‹ ist
zu entnehmen, dass in den fünf Kisten des Scheffel-Bunds
unter anderem Handzeichnungen Scheffels und Anton von
Werners, Handschriften, Notiz- und Skizzenbücher Scheffels
aufbewahrt wurden. Dazu zählten auch die *Gaudeamus*-
Reinschrift, die *Ekkehard*-Urschrift, die Erstausgabe des
Ekkehard von 1855, die Urschrift des *Trompeters von Säckin-*

75 Stadtarchiv Karlsruhe 1/H-Reg.
2918/115, Schreiben von Joseph Goebbels
vom 26.1.1939.
76 Vgl. Geschäftsbericht vom 27.4.1946
(B365, MLO), S. 12.
77 Vgl. Brief von Thomas Schreiner,
Literarische Gesellschaft an Christhard
Schrenk, Stadtarchiv Heilbronn, vom
1.6.1995 (B365, MLO).
78 Vgl. Christhard Schrenk (Hg.):
Schatzkammer Salzbergwerk. Kulturgüter
überdauern in Heilbronn und Kochendorf
den Zweiten Weltkrieg, Heilbronn 1997.

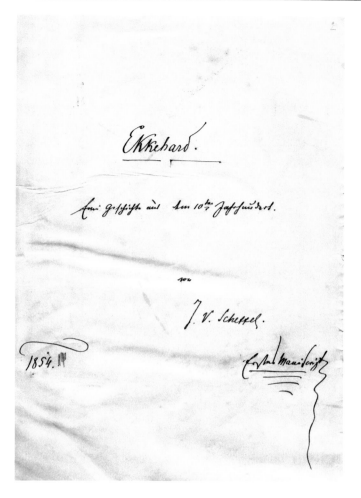

Friedrich von Unruh (1893-1986) hatte im Ersten Weltkrieg das Amt eines königlich-preußischen Hauptmanns inne. 1919 schied er schwer verletzt aus dem Dienst aus und begann ein Studium der Geschichte, Philosophie und Naturwissenschaften. Ab 1918 schrieb er für verschiedene Zeitungen und Zeitschriften und arbeitete ab 1924 als freischaffender Schriftsteller. Unter anderem stammen die Texte *Verlorener Posten* (1935), *Der Tod und Erika Ziska* (1937), *Die Heimkehr* (1938) sowie zeitkritische Essays wie *Klage um Deutschland* (1973) und die Autobiografien *Wo aber Gefahr ist* (1965) und *Ehe die Stunde schlug* von ihm.

(Vgl. Walther Killy / Rudolf Vierhaus: Friedrich Franz von Unruh, in: Deutsche Biographische Enzyklopädie, Bd. 10, München 1999, S. 158.)

gen, außerdem Bücher von Philipp Melanchthon, Hans Jakob Christoffel von Grimmelshausen und die Erstausgabe von *Des Knaben Wunderhorn* in drei Bänden. Zudem wurden mehrere Prachtausgaben in den Kisten aufbewahrt: Scheffels Gedichtzyklus *Waldeinsamkeit* (1878), *Juniperus* (1867, illustriert von Anton von Werner), *Gaudeamus* (1869, Anton von Werner), *Der Trompeter von Säckingen* (1890, Anton von Werner), *Bergpsalmen* (1870, Anton von Werner), *Walthari-lied*; darüber hinaus Erstausgaben von Martin Opitz, Johann Caspar Lavater, Jakob Michael Reinhold Lenz und Werke von Johann Peter Hebel.[79]

79 Vgl. Landesarchiv Baden-Württemberg, Staatsarchiv Ludwigsburg EL 402/12 Bü 633 a (Permalink: http://www.landesarchiv-bw.de/plink/?f=2-649607), Verzeichnis des Inhalts der in die Saline Kochendorf und Heilbronn durch die Direktion der Kunsthalle verbrachten Kisten / Report of Property Transactions vom 7.6.1946.

Abb.: Titelseite des handschriftlichen Manuskriptes des *Ekkehard* aus dem Jahr 1855.

Im Sommer 1944 wurden die Tätigkeiten der kulturellen Vereine in Deutschland eingestellt. Am 22. August 1944 berichtete die *Badische Presse* im Artikel *Totale Kriegseinsatz-Maßnahmen in Baden-Elsaß* über einen Erlass des badischen Gauleiters Robert Wagner: »Mit sofortiger Wirkung [ist] jegliche Tätigkeit der sogen[annten] Heimat- und Kultur Vereine wie Badische Heimat, Scheffel-Bund, Goethe-Gesellschaft usw. einzustellen. Bestehende Einrichtungen sind sofort zu schließen.«[80] Mit sofortiger Wirkung musste demzufolge der Scheffel-Bund seine Arbeit, darunter auch die Vergabe des Scheffel-Preises, vorläufig einstellen.

80   Straßburger Neueste Nachrichten (22.8.1944), S. 1.

Abb.: Kriegsbedingter Abtransport des Scheffel-Denkmals Heidelberg und der Kirchenglocken zur Metallsammlung zur Unterstützung der Waffenproduktion.

Abb. S. 71: Die *Straßburger Neusten Nachrichten* berichteten im August 1944 über die Schließung sämtlicher Kulturinstitutionen im letzten Kriegsjahr.

Jahrgang 1944 / Folge 231

STRASSBURGER
NEUESTE NACHRICHTEN

Kreisausgabe M..lsheim

AMTLICHE TAGESZEITUNG DER NSDAP. — REGIERUNGSANZEIGER FÜR DAS ELSASS

Verlag: Oberrheinischer Gauverlag und Druckerei GmbH., Straßburg Blauwolkengasse 17/19. / Fernruf für Orts- u. Ferngespräche: 2 59 00 bis 2 59 04. / Postscheckkonto: Straßburg Nr. 159 76. / Die „Straßburger Neueste Nachrichten" erscheinen 6mal wöchentlich als Morgenzeitung

Dienstag, 22. August

Bezugspreis: Durch unsere örtlichen Vertriebsstellen monatlich 1.90 RM zuzüglich 30 Rpf. Trägerlohn. Durch die Post zugestellt monatlich 2.20 RM zuzüglich 36 Reichspfennig Zustellungsgebühren. Einzelpreis: 10 Reichspfennig. Anzeigenschluß: 15 Uhr am Vortage des Erscheinens.

Gau Baden/Elsaß im totalen Kriegseinsatz:

Radikale Freimachung von Kräften für den Endkampf

Die ersten Maßnahmen des Reichsverteidigungskommissars — Geschäftsschließungen und Betriebsruhe in den Gaststätten verboten Selbstbedienung in den Kaffees und Schankstätten — Sämtliche Kurkapellen werden aufgelöst

Einschneidende Veränderungen auf allen Gebieten des öffentlichen Lebens

*** Straßburg, 21. August. Mit der Verkündung des totalen Kriegseinsatzes ist der Reichsverteidigungskommissar für Baden-Elsaß, Gauleiter Robert Wagner, unter Mitarbeit aller in Betracht kommender Dienststellen darangegangen, Mittel und Wege ins Auge zu fassen, die es ermöglichen, innerhalb kürzester Frist umfangreiche Kräfte zu mobilisieren. Bestimmend dafür war die Erkenntnis, daß das vor entscheidenden Kämpfen stehende deutsche Volk noch viele Soldaten und Arbeitskräfte benötigt. Jeder Volksgenosse und jede Volksgenossin ist zum äußersten Einsatz aufgerufen und hat die Verpflichtung, sich in die Front einzureihen. Den nachfolgend aufgeführten Maßnahmen werden laufend noch einschneidendere folgen. Dabei wird kein Gebiet des öffentlichen Lebens, ob Behörde oder Wirtschaft, unberücksichtigt bleiben, und da die Planung und Ausführung in einer Hand liegen, ist sicher, daß nunmehr auch diejenigen erfaßt werden, die ziemlich unbeteiligt am gewaltigen Geschehen dieser Tage vorübergegangen sind.**

Die vom Gauleiter ergangenen Maßnahmen betreffen zunächst die Einstellung des gesamten Museumsbetriebes einschließlich der wissenschaftlichen Arbeiten, der Erteilung von Auskünften, Gutachten und Bildwiedergaben sowie der Neuerwerbungen.

Darüber hinaus wird der Tätigkeit sämtlicher städtischen und staatlichen Archivverwaltungen einschließlich deren Zeitschriften ein Ende gesetzt. Es folgt die Einstellung des weiteren Aufbaues der Volks- und Schulbüchereien. Dabei wird die Beschäftigung hauptamtlicher Angestellter auf ein Minimum beschränkt und nur zugelassen, wenn diese Kräfte nicht kriegswirtschaftseinsatzfähig sind.

Mit sofortiger Wirkung ist jegliche Tätigkeit der sogenannten Heimat- und kulturellen Vereine, wie Badische Heimat, Scheffelbund, Goethegesellschaft usw. einzustellen. Bestehende Einrichtungen sind sofort zu schließen. Die Beschäftigung hauptamtlicher Kräfte wird untersagt.

Zu begrüßen ist auch die Maßnahme des Reichsverteidigungskommissars, wonach die bisher bei den Jagdbehörden beschäftigten hauptamtlichen Kräfte dem zuständigen Arbeitsamt zur Verfügung zu stellen sind.

In Kur- und Badeorten werden sämtliche bestehenden Kurkapellen aufgelöst und deren Überführung in den Arbeitseinsatz vorgenommen. Die Kinoreklame wird eingestellt.

Durch Zusammenlegung der Landesernährungsämter für Baden und Elsaß zu einer einzigen Dienststelle werden erhebliche Kräfte freigemacht.

Allgemein wird es von der Oeffentlichkeit begrüßt werden, daß sämtliche Geschäftsschließungen zum Zwecke der Abhaltung von Betriebsferien, sowie die werktägliche Betriebsruhe in den Gaststätten, verboten wurden. Es kann heute nicht mehr geduldet werden, daß Firmeninhaber und Gaststättenbesitzer jetzt einer Uebung huldigen, an die sie vor dem Kriege nicht im entferntesten dachten und ganze Tage und Wochen ihre Betriebe schließen, so daß der Volksgenosse, der in seiner an und für sich geringen Freizeit einen Einkauf tätigen will oder im Gasthaus zu essen gezwungen ist, vor verschlossenen Türen steht. Gerade hier können und dürfen nicht mehr die geringsten Zugeständnisse gemacht werden. Darüber hinaus wird in allen Kaffees und Schankstätten die Selbstbedienung eingeführt und damit das gesamte Bedienungspersonal für Rüstungsarbeit freigemacht. Wo Betriebsführer in Gaststätten und Einzelhandelsgeschäften vorhanden sind, ist die Beschäftigung von weiteren Geschäftsführern untersagt.

Mit den vorstehend veröffentlichten Maßnahmen ist der Anfang gemacht. Neue Maßnahmen, die in Vorbereitung sind, werden in Kürze veröffentlicht.

Der große Spurt

Von Theodor Schulze

Kurz nachdem die Bombardierung Londons durch „V. 1" begonnen hatte, erschienen in „Punch", der altbekannten satirische Wochenschrift Englands, drei kleine Zeichnungen. Zwei davon stellten einen Park in London an einem friedlichen Sommerabend dar, eines den gleichen Park, nachdem soeben mehrere „V. 1"-Bomben in der Nähe niedergegangen waren. Die Leser wurden aufgefordert, zu erraten, welches der drei Bilder den Tag der Beschießung darstellte. Der Witz bestand darin, daß alle drei Bilder bis auf den letzten Federstrich völlig gleich waren. Auf allen Zeichnungen sah man Pärchen miteinander flirten, alte Herrschaften in der Sonne dösen und Kinder, die in einem kleinen Teich Schiffchen schwimmen ließen. Moral: Der Londoner ignoriert „V. 1".

Die Nummer des „Punch" erschien Ende Juni. Anfang August hätte kein einziges englisches Blatt eine derartige Veröffentlichung mehr wagen dürfen. Mitte August wäre kein einziges auch nur auf den Gedanken gekommen, es zu tun, denn Mitte August gab auch die britische Presse ihr bisheriges Versteckspiel auf und schilderte wenigstens teilweise die verheerenden Wirkungen der einst bagatellisierten neuen Waffe. Alle Berichte aber gipfelten in der einen unruhigen Frage: Was kommt danach? Kommen „V. 2", „V. 3" oder noch mehr, noch schlimmere Geheimwaffen?

Heute sehen die Berichte über „V. 1" völlig anders aus. Mrs Dixie Tye, eine amerikanische Funkkorrespondentin in London, erzählt beispielsweise den Amerikanern:

„V. 1 macht keinen Unterschied. Ebensowenig wie die Pest oder die Cholera, „V. 1" hat auch die Großen und Mächtigen aus ihrer gut gesicherten Stratosphäre jenseits der irdischen Wirklichkeit auf die Erde herabgeholt. Vor wenigen Monaten mußte ich in einer sozialen Angelegenheit einen der Großen jener Clique aufsuchen. Der Haushofmeister erklärte mir majestätisch: „Seine Lordschaft sind oben." In feierlicher Zeremonie stieg ich zu ihm empor. Damals konnte Seine Lordschaft zu seinem Bedauern nichts für mich tun. Vor kurzem kam ich wieder zu seiner Residenz — oder dem, was noch übriggeblieben war — und man erklärte mir: „Seine Lordschaft sind dort unten". Und siehe da, da war er auch. Er lag auf einem Feldbett im Keller. Denn als die fliegenden Bomben nicht aufhören wollten, über London zu erscheinen, entwickelte Seine Lordschaft eine plötzliche Abneigung gegen seine eigene majestätische Höhe. Bis dahin gab es in seinem Hause genügend Dienstboten, die niemals die Ehre gehabt hatten, ihren Herrn und Meister zu sehen. Jetzt aber können sie ihn jeden Abend und jeden Morgen auf seinem kleinen improvisierten Bett, gekleidet in seinen mit dem lordschaftlichen Monogramm verzierten Schlafanzug, liegen sehen. Gleich neben ihm liegt die Köchin. Die war gerade in voller Verzweiflung als ich kam. Sie schrie Seine Lordschaft an: „Meine Zähne, oh, meine Zähne!" Sie hatte ihre künstlichen Zähne nämlich auf einen kleinen Tisch neben ihr Bett gelegt, und als eine Bombe in der Nähe niederging, waren sie wie Perlen von einer Schnur abgerissen und quer durch den Keller verstreut worden. Das ist das Leben in London im August 1944."

Dieser kleine satirische Funkbericht, der am 12. August abends nach Neuyork gegeben wurde, besagt genug. England und Amerika nehmen die einst belächelte deutsche Waffe jetzt mehr als ernst. Die letzte Rede Churchills und die Ausführungen mehrerer anderer politischer Persönlichkeiten lassen keinen Zweifel daran, daß man in England die Entwicklungsmöglichkeiten der neuen deutschen Waffe zu erfassen und zu ahnen beginnt, daß „V. 1" tatsächlich nur ein schwacher Auftakt ist. In verschiedenen Darlegungen militärischer Sachverständiger wurde eindringlich auf die revolutionären Möglichkeiten der neuen Waffe hingewiesen.

„Wieder einmal sind die Alliierten zu einem Wettlauf mit der Zeit gezwungen. Wieder einmal arbeitet die Zeit für Deutschland", heißt er in einem dieser Berichte. Die gegnerische Führung setzt alles daran, um zu verhindern, daß die deutsche Führung die notwendige Zeit erhält, die neue Waffe zu entwickeln und mit weiteren noch vernichtenderen Waffen auf den Plan zu treten. Hieraus erklären sich die ungeheuer konzentrierten und aufeinander abgestimmten Bemühungen der Westmächte und der Sowjetunion, in diesen Sommermonaten durch ein Höchstmaß sowohl von militärischen Anstrengungen wie auch von allen agitatorischen Mitteln die deutschen Heere im Felde zu

Moskaus Schuld am Warschauer Aufstand erwiesen

Ein neutrales Blatt bestätigt die deutsche Darstellung — Sowjetischer Verbindungsoffizier forderte sofortige Waffenhilfe für die Rebellen — Die erhofften Lieferungen blieben aus

* Stockholm, 21. August. Die schwedische Zeitung „Morgen Tidningen" veröffentlichte einen längeren Bericht ihres Londoner Korrespondenten über den polnischen Aufstand in Warschau, der die Schuld Moskaus unwiderlegbar feststellt und die Darstellung in der deutschen Presse voll und ganz bestätigt, wonach die polnische Untergrundbewegung in Warschau unter Vorspiegelung falscher militärischer Tatsachen von den Sowjets in einen aussichtslosen Aufstand gegen die deutsche Garnison gehetzt worden ist.

Nach „Morgen Tidningen" hat unter Einsatz der ihm von dem polnischen Exilkomitee in London gewährten Blankovollmacht am 1. August um 5 Uhr nachmittags der Chef der polnischen Untergrundbewegung, General Bor, den Befehl zum Kampf in Warschau gegeben. Seitdem winde sich, so stellt der schwedische Korrespondent fest, die Londoner Presse in ihren Kommentaren wie ein Fieberkranker. Man tappe im Dunkel und wisse weder aus noch ein im Zusammenhang mit den wiederholten Hilferufen nach Munition und Material.

Bisher haben, so vermerkt »Morgen Tidningen« nur »Daily Worker« und die »News Chronicle« die Melodie angeschlagen: die halbfaschistische polnische Regierung in London gab aus Prestigegründen verfrüht den Befehl zum Aufstand, um politisch und militärisch Moskau aufs Eis zu führen.

Moskau und den polnischen General Bor trifft, wie der schwedische Korrespondent in der britischen Hauptstadt ausdrücklich feststellt, die gemeinsame Verantwortung für die Warschauer Vorgänge. Jedenfalls sei sicher, daß der sowjetische Koskiuszko-Sender vom 2. Juni an bis zum 30. Juli Warschau fortgesetzt mit Aufforderungen bombardiert hat, zu den Waffen zu greifen. Als am 30. Juli Warschau von einer sowjetischen Umgehung im Osten, Norden und Süden bedroht gewesen sei, habe der Sender gesagt: Einwohner Warschaus, greift zu den Waffen, greift die Deutschen an. Alle müssen sich der Untergrundbewegung anschließen. Eine Million Einwohner Warschaus müssen eine Million von Kämpfern für die Befreiung Warschaus und den Untergang der Eindringlinge werden«.

Anschließend gibt der schwedische Korrespondent eine ausführliche Darstellung der Londoner Information über die Kämpfe in Warschau, wo es den Aufständischen zunächst gelungen sei, Teile der Stadt zu besetzen, bis dann deutsche Panzerdivisionen auf dem Wege nach Osten in den Kampf eingegriffen, den Übergang über die Weichsel erzwungen und die Sowjets zurückgeworfen hätten. Die Aufständischen seien auf wenige Stadtteile und Gebäude zurückgeworfen worden, denn sie seien materialmäßig deutlich unterlegen gewesen. Gleichzeitig mit den verzweifelten Rufe nach Hilfe habe der Sowiet-Sender Koskiuszko begonnen, die Aufständischen zu beschuldigen, politische Heckenschützen und militärische Idioten zu sein.

Am 5. August sei der sowjetrussische Hauptmann Kalugin im Fallschirm über Warschau abgesprungen und habe dem Kreml über London einen Bericht über die Lage gegeben, die Stalin veranlaßte, Mikolajczyk sofort Hilfe für Warschau zu versprechen. Die Sowjetrussen seien jedoch zurückgedrängt worden, und die Waffenabwürfe britischer Flugzeuge seien zu gering gewesen.

Der Führer hat dem ordentlichen Professor em. Dr. Richard Hesse in Berlin-Frohnau aus Anlaß der 50. Wiederkehr des Tages seiner Habilitation in Würdigung seiner Verdienste um die zoologische Wissenschaft die Goethemedaille für Kunst und Wissenschaft verliehen.

Feindlicher Sperriegel nördlich Argentan durchbrochen

Heftige Kämpfe im Gebirgsgelände nördlich Toulon — Ein feindliches Schlachtschiff und ein Kreuzer durch Marinebatterien vor der südfranzösischen Küste in Brand geschossen

*** Aus dem Führerhauptquartier, 21. Aug. Das Oberkommando der Wehrmacht gibt bekannt:**

In der Normandie haben unsere Divisionen im Raum nördlich Argentan nach erbittertem Ringen den feindlichen Sperriegel nach Nordosten durchbrochen und die Verbindung mit einer entgegenstoßenden Panzergruppe hergestellt. Starke feindliche Angriffe gegen unsere Abwehrfront am Dives- und Vire-Abschnitt wurden zerschlagen. In einigen Abschnitten sind eigene Gegenangriffe noch im Gange. Zwischen der Eure und der Seine drückt der Feind nach Norden. Dort wurden bei Pacy-Vernon feindliche Angriffsspitzen zerschlagen. Im Raum östlich und nordöstlich Chartres hält der Druck des Feindes gegen die mittlere Seine an, ohne daß es ihm gelang, weitere Fortschritte zu machen.

Im Gebirgsgelände nördlich Toulon greift der Feind mit starken Kräften nach Westen und Nordwesten an. Heftige Kämpfe sind im Gange. Marineküstenbatterien schossen vor Toulon ein feindliches Schlachtschiff und einen Kreuzer in Brand. Ein Zerstörer und zwei Torpedoboote wurden beschädigt.

Das Vergeltungsfeuer auf London wurde bei Tag und Nacht fortgesetzt.

In Italien führte der Gegner auch gestern im adriatischen Küstenabschnitt seine Angriffe den ganzen Tag hindurch fort. Das zunächst verlorengegangene Höhengelände um Cerasa wurde im Gegenangriff wieder genommen.

Im Osten dehnten die Sowjets ihre Großangriffe jetzt auch auf den Südabschnitt aus. Unter starkem Schlachtfliegereinsatz traten sie südlich Tiraspol und nordwestlich Jassy zum Angriff an. Erbitterte Kämpfe sind in beiden Abschnitten im Gange.

Im Karpatenvorland südwestlich Mielec, in den Weichselbrückenköpfen westlich Baranow, westlich Lublin und südöstlich Warka wurden bolschewistische Angriffe nach hartem Kampf abgewehrt oder aufgefangen. Nordöstlich Warschau wurden die Durchbruchsangriffe der Sowjets in Richtung auf den Bug in der Tiefe unserer Stellungen aufgefangen. Südlich Wilkowischken und bei Schaken dauern die harten Abwehrkämpfe an.

In Lettland stellten deutsche Panzerverbände über Tuckum vorstoßend, die vorübergehend verlorengegangene Verbindung mit den in Kurland kämpfenden Verbänden des Heeres wieder her. Ein deutscher Flottenverband griff unterstützend in diese Landkämpfe ein.

Alle Versuche der Sowjets, ihre Einbruchsräume westlich Modohn und westlich des Pleskauer Sees zu erweitern, wurden durch den zähen Widerstand unserer Divisionen zerschlagen und eine größere Anzahl feindlicher Panzer abgeschossen.

Die Luftwaffe griff in den Schwerpunkt-Räumen wirksam in die Erdkämpfe ein und fügte den Bolschewisten hohe Menschen- und Materialverluste zu. In Luftkämpfen und durch Flakartillerie verlor der Feind gestern an der Ostfront 41 Flugzeuge.

Feindliche Bomberverbände griffen bei Tage einige Orte in Südostdeutschland und in Ungarn an. In der Nacht warfen einige feindliche Flugzeuge Bomben im Raum von Oberdonau. Durch Luftverteidigungskräfte wurden bei diesem Angriff 15 Terrorbomber abgeschossen.

Besonders bewährte Verbände

* Führerhauptquartier, 21. August. Zum heutigen OKW.-Bericht wird ergänzend mitgeteilt:

Bei den Abwehrkämpfen westlich Bialystok zeichneten sich das Panzergrenadierregiment 25 unter Führung des Hauptmanns Blancbois und die Panzeraufklärungsabteilung 12 unter Führung von Hauptmann Bach durch besondere Härte und kühnen Angriffsgeist aus.

TEL: Karlsruhe 1179

Approved

Nathan C. Reger

PSO E-7

Miriam Schabinger

Volksbund für Dichtung, vorm. Scheffel-Bund – Neustart nach dem Zweiten Weltkrieg

1945 – 1965

»Permission is hereby extended to the Karlsruhe ›Scheffelbund‹ to reorganize as a literary society in Karlsruhe.«

In den *mitteilungen* des Jahres 1950 spiegelt sich die schwierige Lage des Volksbunds für Dichtung, vorm. Scheffel-Bund, zu Beginn der Bundesrepublik:

Seit 1925 hat der Bund jährliche Buchgaben an die Mitglieder verteilt. Zunächst wurden die oben erwähnten Briefreihen aus dem Dichternachlaß, von bewährten Fachgelehrten bearbeitet, allmählich herausgegeben. Der damalige Bundesvorsitzende, Prof. Friedrich Panzer, Heidelberg, brachte als Erstveröffentlichung das Fragment *Irene von Spilimberg* und Teile des Wartburgromanes. Andere Herausgeber und Mitarbeiter waren Börries von Münchhausen, Jos. Beringer, Dr. Zentner, Prof. Höfer-Eisenach und v.m. Schon 1932 konnte der Plan verwirklicht werden, die Jahresbuchreihe, unter dem Motto ›Hilfe den Lebenden‹, noch wenig bekannten Dichtern für reife Arbeiten zur Verfügung zu stellen und ihnen zu erster Drucklegung zu verhelfen. Der Bund hat auf diese Weise verschiedenen begabten Kräften den Weg zum Verleger gebahnt. Die Verfolgung dieser Richtung führte auch zu den von Bundesgeschäftsführer Dr. Siegrist selbst bearbeiteten Sammelausgaben *Lebende südwestdeutsche Dichter*, 1935; *Lebende elsässische Dichter*, 1938; und *Lebende Dichter um den Oberrhein*, 1942, denen 1944 der Band *Sechs neue Erzählungen um die Liebe* folgen sollte. Der Satz dieses Buches war fertig, aber das Druckpapier wurde verweigert. Im September 1944 wurde dem Bund die Tätigkeit untersagt.

Nachdem 1945 die Lizenz der amerikanischen Militärregierung erteilt worden war, erschienen seit 1946 unter

Titelzitat Brief von John F. Mead, ›Office of Military Government North Baden (US Zone), Karlsruhe‹ an ›Director Scheffelbund‹ vom 29.11.1945 (B36, MLO).

Abb.: Stempel ›US ARMY * MILITARY GOVERNMENT‹ (stark vergrößert).

anderem drei der Geschichten dieses Bandes einzeln, weil die Papierknappheit und, seit der Währungsumstellung, die Geldknappheit es verbot, umfangreiche Sammelbände als Gaben zu verteilen. Auch die letzte 24. Gabe des Bundes, *Die Magd vom See* von Alfred Huggenberger, ist dem Band entnommen, der für 1944 bestimmt war. In den kommenden Jahren wird die Bundesleitung wie bisher verfahren: liegt ein fördernswertes Manuskript vor, so hat der Lebende den Vorzug vor dem Toten. Es besteht aber auch immer noch die Möglichkeit, zu allgemein belangvollen Nachlaßveröffentlichungen aus dem Bundesarchiv. Zu wünschen wäre es, daß Umfang und Ausstattung der Buchgaben wieder gesteigert werden könnten. Die sehr hohen Papierpreise, Druckkosten und ganz besonders auch die erhöhten Portokosten, setzen augenblicklich (bei dem niederen Jahresbeitrag von DM 4.- bzw. DM 8.- und nach Verlust des Bundesvermögens durch die Währungsumstellung) enge Schranken.[1]

Der Einmarsch der französischen Truppen am 4. April 1945 markierte das Ende des Zweiten Weltkriegs in Karlsruhe.[2] Nach der Kapitulation am 8. Mai 1945 dauerte es nur wenige Monate, bis der Scheffel-Bund nach der Befreiung vom Nationalsozialismus seine Arbeit wieder aufnehmen konnte. Karlsruhe lag im amerikanischen Sektor und somit unter der Kontrolle der amerikanischen Militärregierung. Für die Wiederaufnahme der kulturellen Tätigkeit waren inmitten der bombardierten Stadt mehrere Schritte erforderlich: Zunächst wandte sich der im Amt gebliebene Geschäftsführer Dr. Reinhold Siegrist an den Ministerialdirektor des Landes Baden Prof. Dr. Karl Ott, der sich persönlich für den Scheffel-Bund einsetzte und die sofortige Wiederaufnahme der Arbeit ermöglichte. In einem Brief vom 27. Juli 1945 heißt es:

Sehr verehrter Herr Ministerialdirektor!
Der Dolmetscher des Captain van Nortwick hat mir auf meine Frage wegen der Neueinrichtung von Dichterstunden in der früheren Art geantwortet, ich solle mich in dieser Sache an Sie wenden, damit Sie mit dem zuständigen Herrn der Militärregierung die Angelegenheit be-

1 mitteilungen 17 (1950), S. 4 f.
2 Vgl. hierzu Pia Froese: Der 4. April 1945 – Das Kriegsende in Karlsruhe, in: Blick in die Geschichte. Karlsruher stadthistorische Beiträge, Nr. 139 (16.6.2023), S. 1.

sprechen. Dieser Aufforderung komme ich sogleich nach, um so lieber, als ich ja weiss, dass Ihnen unsere Dichterstunden genau bekannt sind.

Ich würde mir denken, dass die Vortragsabende vielleicht, der Lage entsprechend, etwas beweglicher gestaltet werden, als früher, dass zwar [Staatsschauspieler] Herr Prüter wohl den Hauptmittelpunkt wiederum bilden könnte, dass aber doch auch mit der Zeit lebende Dichter zu Vorträgen gebeten werden können, dass etwa auch literaturwissenschaftliche Ausführungen mit in das Programm aufgenommen werden sollten.

Bei alledem schlage ich vor, als erste Veranstaltung *Faust* 2. Teil 5. Akt, gelesen von Herrn Prüter, vorzusehen, um

Abb.: Sitz der amerikanischen Militärregierung um 1950 in der Karlstraße 11 im Gebäude der Badischen Kommunalen Landesbank (BaKoLa), ehemals Bankhaus Veit L. Homburger. (Siehe dazu auch S. 146 f.)

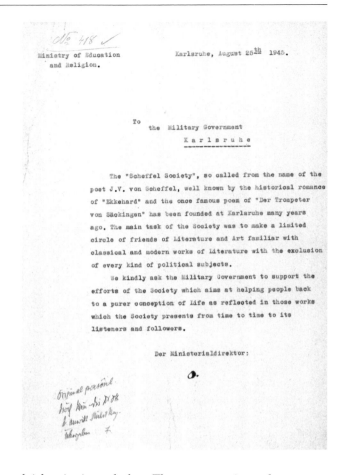

Ministry of Education
and Religion.   Karlsruhe, August 25th 1945.

To
the Military Government
K a r l s r u h e
─────────────────

The "Scheffel Society", so called from the name of the poet J.V. von Scheffel, well known by the historical romance of "Ekkehard" and the once famous poem of "Der Trompeter von Säckingen" has been founded at Karlsruhe many years ago. The main task of the Society was to make a limited circle of friends of Literature and Art familiar with classical and modern works of Literature with the exclusion of every kind of political subjects.

We kindly ask the Military Government to support the efforts of the Society which aims at helping people back to a purer conception of life as reflected in those works which the Society presents from time to time to its listeners and followers.

Der Ministerialdirektor:

3 Landesarchiv Baden-Württemberg, Generallandesarchiv Karlsruhe 235 40457 (Permalink: http://www.landesarchiv-bw. de/plink/?f=4-3374823), Brief von Reinhold Siegrist an Ministerialdirektor Karl Ott vom 27.7.1945.

Abb.: Brief des Ministerialdirektors (›Ministry of Education and Religion, Karlsruhe‹) an ›the Military Government Karlsruhe‹ vom 25. August 1945.

gleich mit einem hohen Thema anzuzeigen, dass ernste kulturelle Absicht mit unserer Arbeit verfolgt wird.
Falls uns die Räume des Scheffelmuseums weiterhin überlassen werden, wäre die Raumfrage fürs erste gelöst und wir könnten, vom privaten Kreis bis zur Öffentlichkeit, wiederum allmählich aufbauen.[3]

Ein Schreiben vom 10. August 1945 an das ›Military Government, Karlsruhe‹ (die amerikanische Militärregierung in Karlsruhe) enthält dann die Bitte des Scheffel-Bunds, »die Wiederaufnahme seiner Arbeit zu gestatten. Der Bund wird es sich auch weiterhin zur Aufgabe machen, anknüpfend an den Namen des Dichters Scheffel, Kunst und Dichtung zu pflegen. […] Besonderen Wert legen wir auf die Wieder-

```
                                        [Ministerium
                                         des Ku... ...
                                         Ltng      A/X 606.

            MILITARY GOVERNMENT LB BADEN
            Detachment E-7 Co E 2d MG Regt
               Karlsruhe, Germany

                            JFM/mr
                            2 Nov 1945

    SUBJECT :  Request for Reorganization of

               the " Scheffelbund "

    TO       : Ministry of Education, Karlsruhe

               In reply to your letter of 25 August 1945
    requesting permission to reorganize the "Scheffelbund",
    the following procedure is to be followed:

               1. Application stating the sponsors and
    purposes of the organization should be filed with
    the Military Government, Karlsruhe.

               2. Sponsors and leaders should submit
    Fragebogen to Military Government , SK Karlsruhe.

               3. When the application and Fragebogen
    are approved, the organization may begin its activi-
    ties on a local basis, subject to the rules of Mi-
    litary Government.

               By order of Colonel LISLE:

                            JOHN F. MEAD
                            Major,     AC
                            Ed & Rel   O
```

einrichtung der beliebten Dichterstunden.«[4] Diesem Brief ist zudem zu entnehmen, dass die Räume im zweiten Obergeschoss des Hauses Solms in der Bismarckstraße »für den alten Zweck des Scheffel-Museums und der Geschäftsstelle des Bundes wieder verfügbar gemacht wurden.«[5] In der Anlage sind die Tätigkeitsbereiche des Scheffel-Bunds aufgezählt: Dichterstunden, »Wiedereinrichtung des Scheffel-Museums und -Archives«[6] sowie Buchveröffentlichungen als Jahresgaben.[7] Auf einem Brief des Ministerialdirektors Dr. Karl Ott vom ›Ministry of Education and Religion‹, der Abteilung für Erziehung, Bildung und Religion, an die US-Militärregierung vom 25. August 1945 ist handschriftlich vermerkt:»Original persönlich durch Ministerialdirektor Dr. Ott d. amerik. Militärregierung übergeben«.

4 Landesarchiv Baden-Württemberg, Generallandesarchiv Karlsruhe 235 40457 (Permalink: http://www.landesarchiv-bw.de/plink/?f=4-3374823), Schreiben des Deutschen Scheffelbunds an ›Military Government, Karlsruhe‹ / die amerikanische Militärregierung vom 10.8.1945.
5 Ebd.
6 Landesarchiv Baden-Württemberg, Generallandesarchiv Karlsruhe 235 40457 (Permalink: http://www.landesarchiv-bw.de/plink/?f=4-3374823), Dokument ›Anlage zum Schreiben des Deutschen Scheffel-Bundes vom 10. August 1945 an Military Government, Karlsruhe‹.
7 Vgl. ebd.

Abb.: Schreiben von Major John F. Mead, (›Military Government LB Baden, Karlsruhe‹) an ›Ministry of Education, Karlsruhe‹ vom 2. November 1945.

The ›Scheffel Society‹, so called from the name of the poet J. V. von Scheffel, well known by the historical romance of *Ekkehard* and the once famous poem of *Der Trompeter von Säckingen* has been founded at Karlsruhe many years ago. The main task of the Society was to make a limited circle of friends of Literature and Art familiar with classical and modern works of Literature with the exclusion of every kind of political subjects.
We kindly ask the Military Government to support the efforts of the Society which aims at helping people back to a purer conception of Life as reflected in those works which the Society presents from time to time to its listeners and followers.[8]

Die ›Scheffel-Gesellschaft‹ sollte von Beginn an mitwirken am amerikanischen Programm der ›Re-Education‹.[9] Bildung sollte Teil eines demokratischen Bewusstseins nach dem Ende der Zeit des Nationalsozialismus und der Instrumentalisierung von Sprache werden. Kultur wurde als Mittel zur Demokratisierung angesehen: auch im Sinne einer Rückbesinnung auf die eigene geschichtliche demokratische Tradition. Dies ist dezidiert erkennbar im Anhang des Briefs, wo von »Readings from classical authors«[10] die Rede ist. Ziel der Re-Education in den westlichen Sektoren in der Nachkriegszeit war zunächst der Wiederaufbau kultureller Institutionen. In diesem Kontext steht auch der Neuanfang des Volksbunds für Dichtung, vorm. Scheffel-Bund, inmitten der Trümmer des Nachkriegsdeutschlands. Von einem ›Nullpunkt‹ konnte jedoch keine Rede sein, wie das Veranstaltungsprogramm zeigen sollte.

Die zu erfüllenden Bedingungen der amerikanischen Militärregierung und die erforderlichen ersten Schritte sind im Brief vom 2. November 1945 (»Subject: Request for Reorganization of the ›Scheffelbund‹«[11]) formuliert:

1. Application stating the sponsors and purposes of the organization should be filed with the Military Government, Karlsruhe.
2. Sponsors and leaders should submit Fragebogen to Military Government, SK Karlsruhe.
3. When the application and Fragebogen are approved,

8 Landesarchiv Baden-Württemberg, Generallandesarchiv Karlsruhe 235 40457 (Permalink: http://www.landesarchiv-bw.de/plink/?f=4-3374823), Brief von ›Ministry of Education and Religion‹ an ›the Military Government Karlsruhe‹ vom 25.8.1945.
9 Vgl. hierzu Elke Kimmel: Re-Education und Re-Orientation. Der Marshallplan (31.10.2005), URL: https://www.bpb.de/themen/nachkriegszeit/marshallplan/40015/re-education-und-re-orientation/ (letzter Zugriff: 25.4.2024).
10 Landesarchiv Baden-Württemberg, Generallandesarchiv Karlsruhe 235 40457 (Permalink: http://www.landesarchiv-bw.de/plink/?f=4-3374823), Dokument ›Appendix‹.
11 Landesarchiv Baden-Württemberg, Generallandesarchiv Karlsruhe 235 40457 (Permalink: http://www.landesarchiv-bw.de/plink/?f=4-3374823), Schreiben von John F. Mead an ›Ministry of Education‹ vom 2.11.1945.

Abb. S. 79: Vorhaben und Programm für die ersten Dichterstunden nach Kriegsende: ›Aim and program of the planned poetry-evenings of the Scheffelbund‹.

Aim and program of the planned poetry-evenings of
the Scheffelbund.

The Scheffelbund as a private literary society will contribute
to the mentual return of the German people to the community of
nations. Since the aim of this Bund has not only been to pre-
serve the memory of the poet of "Ekkehard" and the "Alt-Heidel-
berg"-song, but also to serve the temporary forces.

It is the demand of our time to enlarge the horizon and to
place at the side of the great German poetry the great poetic
works of the other nations. Understanding and respect will be
drawn from the high mental forces of the world and will lead
to the cooperation of all nations.

Therefore it is the intention of the Bund's direction to
perform spoken recitals of works of the world literature. Common
translations can seldom replace the original, therefore the
works, if possible, will be spoken in their original languages
and afterwards will be repeated in German. Even if the original
will not be completely understood, the impression of the sound
and the suggestion to occupy oneself with the foreign language
will be given. The complete understanding of the contents will
be given by the following performance of the translation.

Poetry hours will probably take place every month. Because
the performance room only has seats for 80 persons the per -
formances will be repeated twice or three times, as is the demand

Posters will be fastened on to advertise these arrangements
to the population. These posters shall also contain the invitat-
ion for the members of the Scheffelbund to give their new
address to the Bundesgeschäftsstelle (office). By this way there
can be obtained a regathering of the association.
Evenings for the following poets are planned:

1.) Goethe: Faust II.part, 5th act
2.) Shakespeare
3.) Lafontaine
4.) Scheffel: Juniperus (for the 120th birthday of the poet)
5.) Dante
6.) Galsworthy, from: Five tales.
7.) Stifter: Brigitta (changes reserved to consideration)

Friedrich Prüter will speak the German originals as well as
the translations of foreign languages.
As speakers for foreign languages the following persons are
provided:
English: Mrs.Reinhart, Ettlingen, Bismarckstrasse
Französisch: Miss Pinazzi
Italienisch: Miss Pinazzi, Karlsruhe

A committee of experts will be selected to find out in
future the best works of the world-literature.
The following persons will belong to it:

1) Ministerialdirektor Dr.Ott (English,French)
2) Prof.Walter Maier   (English,French)
3) Miss Pinazzi   (Italian)

2 copies
to maj Slau

the organization may begin its activities on a local basis, subject to the rules of Military Government.[12]

Die erste Dichterstunde nach Kriegsende war für den Januar 1946 geplant.[13] Das Programm enthielt vornehmlich

12 Ebd.
13 Landesarchiv Baden-Württemberg, Generallandesarchiv Karlsruhe 235 40457 (Permalink: http://www.landesarchiv-bw.de/plink/?f=4-3374823), Brief von Reinhold Siegrist an den Landesdirektor, Ministerium des Kultus und Unterrichts, vom 14.12.1945.

Klassiker der Weltliteratur: Werke von Goethe, Stifter, Shakespeare, Dante, Lafontaine und Scheffel wurden rezitiert.[14] Des Weiteren gab es Überlegungen, auch Texte von André Gide, Jean-Paul Sartre und Thomas Mann zu lesen und gemeinsam zu besprechen:[15]

> The Scheffelbund as a private literary society will contribute to the mentual [sic!] return of the German people to the community of nations. Since the aim of this Bund has not only been to preserve the memory of the poet of *Ekkehard* and the *Alt-Heidelberg*-song, but also to serve the temporary forces.
> It is the demand of our time to enlarge the horizon and to place at the side of the great German poetry the great poetic works of the other nations. Understanding and respect will be drawn from the high mental forces of the world and will lead to the cooperation of all nations.
> Therefore it is the intention of the Bund's direction to perform spoken recitals of works of the world literature. Common translations can seldom replace the original, therefore the works, if possible, will be spoken in their original languages and afterwards will be repeated in German. Even if the original will not be completely understood, the impression of the sound and the suggestion to occupy oneself with the foreign language will be given. The complete understanding of the contents will be given by the following performance of the translation.[16]

Ein auf den 13. November 1945 datiertes Schreiben des Präsidenten der Landesregierung Baden, Abteilung Kultus und Unterricht, zeigt, dass der Scheffel-Bund Schriftstücke an die amerikanische Militärregierung an ihn persönlich in Kopie zusenden und ihn über die weiteren Schritte informieren musste.[17]

In einer Bestätigung (›Certificate‹) vom 13. November 1945 beglaubigt die amerikanische Militärregierung Nordbaden, dass Dr. Siegrist aufgrund des obligatorischen ›Meldebogens‹ zur Entnazifizierung als Mitläufer klassifiziert wurde und so berechtigt war, in seiner Position weiterbeschäftigt zu werden.[18] In einem Brief vom 28. November 1945 an den Präsidenten der Landesregierung Baden, Ab-

14 Vgl. Landesarchiv Baden-Württemberg, Generallandesarchiv Karlsruhe 235 40457 (Permalink: http://www.landesarchiv-bw.de/plink/?f=4-3374823), Vorhaben und Programm für die ersten Dichterstunden nach Kriegsende: ›Aim and program of the planned poetry-evenings of the Scheffelbund‹.

15 Vgl. Matthias Kußmann: 70 Jahre Literarische Gesellschaft (Scheffelbund) Karlsruhe. 1924-1994, Karlsruhe 1994, S. 32.

16 Landesarchiv Baden-Württemberg, Generallandesarchiv Karlsruhe 235 40457 (Permalink: http://www.landesarchiv-bw.de/plink/?f=4-3374823), Vorhaben und Programm für die ersten Dichterstunden nach Kriegsende: ›Aim and program of the planned poetry-evenings of the Scheffelbund‹.

17 Landesarchiv Baden-Württemberg, Generallandesarchiv Karlsruhe 235 40457 (Permalink: http://www.landesarchiv-bw.de/plink/?f=4-3374823), Brief vom Präsidenten der Landesregierung Baden, Abteilung Kultus und Unterricht, an den Scheffelbund vom 13.11.1945.

18 Landesarchiv Baden-Württemberg, Generallandesarchiv Karlsruhe 235 40457 (Permalink: http://www.landesarchiv-bw.de/plink/?f=4-3374823), Brief vom ›Office of Military Government North Baden (US Zone)‹, Karlsruhe, an Landesdirektor Schnabel, ›Ministry of Culture and Education‹, vom 13.11.1945.

teilung Kultus und Unterricht, teilt Dr. Siegrist mit, dass er »heute die schriftliche Genehmigung für den Wiederaufbau des Bundes und ausserdem die für eine Sitzung vom 10.12. […] vielleicht zu beschliessende Namensänderung des Bundes von der Militärregierung erhalten habe«[19]. Beiliegend war eine Abschrift seines Briefs an die amerikanische Militärregierung, der eine Liste mit zehn Namen des Vorstands und von Sponsoren des Scheffel-Bunds enthielt: den Historiker und Landesdirektor Prof. Dr. Franz Schnabel, den Pädagogen und Ministerialdirektor Prof. Dr. Karl Ott, den Karlsruher Oberbürgermeister Dr. Hermann Veit, den Kunsthistoriker Dr. Kurt Martin (Karlsruhe), den Bauhistoriker Dr. Arthur Valdenaire (Karlsruhe), den Oberstudiendirektor Prof. Oskar Blank (Vorsitzender), Rechtsanwalt Dr. Reinhart Anders (Karlsruhe), Rolf von Giercke, Vorstand der Badischen Bank (Karlsruhe), Direktor Bauch, Dresdner Bank (Karlsruhe), Dr. Reinhold Siegrist, Bundesgeschäftsführer (Karlsruhe).[20]

Die Genehmigung der amerikanischen Militärregierung wurde am 29. November 1945 durch Major John F. Mead erteilt und mit dem Stempel ›US ARMY * MILITARY GOVERNMENT‹ versehen. Die Erlaubnis war mit der Auflage versehen, dass die Tätigkeit des Scheffel-Bunds vorübergehend nur auf Kreisbasis erfolgen durfte:

> Permission is hereby extended to the Karlsruhe ›Scheffelbund‹ to reorganize as a literary society in Karlsruhe. Authority is also hereby granted, to change the name of the society to ›Volksbund für Dichtung‹, but it is understood, that this society will operate at the present only on a Kreis basis.[21]

Die Umbenennung in ›Volksbund‹ sollte die zunehmende Größe verdeutlichen. In der Satzung des Volksbunds für Dichtung wird formuliert, dass eine inhaltliche Ausweitung der Aufgaben und eine Einordnung in die europäische ›Völkergemeinschaft‹ erfolgen sollen:

> Zweck des Bundes ist: kulturelle Mitarbeit zur geistigen Einordnung des deutschen Volkes in die Völkergemein-

19 Landesarchiv Baden-Württemberg, Generallandesarchiv Karlsruhe 235 40457 (Permalink: http://www.landesarchiv-bw. de/plink/?f=4-3374823), Brief von Reinhold Siegrist an den Präsidenten der Landesregierung Baden, Abteilung Kultus und Unterricht, vom 28.11.1945.
20 Landesarchiv Baden-Württemberg, Generallandesarchiv Karlsruhe 235 40457 (Permalink: http://www.landesarchiv-bw. de/plink/?f=4-3374823), Brief von Reinhold Siegrist an ›Military Government LB Baden, Karlsruhe‹ vom 27.11.1945.
21 Brief von John F. Mead, ›Office of Military Government North Baden (US Zone), Karlsruhe‹ an ›Director Scheffelbund‹ vom 29.11.1945 (B36, MLO).

schaft durch Pflege dichterischen Geistesgutes der Vergangenheit und der Gegenwart. Neben deutscher Dichtung sollen auch die großen dichterischen Werke anderer Völker im Bewußtsein unseres Volkes verankert und dadurch das Blickfeld erweitert werden. Zur Erreichung seines Zweckes darf der Bund Geistesgut deutschen und ausländischen Ursprungs verbreiten. Er wird das durch Dichterstunden, Vorträge, Druck-Veröffentlichungen, sowie durch den Ausbau des Scheffel-Museums zu einem Dichter-Museum tun.[22]

Rückführung der während des Zweiten Weltkriegs zum Schutz ausgelagerten Bestände des Museums

Im Geschäftsbericht vom 27. April 1946 ist festgehalten, dass aus Schloss Nußdorf bereits Anfang Februar 1946 insbesondere Bilder, Büsten und Bücher nach Karlsruhe zurückgebracht wurden: »In diesen Kisten befinden sich unsere wertvollsten Museums- und Archivgegenstände, Handschriften, Erstdrucke, Bilder usw.«[23] Diese vier Kisten waren zu diesem Zeitpunkt noch in der Saline Kochendorf untergestellt, allerdings bereits zum Rücktransport freigegeben. Im Juli 1945 wurde der Bundesgeschäftsführer zur amerikanischen Militärregierung, Captain van Nortwick, bestellt, um Bestandslisten über das Material im Haus Solms und die nach Nußdorf und Kochendorf ausgelagerten Bestände vorzulegen. Der Korrespondenz von Eck Freiherr von Reischach-Scheffel mit Dr. Siegrist ist zu entnehmen, dass der Transport per Lastwagen erfolgte. Im Geschäftsbericht vom 20. März 1948 heißt es:

Ein Teil unseres Archivs und die ganze Bücherei war in der fliegergefährdeten Zeit nach Schloß Nußdorf/Vaihingen/Enz sichergestellt worden. Ein anderer Teil, hauptsächlich die Musealien, Handschriften und besonders wertvolle Drucke waren mit dem Transport der Staatlichen Kunsthalle in die Saline Kochendorf gebracht worden. Wir konnten nun im Frühjahr 1946 die im Schloß Nußdorf untergestellten Teile hierher zurückholen.[24]

22   Landesarchiv Baden-Württemberg, Generallandesarchiv Karlsruhe 235 40457 (Permalink: http://www.landesarchiv-bw.de/plink/?f=4-3374823), Entwurf der Satzung des Volksbundes für Dichtung vorm. Scheffel-Bund, S. 1.
23   Geschäftsbericht vom 27.4.1946, S. 12 (B365, MLO).
24   Geschäftsbericht vom 20.3.1948, S. 12 (B365, MLO).

```
                    C O P Y !

     Verzeichnis des Inhalts der in die Saline Kochendorf und Heilbronn
     durch die Direktion der Kunsthalle verbrachten Kisten.
    ──────────────────────────────────────────

     K i s t e  I.

     Anton von Werner, Handzeichnungen, 1 Paket
     Scheffel, Handzeichnungen, Klose, Feuerbach, Laves, Gagg, einige Radie-
     rungen und Stiche
     Mappe O. Lieder ung Briefe aus dem Engeren, Wasichenstein,
     Mettnau, Gästebuch
     Mappe V 1, V2, V3
     1 Paket mit 2 juristischen Arbeiten
     Mappe Z 64, Brautwillkomm
     Bsa (Briefe Scheffels an Arnswaldt)
     Mappe J 1
     1 Paket Handschriften und Zeichnungen zum Wartburgroman (Viola Craecor)
     1 Paket mit Doktorpromotion (NB)
     Mappen Irene und Irene-Vorstudien.(B)
     1 Paket Rockertweibchen (R) Phophos und Regenbogenschale (Mu 4 )
     Mappe NC, C (Juniperus, Konzept) D (Bergpsalmen und Thüringer vor Akken)
         M (Ekkehard Anmerkungen)
     1 Mappe Scheffel an Schwanitz
     Mappe Bkr (Scheffels Krnakheit); Reinschrift Lied Favorite, Landkarte
         mit Handaufschrift: Ekkehard im Eismeer)
     Mappe Hs (Heyse an Scheffel) , Ban (Arnswaldt an Scheffels Mutter),
     Brf,(Briefe, Fürstenbergiana), NC (Briefe von Berühmten an Scheffel und sie)

     Mappe Ma (Mutter an Arnswaldt)
     Skizzenbücher mit Ausnahme von X/XIX  S X 1, XI, XII (Zentner) und XVI
     1 Paket Kolleghefte , Z XVIII
     Notizbücher N mit Ausnahme von N VII, 1 - 3, N VIII, 1 - 5, Nk 57 (Zentner)
         und N IX 4 und X 1 (Fanaer)
     Notizbücher mit Ausnahme NZ 10 (Ullmer)

     Kiste II

     Gaudeamus-Reinschrift
     Ekkehard-Urschrift
     Frau Aventiure Reinschrift
     Juniperus Reinschrift
     Scheffelbriefe an Steub
     S. Brant, Klagspiegel (1542)
     S. Münster, Kosmographia (1628)
     Grimmelshausen Gesamtausgabe, 1. Bd. 1713, 2. 1685, 3. 1684
     Erasmus Roterodamas, modus orandi deum (1525)
     Uli Bracker, der arme Mann in Toggenburg (1789)
     Abraham a Santa Clara, Mercks Wienn (1680)
     Gessner, Daphnis (1759)
     Grimmelshausen , verkehrte Welt (1672)
     Melanchthon, declamationum, Tomus I, Philosophicus XXXXX 15?
     Creutzer, Das Akademische Studien des Altertums (1807)
     Dalberg, der Mönsh von Karmel (1787)
     Des Knaben Wunderhorn, I. 1806, II. 1808, 3. 1808
```

Im März 1947 erfolgte dann die Rückführung der vier Kisten aus Kochendorf. Durch die Auslagerung war es gelungen, die Archiv- und Museumsgegenstände des Volksbunds fast vollständig zu retten.[25]

In unmittelbarer Nähe zum Salzbergwerk befand sich ein Konzentrationslager – in der Gemeinde Bad-Friedrichshall-Kochendorf, im Neckartal zwischen Heilbronn und Heidelberg gelegen. Heute erinnert die Gedenkstätte KZ-Kochendorf[26] an das Schicksal der mindestens 447 Häftlinge, die dort zwischen September 1944 und März 1945 getötet wurden – auch diese Parallelität ein Beispiel deutscher Geschichte.

25 Brief von Thomas Schreiner, Archivar im Scheffel-Archiv der Literarischen Gesellschaft, an Christhard Schrenk, Stadtarchiv Heilbronn, vom 1.6.1995 (B365, MLO).
26 Vgl. hierzu Gedenkstätte KZ-Kochendorf, URL: https://www.friedrichshall.de/de/familie-soziales/stiftungen/kz-kochendorf (letzter Zugriff: 13.8.2024).

Abb.: ›Verzeichnis des Inhalts der in die Saline Kochendorf und Heilbronn durch die Direktion der Kunsthalle verbrachten Kisten‹ (›Report of Property Transactions‹) vom 7. Juni 1946.

COPY!

CIVILIAN AGENCY HEAD
Amt für Vermögenskontrolle
    Karlsruhe

                    C e r t i f i c a t e !

                    Unsere Zeichen: Karlsruhe, 10 Oct 1946
                              G   Durlacher Allee 13/33
                                           Telefon 3970/71/72

        This is to certify that the
                    Volksbund für Dichtung, vorm. Scheffelbund, Karlsruhe
        is subject to Law 52 but control is not exercised according to Military
        Government Regulations Title 17 Property Control Part 3/17 - 310 and 311
        from Headquarters United States Forces, European Theater Office of Military
        Government (US Zone).

                                        Albert Oechsner
                                    CIVILIAN AGENCY HEAD

27 Meldebogen von Eck Freiherr von Reischach-Scheffel vom 27.4.1946 (B365, MLO).
28 Brief von ›Headquarters Education Team No 1, Office of Military Government Baden-Wuerttemberg‹ vom 17.6.1946 (B36, MLO).
29 Spruchkammerakte von Eck Freiherr von Reischach-Scheffel vom 16.7.1947 (B365, MLO).

Abb. oben: Schreiben von Albert Oechsner (›Civilian Agency Head‹ / Amt für Vermögenskontrolle, Karlsruhe) vom 10. Oktober 1946.

Abb. rechts: Genehmigung der amerikanischen Militärregierung in einem Brief von Major John F. Mead (›Office of Military Government North Baden (US Zone), Karlsruhe‹), an ›Director Scheffelbund‹ vom 29. November 1945.

Im befreiten Deutschland wurden zur Entnazifizierung sogenannte »Spruchkammerverfahren« durchgeführt, um die NS-Belastung der Betroffenen zu dokumentieren. Grundlage war das Ausfüllen des sogenannten ›Meldebogens‹ auf Grund des ›Gesetzes zur Befreiung von Nationalsozialismus und Militarismus‹ vom 5. März 1946. Eck Freiherr von Reischach-Scheffel füllte den Meldebogen am 27. April 1946 aus.[27] Daraufhin erging ein Schreiben der amerikanischen Militärregierung mit dem Betreff ›Denazification‹ mit den Worten: »The temporary appointment of Eck, Freiherr von Reischach-Scheffel is hereby approved by Military Government.«[28] Laut der Spruchkammerakte von Eck Freiherr von Reischach-Scheffel vom 16. Juli 1946 wurde er als ›Mitläufer‹ eingestuft und zu einem Sühnebeitrag von 2000 RM verurteilt.[29]

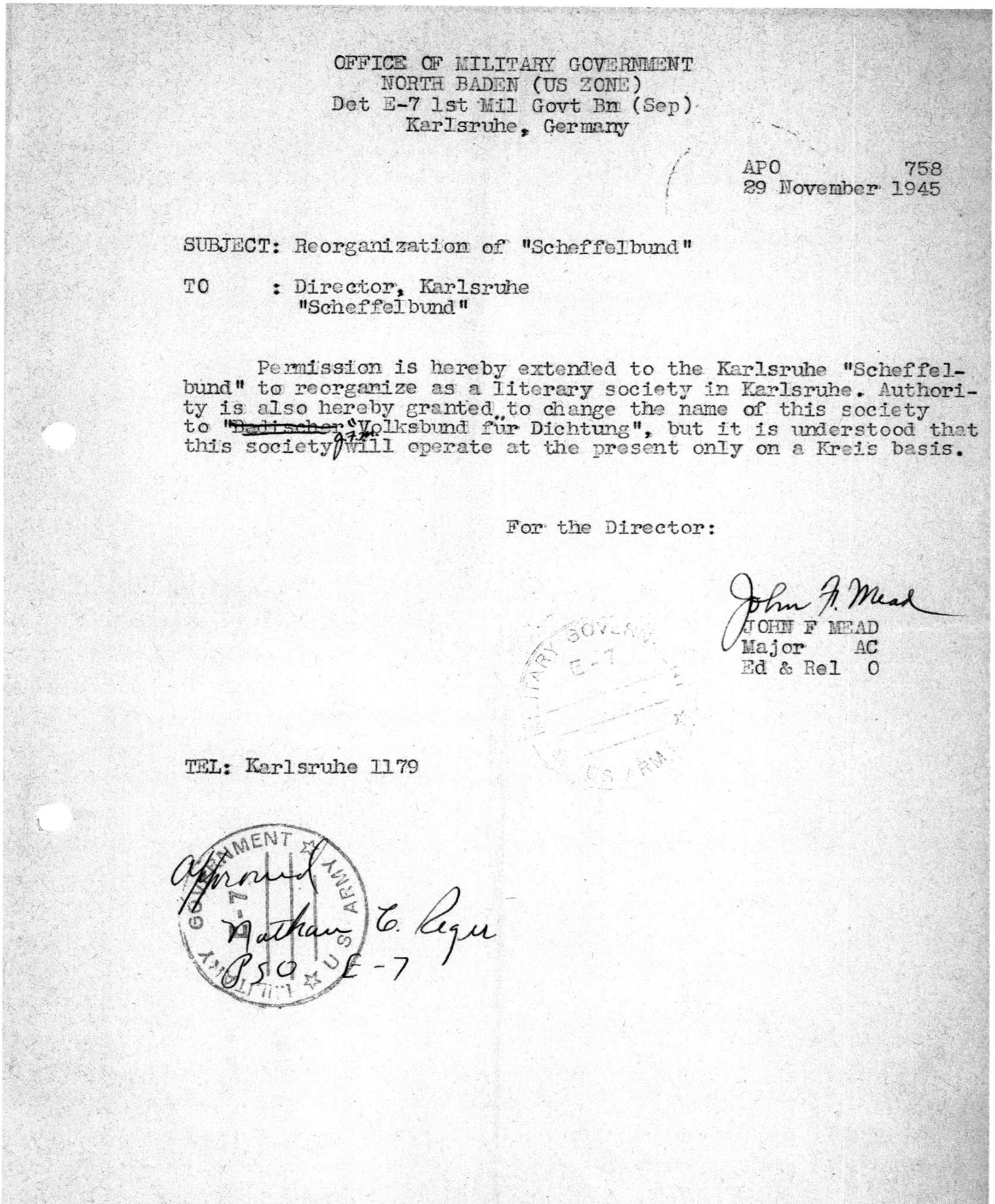

OFFICE OF MILITARY GOVERNMENT
NORTH BADEN (US ZONE)
Det E-7 1st Mil Govt Bn (Sep)
Karlsruhe, Germany

APO 758
29 November 1945

SUBJECT: Reorganization of "Scheffelbund"

TO : Director, Karlsruhe
"Scheffelbund"

Permission is hereby extended to the Karlsruhe "Scheffelbund" to reorganize as a literary society in Karlsruhe. Authority is also hereby granted to change the name of this society to "~~Badischer~~ Volksbund für Dichtung", but it is understood that this society J.F.M. will operate at the present only on a Kreis basis.

For the Director:

John F. Mead
JOHN F MEAD
Major AC
Ed & Rel O

TEL: Karlsruhe 1179

Approved
Nathan C. Reger
PSO E-7

Abb.: Eidesstattliche Erklärung von Dr. Reinhold Siegrist vom 17. Januar 1947 im Rahmen der Restitutionsdiskussion.

Abb.: Schreiben von Custodian Dr. Prey (›Administration of the Stored Goods in the Saltmines Heilbronn and Kochendorf‹ / Verlagerungs-Verwaltung in den Salzwerken Heilbronn und Kochendorf) an Civilian Agency Heilbronn / Amt für Vermögenskontrolle vom 12. November 1946 zwecks Rückführung der eingelagerten Gegenstände aus dem Zweiten Weltkrieg.

ADMINISTRATION of the STORED GOODS
in the SALTMINES HEILBRONN and KOCHENDORF
VERLAGERUNGS-VERWALTUNG IN DEN
SALZWERKEN HEILBRONN UND KOCHENDORF   X I 3030 – 277

Büro im Salzwerk Heilbronn, Telefon: Milit.-Nr. 48

Bankverbindung: Heilbronner Bankverein Kto.-Nr. 7260

Heilbronn, den   12–11–46

Betr.:

SUBJECT: Request for Removal by the
           Volksbund für Dichtung
           former Scheffelbund, Karlsruhe

TO   : Civilian Agency Heilbronn
           Amt für Vermögenskontrolle

1. The Volksbund für Dichtung requires the release of its
        4 chests containing:
             belletristic manuscripts and books,
   list attached.

2. Civilian Agency Karlsruhe certifies that the Volksbund für
   Dichtung is subject to law 52, but control is not exercised.

3. The requested items are stored in the Saltains Kochendorf.

4. Application (3 copies), Declaration: No looted items,
   Certificate from A.f.V.K. Karlsruhe
   Inventory (3 sheets)
   are forwarded in order to be checked and to be returned to this
   office after final approval by the District Property Control
   Officer.

1st Ind.   11/1/47/I/G8

Approved - Genehmigt.

(Karl I w a n)
Civilian Agency Head

(Dr. PREY)
Custodian.

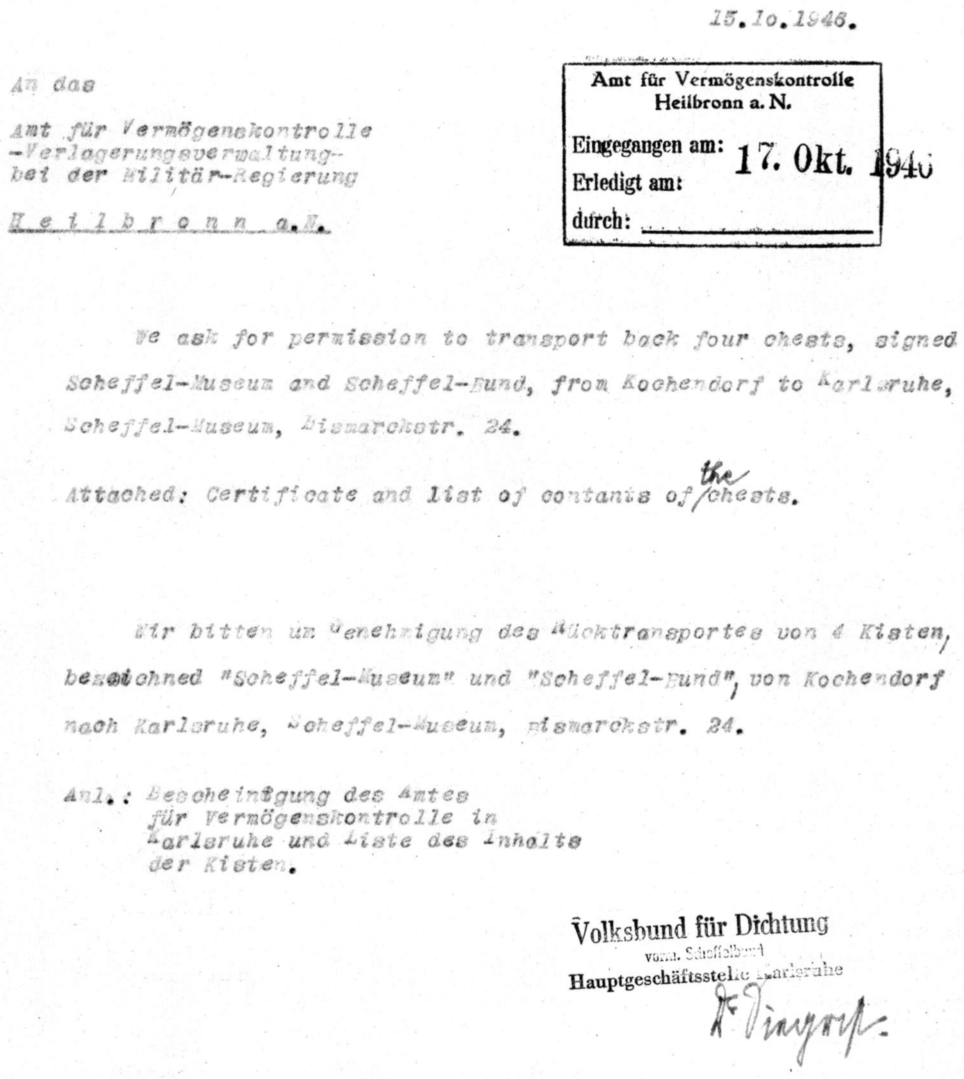

15.1o.1946.

An das

Amt für Vermögenskontrolle
-Verlagerungsverwaltung-
bei der Militär-Regierung

H e i l b r o n n a.N.

```
┌─────────────────────────────────────┐
│    Amt für Vermögenskontrolle        │
│        Heilbronn a. N.               │
│                                      │
│ Eingegangen am:  17. Okt. 1940       │
│ Erledigt am:                         │
│                                      │
│ durch:                               │
└─────────────────────────────────────┘
```

We ask for permission to transport back four chests, signed

Scheffel-Museum and Scheffel-Bund, from Kochendorf to Karlsruhe,

Scheffel-Museum, Bismarckstr. 24.

Attached: Certificate and list of contents of the/chests.

Wir bitten um Genehmigung des Rücktransportes von 4 Kisten,

bezeichned "Scheffel-Museum" und "Scheffel-Bund", von Kochendorf

nach Karlsruhe, Scheffel-Museum, Bismarckstr. 24.

Anl.: Bescheinigung des Amtes
      für Vermögenskontrolle in
      Karlsruhe und Liste des Inhalts
      der Kisten.

                              Volksbund für Dichtung
                                 vom. Scheffelbund
                          Hauptgeschäftsstelle Karlsruhe

Abb.: Schreiben von Dr. Reinhold Siegrist
an das Amt für Vermögenskontrolle –
Verlagerungsverwaltung – bei der
amerikanischen Militär-Regierung
Heilbronn vom 15. Oktober 1946.

Spruchkammer Vaihingen/Enz   Den 16. Juli 1947
                                              Lo/Fu
Aktenzeichen: 48/25/359/II

Urschrift!
Einschreiben!

11. Aug. 1947

Spruch

Auf Grund des Gesetzes zur Befreiung von Nationalsozialismus und Militarismus vom 5. März 1946 erläßt die Spruchkammer, bestehend aus

1. dem Vorsitzenden: Herrn K ä l b e r ,

2. den Beisitzern: Herrn B e c k , Mühlacker,

                       Herrn K a n z , Vaihingen/Enz

                       Herrn Schweikert, Oetisheim,

                       Herrn S t a r k , Enzberg,

gegen Freih.v.Reischach-Scheffel Eck, Kaufmann und Gutsbesitzer,
       Vor- und Zuname   Beruf
       geb.am 30.7.1888 in Rauden O/S. Russdorf, Hauptstr. 1
       Geburtstag   Anschrift

im schriftlichen Verfahren - auf Grund der mündlichen Verhandlung folgenden

SPRUCH:

Der (die) Betroffene ist   M i t l ä u f e r .

Es werden ihm (ihr) folgende Sühnemaßnahmen auferlegt:

Der Betroffene hat einen einmaligen Sühnebeitrag von RM 2.000,--
zu leisten. Im Falle der Nichtbeitreibbarkeit tritt an die Stelle
von je RM 67,-- ein Tag Ersatzarbeitsleistung.

Die Kosten des Verfahrens trägt der (die) Betroffene - die Staatskasse.

Streitwert 20.000,-- RM.

BEGRÜNDUNG:

Der Betroffene ist Gutsbesitzer in Russdorf. Er ist Gesellschafter
der Holzindustrie Wolfegg sowie Beirat der deutschen Buchgemeinschaft.
Er ist verheiratet und hatte einen Sohn, der im Krieg gefallen ist.
Sein Gesamtvermögen beträgt lt.Angabe des Finanzamtes RM 133.000,--,
sein höchstes Jahreseinkommen betrug RM 20.191,--.

L. Nr. 13 h - Spruch der Kammer - 100 000. V. 47.

Lesezimmer für die Bevölkerung

Im Mai 1946 nahm der frühere Scheffel-Bund seine Arbeit wieder auf.[30] Sitz der Bundesleitung war weiterhin das Haus Solms in der Karlsruher Bismarckstraße 24, das teilweise noch durch Luftangriffe beschädigt war. Im Haus Solms waren nach dem Rücktransport der Exponate nach Karlsruhe auch die Bestände des Städtischen Archivs untergebracht. Zudem fungierte es ab dem Jahr 1948 als Gäste- und Empfangshaus der Stadt Karlsruhe.[31] Zum bestehenden Scheffel-Museum im zweiten Stock kam ein öffentliches Lesezimmer hinzu, das am 16. September 1946 eröffnet

30 Vgl. Badener Tagblatt, Nr. 38
(11.5.1946), S. 5.
31 Vgl. Südkurier, Nr. 76 (14.9.1948), S. 3.

Abbildungen S. 88-90: Spruch der Kammer Vaihingen/Enz vom 16. Juli 1947.

- 2 -

Der Betroffene war förderndes Mitglied der SS von 1934-38,
" des NSKK " 1933-44, ohne
der Deutschen Amt,
Jägerschaft 1933-44 "
und des RLSB.

Der Betroffene gehört demnach gemäss Teil B der Gesetzesanlage
zu den Personen, die mit besonderer Sorgfalt zu prüfen sind.

Da keine gesetzliche Vermutung für die Einreihung des Betroffenen in eine Gruppe der Verantwortlichen gegeben ist, hatte die
Kammer zu prüfen, für welchen der im Gesetz festgelegten Tatbe-
stände der volle Beweis gegen den Betroffenen erbracht ist.

In der sorgfältig durchgeführten Beweisaufnahme werden folgende
Tatsachen festgestellt:
Der Betroffene war niemals Mitglied der NSDAP. Dass er in der
Zeit von 1934 bis 1938 förderndes Mitglied der SS mit einem
monatlichen Beitrag von RM 2,-- bzw. RM 1,-- war, wurde von
dem Betroffenen damit begründet, dass er von einem Bekannten
zur Zahlung eines kleinen für ihn unbedeutenden Beitrages aufgefordert worden war mit dem Bemerken, dass es sich bei der
Schutzstaffel um eine Organisation handle, die den Arbeitsfrie-
den und die innere Ordnung in Deutschland aufrecht erhalten solle. Als der Betroffene im Jahre 1938 beim Einsetzen der Judenver-
folgung den wahren Charakter der SS durchschaute, stellte er die
Beitragszahlungen augenblicklich ein, umsomehr als er als Gründer des Scheffel-Bundes und Beirat der deutschen Buchgemeinschaft
mit vielen jüdischen Verlegern des In- und Auslandes nicht nur
in besten geschäftlichen Beziehungen sondern auch in engstem,
freundschaftlichen Verkehr stand (Zeugnis des Paul Zipper, Thun-
Hünibach/Schweiz und Felix Guggenheim, Los Angeles/California).
Gleichzeitig hervorgehoben zu werden verdient die strenge reli-
giöse Einstellung des Betroffenen: Er ist ein treues Mitglied
der evangelischen Landeskirche geblieben und hat an den reli-
giösen Veranstaltungen der Kirche regelmässig teilgenommen.
Darüber hinaus hat jedoch das Beweisverfahren auch ergeben, dass
der Betroffene Reden und Ansprachen als Patronatsherr in seiner
Gemeinde Nussdorf gehalten hat, die wohl nicht als Kundgebung
für den NS zu werten sind aber doch immerhin auf der Linie des
NS lagen und keine Ablehnung dieses Systems bedeuteten. Die gegen den Betroffenen vorgebrachte Beschuldigung, er habe im Auftrag der Ortsgruppe in Vertretung des abwesenden Schulleiters
die Überführung der 14-Jährigen in die HJ vorgenommen, ist durch
das Zeugnis des Schulleiters als widerlegt zu betrachten, dem
zu entnehmen ist, dass der Betroffene als Nicht-Pg. die Überführung garnicht vornehmen konnte und wurde nur festgestellt,
dass der Betroffene bei dieser Gelegenheit einige Worte an die
Jungen gerichtet hat. Eine Unterstützung des NS durch den Betr.
geschah durch die Übereignung einiger Möbelstücke für das Frauen-
schaftsheim. Diese Unterstützung kann jedoch nicht als besonders
wesentlich angesehen werden, da der Nussdorfer Frauenschaft keine
politische Bedeutung zukam.

Zusammenfassend hat die Kammer festgestellt, dass eine Mitläufer-
eigenschaft des Betroffenen insofern vorliegt, als zwar keine
wesentliche aber doch eine erkennbare Unterstützung des NS durch

./.

wurde und der Bevölkerung täglich zugänglich war.[32] Die hierfür erforderliche Genehmigung der amerikanischen Militärregierung wurde am 9. September 1946 erteilt.[33] Das Städtische Archiv überließ dem Volksbund für Dichtung als Leihgabe neben einigen lexikalischen und sonstigen Nachschlagewerken zahlreiche Bände zur älteren badischen Geschichte, zur Karlsruher Stadtgeschichte sowie Kunstbücher. Im Einvernehmen mit der Stadtverwaltung übernahm der Volksbund für Dichtung nun die Funktion, Bücher für die örtliche Ausleihe zu verwalten und für die Öffentlichkeit bereitzustellen.[34] Dazu gehörten auch Bücher, Neuerwerbungen und Zeitschriften der Badischen Landesbibliothek

32 Vgl. Badische Neueste Nachrichten, Nr. 126 (23.10.1947), S. 2.
33 Brief von John F. Mead, ›Headquarters Director of Education for Baden Area, Office of Military Government Wuerttemberg-Baden‹ an den Scheffelbund vom 9.9.1946 (B36, MLO).
34 Vgl. Badische Neueste Nachrichten, Nr. 81 (14.9.1946), S. 3.

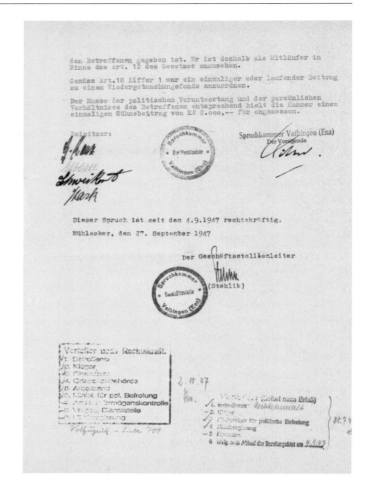

Karlsruhe, die bestellt und im neu eingerichteten Lesesaal im Haus Solms benutzbar waren, da es der Badischen Landesbibliothek Karlsruhe im Herbst 1946 kriegsbedingt noch nicht möglich war, ihre Bücherbestände zur Ausleihe bereitzustellen.[35]

Dem Volksbund für Dichtung wurden zahlreiche aktuelle Literaturzeitschriften, die einen umfassenden Einblick in die aktuellen intellektuellen Debatten ermöglichte, von der amerikanischen Militärregierung zur Verfügung gestellt und in die Bibliothek integriert.

Weitere Zeitschriften hat der Geschäftsführer Dr. Reinhold Siegrist persönlich über den Buchhandel für die Biblio-

35 Vgl. Badische Neueste Nachrichten, Nr. 92 (10.10.1946), S. 3.

Abbildungen: Literaturzeitschriften aus dem Bestand des Volksbunds für Dichtung, darunter: *Das goldene Tor. Monatsschrift für Literatur und Kunst* (seit 1946), *Das Kunstwerk, Der Regenbogen, Der Ruf. Unabhängige Blätter der jungen Generation* (Jahrgänge 1–3, seit 1946), *Der Standpunkt. Die Zeitschrift für die Gegenwart* (1946), *Die Lücke. Zeitschrift für Kulturpolitik und Kunst, Ende und Anfang. Zeitschrift der jungen Generation* (seit 1946), *Neue Auslese* (1946), *Wort und Tat* (1946).

thek erworben, wie handschriftliche Annotationen belegen.
Damit hatte der Volksbund alle wichtigen deutschsprachigen Literaturzeitschriften der Nachkriegszeit ab 1946 für
die Öffentlichkeit einsehbar ausgelegt.

Beginn des kulturellen Lebens

Im Januar 1947 wurde die ›Karlsruher Volkshochschule e. V.‹
gegründet; der Volksbund für Dichtung zählte zu den Grün-
dungsmitgliedern. Dr. Ulrich Bernays, schulischer Leiter der
Volkshochschule Karlsruhe und Professor an der Goethe-
schule, würdigt in einem Zeitungsartikel diese Maßnahme
im Bildungsbereich und bezeichnet den Volksbund als eine
der in kultureller und sozialer Hinsicht führenden Organisationen. Als weiteres Ziel definierten die Begründer, das
»vielfach zersplitterte kulturelle Leben Karlsruhes in eine
sinnvolle und lebendige Einheit zusammen[zu]schließen«[36].

Nicht nur in Karlsruhe existierte eine solche Zusammenarbeit, sondern auch an zahlreichen Orten in Südbaden. Bei
der Abschlussfeier der Volkshochschule Offenburg im Sommer 1951 dankte deren Leiter dem Scheffel-Bund und anderen Institutionen, »die durch ihre freie Angliederung an die
Volkshochschule das Niveau der Vortragsarbeit wesentlich
beeinflußten«[37].

Als erste Jahresgabe nach Kriegsende erschien 1946 der
Band *Zwischen Pflicht und Neigung. Scheffel in Donaueschingen. Briefe ins Elternhaus*, herausgegeben von Wilhelm Zentner[38]. Dieser Band dokumentierte Scheffels Jahre als Bibliothekar in der Fürstlich Fürstenbergischen Hofbibliothek in
Donaueschingen.[39] 1951 erschien als Jahresgabe der Band
*Wandern und Weilen. Scheffels Briefe ins Elternhaus 1860-
1864.*[40] Die *Badischen Neuesten Nachrichten* druckten am
26. Mai 1951 eine kritische Besprechung der Jahresgabe:

Wir sind der Meinung, daß so viele lebende Dichter auf
irgendeine Beachtung und Förderung warten, daß es nicht
nötig ist, ausgerechnet uninteressante Briefe privater Natur aus den 60er Jahren des vorigen Jahrhunderts zu ver-
öffentlichen. Der ehemalige Scheffelbund hat sich gewiß
nicht ohne Absicht in ›Volksbund für Dichtung‹ umbe-

36 Vgl. Ulrich Bernays: Gründung einer
Volkshochschule, in: Badische Neueste
Nachrichten, Nr. 4 (11.1.1947), S. 4.
37 Offenburger Tageblatt (21.6.1951), S. 7.
38 Rezension hierzu vgl. Das neue
Baden, Nr. 28 (1.8.1947), S. 3.
39 Vgl. Südkurier, Nr. 96 (9.12.1947), S. 2.
40 Vgl. Offenburger Tageblatt
(12.5.1951), S. 2.

nannt, um nicht allzuschwer an dem Erbe Scheffels zu tragen, der uns doch heute in einer völlig veränderten soziologischen, menschlichen und literarischen Situation nicht mehr gar so viel zu sagen hat. Auf keinen Fall kann eine vermeintliche Verpflichtung gegenüber der Tradition dazu führen, verstaubte Briefbündel auszukramen und der gehetzten Zeit vorzulegen. Viel dringender und drängender ist die Verpflichtung der lebendigen Gegenwartsdichtung gegenüber. Wir geben gerne zu, daß der Volksbund für Dichtung dieser Pflicht weithin nachzukommen sich bemüht: um so mehr befremdet diese Jahresgabe. Man stellt sie in den Bücherschrank und denkt: Dort ruht sie. Gott sei Dank.[41]

Der Literaturwissenschaftler Matthias Kußmann bewertet in der Festschrift *70 Jahre Literarische Gesellschaft* die Anfänge des Volksbunds durchaus kritisch:

Jedoch der Bund, der auch verstärkt Ort der Gemeinschaft und des Gespräches sein wollte, ein Ort, an dem immer wieder die ›gestaltende Kraft des Geistes‹ (R. Siegrist) zum Bewußtsein gebracht werden sollte – er war kein Ort, an dem das Gespräch über die zurückliegenden zwölf Jahre öffentlich stattgefunden hätte. Mit Ausnahme der 1948 als Jahresgabe publizierten Erzählung *Die Verfemten* von Paul Bertololy findet sich weder in den Jahresgaben, die direkt nach Kriegsende erschienen, noch in den Mitteilungen des Volksbundes an seine Mitglieder der Versuch einer Auseinandersetzung mit der damals jüngsten deutschen Vergangenheit. Geschäftsführer Siegrist etwa bemerkte zur Jahresgabe von 1949, Alfred Huggenbergers *Die Magd vom See*, dies sei ›echt empfundene, volkstümliche Dichtung‹ – während wichtige kritische Autoren der 50er Jahre, die auch die Auseinandersetzung mit der NS-Zeit nicht scheuten, Heinrich Böll, Günter Eich, Wolfgang Koeppen oder Günter Grass etwa, weder rezitiert noch zu Lesungen eingeladen wurden.[42]

Dies sollte sich erst in den 1970er Jahren ändern.

Nach der kriegsbedingten Aussetzung wurde der Scheffel-Schulpreis ab 1947 wieder aufgebaut – zunächst für Abi-

41 Badische Neueste Nachrichten, Nr. 121 (26.5.1951), S. 12.
42 Kußmann: 70 Jahre Literarische Gesellschaft 1994, S. 13 f.

turientinnen und Abiturienten der höheren Schulen in Baden, Württemberg und der Pfalz.[43] Auch Ortsverbände gründeten sich: in Mannheim und weiteren Zweigstellen.[44] 1951 erfolgte die Wiedereröffnung des Scheffel-Museums im ›Scheffel-Schlößchen‹ auf der Mettnau bei Radolfzell.[45]

Der Scheffel-Bund – »Tot war er ja nie …«

Eine Zäsur stellte die Neuwahl des Vorstands im Jahr 1947 dar. Zum neuen Vorsitzenden und Nachfolger von Prof. Dr. Friedrich Panzer wurde Oberstudiendirektor Prof. Dr. Oskar Blank gewählt. Geschäftsführer blieb Dr. Reinhold Siegrist, der am 15. Februar 1950 sein 25-jähriges Dienstjubiläum begehen konnte. Aus diesem Anlass würdigten auch[46] die *Badischen Neuesten Nachrichten* seine Verdienste:

> Dr. Siegrist hat sich durch seine Buchausgaben, insbesondere durch das umfassende Werk *Lebende Dichter um den*

43 Vgl. Südkurier, Nr. 17 (28.2.1947), S. 2.
44 Vgl. ebd.
45 Vgl. Badische Neueste Nachrichten, Nr. 149 (28.6.1951), S. 3.
46 Vgl. auch Offenburger Tageblatt, Nr. 21 (18.2.1950), S. 11.

Abb.: Dr. Reinhold Siegrist, Geschäftsführer von 1924 bis 1966.

Diener am dichterischen Werk

Zum 65. Geburtstag von Dr. Siegrist am 7. April

Das Jahr 1964 scheint besonders reich an 65jährigen zu sein, die in irgendeiner Weise bedeutsam in der Öffentlichkeit hervorgetreten sind. Zu ihnen gehört auch Dr. Reinhold Siegrist, der seit fast 40 Jahren die Geschäfte des Volksbundes für Dichtung leitet und der sein eigenes Schaffen zurückstellte hinter den Dienst am Werk unserer Dichter. Friedrich Franz von Unruh nannte ihn in seinem Beitrag zu der zum 30jährigen Jubiläum des Scheffelbundes herausgegebenen Festschrift den getreuen Eckhard des Bundes. Er hat, ohne sich durch die verworrenen Zeitläufte beirren zu lassen, den Zielen des Scheffelbundes, dessen organisatorische Festigung und weite kulturelle Ausstrahlung ihm zu danken ist, in selbstloser Weise gedient.

Dr. Siegrist, der als Sohn des ehemaligen Karlsruher Oberbürgermeisters am 7. April 1899 in Karlsruhe geboren wurde, hatte in aller Treue zur Tradition doch erkannt, daß der 1924 in Heidelberg gegründete Scheffelbund, wenn er seine Aufgaben in der heutigen Zeit richtig erfüllen sollte, nicht mehr das Andenken eines Mannes allein pflegen dürfe, sondern neben der literarhistorischen auch die aktuelle Wirkung brauche; so wurde er nach dem zweiten Weltkrieg zum „Volksbund für Dichtung".

Schon 1932 hatte Dr. Siegrist das Karlsruher Scheffelarchiv zu einem „Badischen Dichtermuseum" erweitert, das noch im Laufe dieses Jahres weithin fertiggestellt und völlig neu geordnet werden soll. Aus den Beständen dieses Dichtermuseums veranstaltete er 1939 eine große Ausstellung „Lebende Dichter am Oberrhein". Er redigierte die regelmäßig erscheinenden „Mitteilungen" des Bundes und besorgte die bis jetzt auf 29 Publikationen angewachsenen „Jahresgaben". Sie standen hauptsächlich im Dienste des Scheffel-Nachlasses, kamen aber auch unter dem Leitwort „Hilfe den Lebenden" der Gegenwartsdichtung zugute. Zahlreiche, zum Teil unbekannte Autoren fanden auf diese Weise den Weg in die Öffentlichkeit. Zwischendurch gab Dr. Siegrist die Sammelbände „Lebende südwestdeutsche Dichter", „Lebende elsässische Dichter" und „Lebende Dichter um den Oberrhein" heraus.

Eine nicht hoch genug zu schätzende Einrichtung Dr. Siegrists sind die öffentlichen Dichterstunden, die von Karlsruhe ausgingen und dann nach und nach auch von einer ganzen Reihe von Ortsverbänden aufgenommen wurden, so in Offenburg, Donaueschingen, Singen, Radolfzell, Konstanz, Lörrach, Heidelberg, Mannheim und Stuttgart. Es gelang ihm, eine große Zahl von bedeutenden Dichtern und Schriftstellern an das Vortragspult zu bekommen oder ihre Werke durch hervorragende Sprecher der Öffentlichkeit vorzustellen. Mit untrüglichem Instinkt für die echten dichterischen Werte spürte Dr. Siegrist immer wieder auch hoffnungsvolle Talente auf und verhalf ihnen zu der notwendigen Publizität.

Auch mit eigener Dichtung ist Reinhold Siegrist hervorgetreten durch das Schauspiel „Cromwell", das vor Jahren in Bonn aufgeführt wurde, und durch sein Lyrikbändchen „Runde im Steigen", das bei C. F. Müller in Karlsruhe erschienen ist. Dr. Siegrist, der auch im Städtischen Kulturausschuß tätig ist, spielt seit einem Menschenalter im Kulturleben Karlsruhes eine wichtige Rolle.   G

Abb.: Artikel in den *Badischen Neuesten Nachrichten* mit dem Titel *Diener am dichterischen Werk. Zum 65. Geburtstag von Dr. Siegrist am 7. April* (6. April 1964).

Oberrhein, um das heimatliche Schrifttum verdient gemacht. Seiner Initiative sind die Dichterstunden des
Bundes in allen Ortsverbänden zu danken, die er seit
bald 20 Jahren mit wirklichem Idealismus leitet. Unter
größten Schwierigkeiten ist er seit der Währungsreform
bemüht, den Volksbund neu aufzubauen.[47]

Außerdem fand Dr. Reinhold Siegrist laut *Badischen Neuesten Nachrichten* hohe Anerkennung für seine dichterischen
Werke, insbesondere seine 1949 erschienene lyrische Dichtung *Runde im Steigen*.[48] Eine umfangreiche Würdigung
seiner Verdienste als langjähriger Geschäftsführer erschien
später anlässlich seines 65. Geburtstags in den *Badischen
Neuesten Nachrichten* im April 1964.[49]
›Scheffelbund‹ lebt wieder auf – dies meldete der *Südkurier* am 26. November 1949:[50]

Tot war er ja nie, der alte, besonders in unserem Südwesten wohlbekannte Scheffelbund, dessen ›Dichterstunden‹ mit ihrer Darbietung erlesener Schöpfungen der
Weltliteratur noch in der Erinnerung zumal der Aelteren
nachklingen und dessen Scheffel-Schulpreise für die im
Deutsch-Fach besten Abiturienten oft ein Band der
Freundschaft und geistigen Gemeinschaft um die Ausgezeichneten geschlungen haben.[51]

Nach Aufhebung der »Zonenhindernisse« wurden auch in
südbadischen Städten wieder Dichterstunden veranstaltet,
so ab 1950 in Konstanz.[52]
Über die Mitgliederversammlung am 25. März 1950 und
den Geschäftsbericht für die Jahre 1948/1949 berichteten
die *Badischen Neuesten Nachrichten*:

Der Bericht wies – nach dem verlustreichen Eingriff der
Währungsreform – eine Festigung der Grundlagen und
eine Aufwärtsentwicklung in den Ortsverbänden auf, was
nicht zuletzt auf die Wiedereinrichtung der Dichterstunden und die Fortführung der Scheffel-Schulpreis-Stiftung
zurückzuführen ist.[53]

47 Vgl. Badische Neueste Nachrichten,
        Nr. 32 (14.2.1950), S. 6.
        48 Vgl. ebd.
49 Vgl. Badische Neueste Nachrichten,
        Nr. 80 (6.4.1964), o. S.
50 Südkurier, Nr. 140 (26.11.1949), S. 8.
        51 Ebd.
        52 Vgl. ebd.
53 Badische Neueste Nachrichten, Nr. 63
        (30.3.1950), S. 5.

Rechtsanwalt Dr. Reinhard Anders wurde zum stellvertre-
tenden Vorsitzenden gewählt. Als neue Beiräte wurden Prof.
Friedrich Bentmann, Prof. Dr. Berthold Sütterlin und Prof.
Dr. Otto Kraemer gewählt.[54]

Die *Badischen Neuesten Nachrichten* kommentierten anlässlich des 25-jährigen Bestehens des Volksbunds für Dichtung im Jahr 1950:

> Heute müssen die Sammlungen des Bundes in Kisten ver-
> packt aufbewahrt werden, weil die Raumnot der Gegen-
> wart die Ausstellung unmöglich macht. [...] Im Jahre 1944
> wurde die Tätigkeit des Bundes untersagt. [...] [D]ie Li-
> zenz der amerikanischen Militärregierung [war] im Jahre
> 1945 wieder erteilt worden [...]. In den Ortsverbänden
> veranstaltet der Bund seine Dichterstunden. Seit 1946
> finden sie wieder in Karlsruhe, Mannheim, Heidelberg,
> Stuttgart und neuerdings auch wieder in den Ortsver-
> bänden Offenburg, Donaueschingen, Singen, Radolfzell,
> Konstanz, Lörrach und Freiburg statt. Zu Arbeitsgemein-
> schaften für die Dichtung der Gegenwart treffen sich
> außerdem in den größeren Ortsverbänden interessierte
> Mitglieder, die an Hand von Referaten und Leseproben
> Neuerscheinungen der Weltliteratur gemeinsam kennen-
> lernen und sich darüber aussprechen. Eines der wich-
> tigsten Arbeitsgebiete sieht der Bund in seiner Scheffel-
> Schulpreis-Stiftung, aus der an ca. 210 Schulen mit
> Abiturreife (sämtliche Schulen in Baden, Pfalz und Würt-
> temberg und verschiedene in anderen Teilen Deutsch-
> lands), alljährlich der Scheffel-Preis für gute Leistungen
> im Schulfach Deutsch ausgegeben wird. Der Preis besteht
> in der fünfjährigen kostenfreien Mitgliedschaft der Preis-
> träger beim Bunde, so daß alle Preisträger die Anregungen
> der Dichterstunden, der Buchveröffentlichungen und *Mit-
> teilungen* auch nach ihrer Schulzeit frei genießen. Außer-
> dem sind in den größeren Ortsverbänden sogenannte
> ›Preisträgerringe‹ eingerichtet, Gemeinschaften der orts-
> ansässigen Preisträger, die sich in monatlichen Abenden
> literarisch weiterbilden und besonders bemerkenswerte
> Werke besprechen. [...] Schon aus diesem knappen Blick
> über die Arbeitsgebiete des Bundes mag es klar werden,
> wie innig alle seine Arbeiten zusammenhängen. In all-

54 Vgl. ebd.

mählicher Entwicklung ist hier nicht nur ein planvolles, sondern organisch gegliedertes Ganzes entstanden, ein Hilfswerk zur Erweiterung und Vertiefung der Wechselwirkung zwischen Dichtung, dichterisch Schaffenden und Aufnehmenden. In Anbetracht der Erweiterung seines Wirkens weit über den anfänglichen Kreis hinaus hat die Mitgliederversammlung 1946 den Beschluß gefaßt, den Namen des Bundes der Entwicklung anzupassen: so ist aus dem ›Scheffel-Bund‹ der ›Volksbund für Dichtung, vorm. Scheffel-Bund‹ geworden. Zwar hat die Währungsreform dem Bund, hauptsächlich durch die Zerstörung des Stiftungskapitals der Scheffel-Schulpreis-Stiftung, schweren Schaden zugefügt. Eine Festigung der Grundlagen und eine beginnende Aufwärtsentwicklung, hauptsächlich durch die wiederauflebenden Dichterstunden in allen Ortsverbänden und die gesicherte Fortführung der Scheffel-Schulpreis-Stiftung, sind aber gute Anzeichen für den Wiederaufbau im Jahre 1950.[55]

1951 fand eine Scheffel-Feier anlässlich von Scheffels 125. Geburtstag im Karlsruher Schauspielhaus statt:

Daß das Andenken an den vor 125 Jahren in Karlsruhe geborenen Dichter Josef Viktor von Scheffel in seiner Vaterstadt heute noch in hohen Ehren gehalten wird, bewies der starke Besuch der Feierstunde, die vom Volksbund für Dichtung vorm. Scheffelbund gestern abend im Schauspielhaus im Einvernehmen mit der Stadtverwaltung veranstaltet wurde.[56]

Wiederaufbau der Scheffel-Schulpreis-Stiftung

Dr. Siegrist bemühte sich um den Ausbau der Scheffel-Schulpreis-Stiftung und die staatliche Förderung angesichts der nach der Währungsreform 1948 wirtschaftlich schwierigen Lage vieler Schulen:

[…] dass der Bund im Hinblick auf die Beteiligung der südbadischen Schulen am Scheffel-Schulpreis auch von

55 Badische Neueste Nachrichten, Nr. 6 (3.4.1950), S. 5.
56 Badische Neueste Nachrichten, Nr. 52 (2.3.1951), S. 6.

VOLKSBUND FÜR DICHTUNG

vorm. Scheffelbund

HAUPTGESCHÄFTSSTELLE KARLSRUHE BISMARCKSTRASSE 24

Telefon: 7808

Die Scheffel-Schulpreis-Stiftung

des Volksbundes für Dichtung vorm. Scheffelbund e. V.

Eines der Hauptarbeitsgebiete des 'Bundes ist seine Scheffel-Schulpreis-Stiftung, deren Bedeutung darin liegt, die Jugend zur Beschäftigung mit Dichtung und Literatur dadurch anzuregen, daß besonders befähigte junge Leute mit einem Förderungspreis ausgezeichnet werden. Der Scheffelpreis wurde bis 1948 einschließlich bei einer großen Anzahl von Höheren Schulen (augenblicklich 210: sämtliche Schulen in Baden, Württemberg, Pfalz, sowie verschiedenen Anstalten in anderen Teilen Deutschlands) ausgegeben. Bei jeder dieser Schulen erhielt der Abiturient (die Abiturientin) den Preis, der die besten Leistungen im Schulfach „Deutsch" aufzuweisen hatte. Der Preis bestand bisher in der 10-jährigen, kostenfreien Mitgliedschaft beim Bunde, wodurch die Preisträger kostenfrei in den Besitz aller unserer Veröffentlichungen gelangten, unsere Dichterstunden bei allen unseren Ortsverbänden zu ermäßigten Eintrittspreisen besuchen konnten, in örtlichen Preisträgerringen sich mit gleichstrebenden Freunden in literarischen Dingen fortzubilden Gelegenheit hatten usw. Hauptsächlich in den letzten Jahren hat sich die seit 1926 bestehende Einrichtung in steigendem Maße als äußerst fruchtbar und segensreich erwiesen. Die Bundesleitung hofft, in späteren Jahren auch die vor dem Krieg alljährlich üblichen Preisträgertreffen allgemeiner Art wieder durchführen zu können, wobei Dichterstunden stattfanden, Dichter zu unseren Preisträgern sprachen, aber auch die Preisträger selbst Erlebnisberichte gaben. Preisträger aus den verschiedensten Teilen Deutschlands kamen zusammen und lernten sich kennen; eine Einrichtung, die sich schon zu wachsender kultureller Bedeutung entwickelt hatte.

Infolge des Krieges schon war das für die Scheffel-Schulpreis-Stiftung in jahrzehntelanger Arbeit gesammelte Kapital von RM 180 000.— durch die Entwertung der Reichspapiere und anderer Effekten auf ein Drittel des Gesamtwertes zusammengeschmolzen. Dieses Drittel ist nun durch die Währungsreform auf einen Betrag gesunken, der die Fortarbeit der Stiftung nicht mehr ermöglicht.

Die Bundesleitung hat aber den Wunsch, die auch schon von allen Schulen freudig anerkannte Einrichtung nicht fallen zu lassen und die Preiszuteilung nicht einmal

der südbadischen Regierung ein Förderungsbetrag für die Scheffel-Schulpreis-Stiftung zugwendet wird, der uns den in der gegenwärtigen Zeit besonders schwierigen Wiederaufbau der Stiftung erleichtern würde.[57]

Ein Staatszuschuss in Höhe von 500 DM für die Scheffel-Schulpreis-Stiftung wurde am 10. August 1950 bewilligt.[58] Dadurch gelang nach und nach die finanzielle Absicherung der Scheffel-Schulpreis-Stiftung. In einem weiteren Brief ging es ebenso um die »Bitte um Bewilligung eines Förderungsbeitrages«: Der Bund war »seit der Zerstörung des Stiftungskapitals in Höhe von RM 180 000 […] sowohl

57 Vgl. Landesarchiv Baden-Württemberg, Staatsarchiv Freiburg C 25/1 Nr. 234, Bilder 8 und 9 (Permalink: http://www.landesarchiv-bw.de/plink/?f=5-67923), Brief von Reinhold Siegrist an Staatspräsident Leo Wohleb vom 15.5.1950.
58 Vgl. Landesarchiv Baden-Württemberg, Staatsarchiv Freiburg C 25/1 Nr. 234, Bild 20 (Permalink: http://www.landesarchiv-bw.de/plink/?f=5-67923), Mitteilung vom 10.8.1950.

Abb.: Informationsblatt aus dem Jahr 1949 über die Scheffel-Schulpreis-Stiftung.

vom Kultusministerium Stuttgart wie auch von der Landes-
direktion für Kultus und Unterricht in Karlsruhe und dem
Badischen Ministerium des Kultus und Unterrichts in Freiburg unterstützt worden.«[59]

Im Jahr 1949 wurde der Scheffel-Schulpreis in Karlsruhe
an neun Abiturientinnen und Abiturienten Karlsruher Gymnasien verliehen. Beteiligt waren die Helmholtzschule, die
Goetheschule, die Kantschule, die Fichteschule, die Lessing-
schule, das Realgymnasium Durlach und die Wirtschafts-
oberschule:[60]

Zwar hat die Währungsreform dem Bund, hauptsächlich
durch die Zerstörung des Stiftungskapitals der Scheffel-
Schulpreis-Stiftung, schweren Schaden zugefügt. Eine
Festigung der Grundlagen und eine beginnende Aufwärtsentwicklung, hauptsächlich durch die wiederauflebenden Dichterstunden in allen Ortsverbänden und die
gesicherte Fortführung der Scheffel-Schulpreis-Stiftung,
sind aber gute Anzeichen für den Wiederaufbau im Jahre
1950.[61]

Ein Brief von Dr. Reinhold Siegrist an das Ministerium für
Kultus und Unterricht im Verwaltungszentrum Freiburg im
Breisgau im Jahr 1951 betraf die ›Bitte um Hilfe beim Wiederaufbau der Scheffel-Schulpreis-Stiftung‹.[62] Daraufhin wurde
ein Staatszuschuss in Höhe von 200 DM bewilligt:

Dem Volksbund für Dichtung wird in Anerkennung seiner wissenschaftlichen und kulturellen Bestrebungen im
Dienst der deutschen Sprache und Dichtung wie in früheren Jahren ein Staatszuschuß in Höhe von 500 DM in
Aussicht gestellt.[63]

Hinzu kam ein weiterer Staatszuschuss in Höhe von
200 DM aufgrund besonders hoher Aufwendungen anlässlich des Jubiläumsjahres 1950.[64] Zuschüsse wurden auch in
den folgenden Jahren bewilligt. Im März 1954 bewilligte das
Kultministerium Baden-Württemberg in Stuttgart einen
Staatsbeitrag zur Bereitstellung der Scheffel-Schulpreise sowie für den Wiederaufbau der Scheffel-Schulpreis-Stiftung
in Höhe von 4000 DM.[65] Handschriftlich wurde ergänzt:

59   Landesarchiv Baden-Württemberg,
Staatsarchiv Freiburg C 25/1
Nr. 234, Bild 25 (Permalink: http://www.
landesarchiv-bw.de/plink/?f=5-67923),
Brief von Herrn Lambacher, Kultministerium des Landes Württemberg-Hohen-
zollern, an das Ministerium des Kultus
und Unterrichts vom 24.1.1951.
60   Vgl. Badische Neueste Nachrichten,
Nr. 185 (19.9.1949), S. 4.
61   Vgl. Badische Neueste Nachrichten,
Nr. 6 (3.4.1950), S. 5.
62   Vgl. Landesarchiv Baden-Württemberg, Staatsarchiv Freiburg C 25/1 Nr. 234,
Bild 35 (Permalink: http://www.
landesarchiv-bw.de/plink/?f=5-67923),
Brief von Reinhold Siegrist an das Badische Ministerium für Kultus und Unterricht Freiburg i.Br. vom 21.5.1951.
63   Vgl. Landesarchiv Baden-Württemberg, Staatsarchiv Freiburg C 25/1 Nr. 234,
Bild 36 (Permalink: http://www.
landesarchiv-bw.de/plink/?f=5-67923),
Mitteilung des Badischen Ministeriums
des Kultus und Unterrichts vom 22.6.1951.
64   Vgl. Landesarchiv Baden-Württemberg, Staatsarchiv Freiburg C 25/1 Nr. 234,
Bild 39 (Permalink: http://www.
landesarchiv-bw.de/plink/?f=5-67923),
Mitteilung des Badischen Ministeriums
des Kultus und Unterrichts vom
14.11.1951.
65   Vgl. Landesarchiv Baden-Württemberg, Staatsarchiv Freiburg C 25/1 Nr. 234,
Bild 68 (Permalink: http://www.
landesarchiv-bw.de/plink/?f=5-67923),
Mitteilung des Kultministeriums Baden-
Württemberg an die Regierungsoberkasse
Nordwürttemberg, Stuttgart, vom 2.3.1954.

»Zur Förderung der freien Volksbildung«[66]. In einem Brief von Dr. Reinhold Siegrist an das Oberschulamt Freiburg vom 23. Januar 1953 mit der Bitte um einen Zuschuss von 1000 DM jährlich heißt es:

> Der Preis besteht seit der Währungsreform in der fünf-jährigen (vorher in der 10jährigen) Mitgliedschaft der Preisträger, die von den Direktionen im Einvernehmen mit den Fachlehrern bestimmt werden. Sein Sinn ist die Anregung der Preisträger nach Verlassen der Schule zu weiterer Anteilnahme an Dichtung und Literatur. Die Preisträger erhalten unsere Drucksachen (Mitteilungen und Jahresbuchgaben) kostenfrei, haben freien Eintritt in alle Dichterstunden bei allen Ortsverbänden des Bundes und treten zu Preisträger-Ringen zusammen. Ausserdem stehen die ›Mitteilungen‹ und Jahresbuchgaben auch Preisträgern für spätere Veröffentlichungen reifer Arbeiten zur Verfügung.[67]

Dichterstunden

Im Brief vom 4. Februar 1946 bittet Oskar Gitzinger, der Leiter des Ortsverbands Freiburg im Breisgau, das Unterrichtsministerium Freiburg, »die Genehmigung der französischen Militär-Regierung in Freiburg zu beantragen«[68], damit dort die Dichterstunden wieder stattfinden können. Der *Südkurier* berichtet zu Beginn des Jahres 1950, dass »der ›Volksbund für Dichtung‹, bekannter unter seinem ursprünglichen Namen Scheffelbund, jetzt auch in Südbaden und nicht zuletzt innerhalb der Ortsgruppe Konstanz die schöne Gepflogenheit seiner ›Dichterstunden‹ wieder auf[nimmt]«[69]. Den Auftakt bildete eine Veranstaltung zum Gedenken an Emanuel von Bodman, einem aus dem Bodenseegebiet stammenden alemannischen Dichter, der 1946 verstorben war.[70]

Nach der kriegsbedingten Pause fanden die Dichterstunden wieder im Haus Solms in Karlsruhe statt.[71] In den *mitteilungen* 1950 wird berichtet:

66 Ebd.
67 Landesarchiv Baden-Württemberg, Staatsarchiv Freiburg C 25/1 Nr. 234, Bild 55 (Permalink: http://www. landesarchiv-bw.de/plink/?f=5-67923), Brief von Reinhold Siegrist an das Oberschulamt Freiburg i.Br. vom 23.1.1953.
68 Vgl. Landesarchiv Baden-Württemberg, Staatsarchiv Freiburg C 25/1 Nr. 234, Bild 3 (Permalink: http://www. landesarchiv-bw.de/plink/?f=5-67923), Brief von Oskar Gitzinger, Leiter des Ortsverbandes Freiburg (Volksbund für Dichtung vorm. Scheffel-Bund), an das Unterrichtsministerium Freiburg i.Br. vom 4.2.1946.
69 Südkurier (7./8.1.1950), S. 3.
70 Vgl. Südkurier, Nr. 5 (12.1.1951), S. 5.
71 Vgl. Badische Neueste Nachrichten, Nr. 207 (20.10.1949), S. 4.

Der Erfolg blieb gut, bis zur Währungsumstellung. Danach fiel die regelmäßige Besucherzahl außerordentlich ab, entsprechend dem allgemeinen Schicksal aller kulturellen Einrichtungen und Veranstaltungen in dieser Zeit. Durch Opfer des Bundes und die verständnisvolle Unterstützung von Seiten des Herrn Präsidenten des Landesbezirks Baden, der Stadt Karlsruhe sowie privater Stellen, war es jedoch möglich, die Hörerzahl auch durch Ausgabe von Freikarten, besonders an Schulen, auf einem ansehnlichen Stand zu halten. Das Winterprogramm 1948/1949 konnte vollständig durchgeführt werden. In diesem Winter 1949/1950 läuft wiederum ein Programm mit den üblichen 7 Abenden. Einige organisatorische Änderungen sind durchgeführt worden, die den Kreis der Teilnehmer erweitert haben, und es ist den als künstlerisch wertvoll und volksbildend anerkannten Dichterstunden des Bundes auch die bisherige Hilfe wieder zuteil geworden. Dichterstunden fanden bis 1944 nicht nur in Karlsruhe, sondern auch in allen unseren Ortsverbänden statt. Seit 1945 allerdings konnten in den Ortsverbänden der französischen Zone keine Vorträge des Bundes durchgeführt werden, weil das Gouvernement Veranstaltungen von Vereinen, deren Hauptsitz außerhalb der französischen Zone liegt, nicht genehmigte. Erst durch die Bildung des Weststaates hat sich dieser Zustand geändert, sodaß wir jetzt auch in den Ortsverbänden Offenburg, Freiburg, Lörrach, Donaueschingen, Singen, Radolfzell und Konstanz wieder mit Dichterstunden beginnen können. In Mannheim, Heidelberg und Stuttgart haben schon 1946 wieder Dichterstunden des Bundes stattgefunden.[72]

Die traditionellen Dichterstunden begannen jedoch in der Gunst des Publikums zu sinken, denn Massenmedien wie der Rundfunk und das sich in den 1950er Jahren sukzessive etablierende Fernsehen boten neue Formen der Unterhaltung. Der Schwerpunkt im Veranstaltungsprogramm veränderte sich: Statt Rezitationsabenden standen daher Lesungen zeitgenössischer Autorinnen und Autoren im Zentrum.

Bei einer Dichterstunde im April 1950 las der von den Nationalsozialisten verfolgte Autor Peter Wiemar[73] aus

72　mitteilungen 1950, S. 5 f.
73　Realschule am Stadtpark Leverkusen: Peter Wiemar – Ein Schicksal aus der Zeit des Nationalsozialismus. Interview mit Frau Meessen über einen ehemaligen Konrektor unserer Schule (3.7.2014), URL: https://rs-am-stadtpark.de/2014/07/peter-wiemar-ein-schicksal-aus-der-zeit-des-nationalsozialismus-interview-mit-frau-meessen-ueber-einen-ehemaligen-konrektor-unserer-schule/ (letzter Zugriff: 21.8.2024).

seiner Erzählung *Herr auf Mettnau* über Scheffel und der Novelle *Annette und Levin* über Annette von Droste-Hülshoff und Levin Schücking.[74] Wiemar, der vor 1933 als Konrektor an einer Realschule in Leverkusen tätig gewesen war, wurde von den Nationalsozialisten aufgrund seiner Mitgliedschaft in der SPD und der USPD als politischer Gegner eingestuft und mit Hilfe des ›Gesetzes zur Wiederherstellung des Berufsbeamtentums‹ aus dem Schuldienst entlassen. Nach seiner Flucht lebte er als Schriftsteller am Bodensee.

Das Programm der Dichterlesungen für das Winterhalbjahr 1950/1951 kündigten die *Badischen Neuesten Nachrichten* als »Abende von hohem Rang und Genuß [an], die seriöse und heitere Dichtung vergangener Meister wie gegenwärtig Schaffender vermitteln wird«[75] – Texte von Molière (*Der Menschenfeind*), Stefan Zweig (*Die Augen des ewigen Bruders*), Emil Strauß (*Gartenähre*), John Steinbeck (*Die Perle*), einen Balladen-Abend sowie Erzählungen aus Johann Peter Hebels *Schatzkästlein*. Bei einer Sonderdichterstunde im Saal des Badischen Kunstvereins im Rahmen der Karlsruher Herbsttage stand Otto Gillens Novelle *Bruder Heinrich* auf dem Programm. Geplant war zudem eine Feierstunde zum 125. Geburtstag Scheffels.[76] Die Lesung Otto Gillens wurde heftig kritisiert, auch wegen dessen Haltung im Nationalsozialismus.[77]

Im September 1951 fand eine Dichterstunde mit der Erzählung *Das Mädchen von Moorhof* der schwedischen Autorin Selma Lagerlöf statt. Sie war 1909 als erste Frau mit dem Nobelpreis für Literatur ausgezeichnet worden. Der Fokus verschob sich und in das Lesungsprogramm wurde jetzt auch Weltliteratur einbezogen.

Als 27. Jahresgabe für das Jahr 1952 wurde die Novelle *Rosina* von Richard Gäng gewählt, um – wie die *Badischen Neuesten Nachrichten* konstatieren –

einen begabten, aber noch nicht voll durchdrungenen badischen Dichter einer breiteren Öffentlichkeit bekannt zu machen. Damit erfüllt der Volksbund eine seiner wesentlichen Aufgaben, der in einer Zeit, wo der geistig schaffende Mensch um sein Lebensrecht mehr als je zu kämpfen hat, eine besondere Bedeutung zukommt.[78]

74 Vgl. Südkurier, Nr. 42 (8.4.1950), S. 9.
75 Vgl. Badische Neueste Nachrichten, Nr. 191 (25.9.1950), S. 5.
76 Vgl. ebd.
77 Hierzu vgl. Manfred Koch: Otto Gillen (2024). In: Stadtgeschichte digital. Stadtlexikon Karlsruhe, URL: https://stadtlexikon.karlsruhe.de/index.php/De:Lexikon:bio-0262 (letzter Zugriff: 18.9.2024).
78 Badische Neueste Nachrichten, Nr. 129 (6.6.1952), S. 3.

Im Jahr 1958 erstmals erprobt wurde in Mannheim das Veranstaltungsformat ›Neue Jugendbücher – Schülerinnen und Schüler besprechen Neuerscheinungen‹.[79] Eine 1958 neu eingeführte Reihe in Form von Arbeitsgemeinschaften hatte das Ziel, Texte kritisch zu diskutieren. Dies zeigt exemplarisch ein Vortrag von Emil Walther zum Thema *Sprache in der Politik* (»Ein garstig Lied! Pfui! Ein politisch Lied!«). Sein Ziel war, »die Verballhornung und ›Verbestialisierung‹ der Sprache, insbesondere in politischen Reden«[80] aufzuzeigen. Der Artikel des *Mannheimer Morgen* kommentiert:

> [Walther] wies nach, daß bis heute die Elemente des Höfischen und des Bäurischen keine Einheit in der deutschen Sprache eingegangen seien: Auf-sässig-Werden steht gegen Auf-stand machen, das Kavaliersdelikt gegen plumpe Anarchie. Das Niedrige, die Trommlersprache, der Jargon gewinne in abgeschmackter Weise die Oberhand, und mit *Mein Kampf* und den Mephisto-Goebbels-Reden habe die Zertrümmerung der klaren Begriffe einen Höhepunkt erreicht. Von einer sprachlichen Bereicherung könne man nur noch im negativen Sinne reden.[81]

Immer noch fehlte ein Museum für die oberrheinische Literatur. In einem Brief von Dr. Reinhard Anders und Dr. Reinhold Siegrist an den Oberbürgermeister der Stadt Karlsruhe Günther Klotz vom 13. Dezember 1961 wird für die Wiedereröffnung des Oberrheinischen Dichtermuseums geworben:

> Es ist eine Pflicht der heutigen, schnell lebenden und vergeßlichen Zeit, eine Stätte des Bewahrens, der Erinnerung und der geistigen Besinnung zu errichten, eine Stätte, die auch unseren lebenden Dichtern dient und ihr geistiges Gut in die Zukunft trägt, zum Nutzen der kommenden Geschlechter; der Wiederaufbau des Museums soll Grundlage für eine dauernd mit der Zeit wachsende Darstellung des dichterischen Geistes unserer Landschaft werden.
> Mit dem ›Schiller-Nationalmuseum‹ in Marbach wollen und können wir nicht wetteifern; aber wir können und wollen für unser Gebiet ein ebenso einzigartiges und

79 Vgl. Mannheimer Morgen, Nr. 286
       (12.12.1958), S. 5.
80 Mannheimer Morgen, Nr. 270
       (24.11.1958), S. 9.
81 Ebd.

bedeutendes Werk schaffen, das – wie das ›Schiller-
Museum‹ den schwäbischen Raum umfaßt – für den
Südwesten unserer Heimat gilt und nach Westen und
Süden weiterhin ausstrahlt. Das ›Oberrheinische Dichtermuseum‹ wird übrigens im Gegensatz zum ›Schiller-
Museum‹ einen Überblick in chronologischer Weise von
der Kloster-Literatur der Reichenau bis in die Gegenwart
geben, so daß lokale Einzelausstellungen immer noch
wichtig bleiben, da sie den Wunsch erwecken, die Gesamt-
schau in ihren Zusammenhängen kennen zu lernen.[82]

Diese Pläne konnten nicht realisiert werden. Dafür öffneten
sich andere Perspektiven. Zum neuen Vorsitzenden wurde
1962 Bibliotheksdirektor Dr. Franz Anselm Schmitt gewählt.
Als amtierender Bibliotheksdirektor der Badischen Landesbibliothek Karlsruhe hatte er damit eine Doppelfunktion
inne. Und noch eine Zäsur: Am 7. März 1963 starb Eck Freiherr von Reischach-Scheffel, der Gründer des Deutschen
Scheffel-Bunds.

Für die Zukunft öffnen sich die Perspektiven: Etatisierung im Landeshaushalt Baden-Württemberg – Titel 615

In einem Schreiben des Kultusministeriums Baden-Württemberg vom 22. Januar 1963 an den Volksbund für Dichtung wird der entscheidende Beschluss des Landtags für die
Zukunft der Literarischen Gesellschaft mitgeteilt:

> Der Landtag hat bei der Beratung des Staatshaushalts-
> plans 1963 beschlossen, in den Haushalt bei Kap. 0489 –
> Sonstiger Aufwand für Kunst und Schrifttum – einen
> neuen Titel 615[83] mit der Zweckbestimmung ›Zuschuß
> an den Volksbund für Dichtung (Scheffelbund) Karls-
> ruhe für das Oberrheinische Dichtermuseum‹ [aufzuneh-
> men]. Der Zuschuß beträgt 136 000 DM, davon sind künf-
> tig wegfallend 100 000 DM.[84]

Demnach handelt es sich hierbei um eine einmalige Zahlung
von 100 000 DM, die als Beteiligung des Landes Baden-

82 Landesarchiv Baden-Württemberg,
Generallandesarchiv Karlsruhe 466-9
1891 (Permalink: http://www.
landesarchiv-bw.de/plink/?f=4-1671040),
Brief von Reinhard Anders und Reinhold
Siegrist an Günther Klotz, Oberbürgermeister der Stadt Karlsruhe, vom
13.12.1961.
83 Vgl. hierzu Beilage 2625 des Landtags von Baden-Württemberg, 3. Wahl-
periode 1961-1964, in: Verzeichnis der
Beilagen zu den Sitzungsprotokollen,
Bd. VI: Beilagen 2501-3000, Stuttgart
1963, S. 5014.
84 Landesarchiv Baden-Württemberg,
Hauptstaatsarchiv Stuttgart EA 3/203 Bü
719 (Permalink: http://www.
landesarchiv-bw.de/plink/?f=1-90116),
Schreiben des Kultusministeriums Baden-
Württemberg an den Volksbund für Dichtung vom 22.1.1963.

Württemberg für die Aufwendungen im Rahmen des Umzugs in das Gebäude in der Röntgenstraße 6 gewährt werden. Die jährliche Unterstützung war jedoch damit gesichert. Die Begründung des Landtagsbeschlusses:

> Das von dem ›Volksbund für Dichtung (Scheffelbund)‹, Karlsruhe, getragene Oberrheinische Dichtermuseum soll einen Überblick über das dichterische Geschehen in den oberrheinischen Landen (Baden, Pfalz, Elsaß, Schweiz) von den Anfängen (9. Jahrhundert) bis zur Gegenwart geben. Es wird in dem stadteigenen Gebäude Karlsruhe, Röntgenstraße 6, untergebracht werden. Der laufende Zuschußbedarf des Museums soll je zur Hälfte vom Land und der Stadt Karlsruhe übernommen werden. Zur Übernahme des Gebäudes Röntgenstraße 6 sind Umbau- und Instandsetzungsmaßnahmen erforderlich. Die allgemeine Gebäudeinstandsetzung wird von der Stadt als Vermieterin getragen. Umbau, Herrichtung und Einrichtung der Räume für Zwecke des Museums werden voraussichtlich rd. DM 210 000 kosten. An diesem einmaligen Aufwand beteiligt sich das Land mit DM 100 000.[85]

Vorausgegangen war eine Sitzung auf Einladung des Kultusministeriums am 6. September 1962, an der auch Vertreter der Landtagsfraktionen teilgenommen hatten. In einem Aktenvermerk hierzu wurde als Vereinbarung festgehalten, »daß der Zuschußbedarf für das Museum nach dem Bruttoprinzip neu errechnet werden soll. Der Zuschußbedarf soll hälftig zwischen Stadt Karlsruhe und dem Land getragen werden.«[86] Es folgte eine entsprechende Empfehlung des Kulturpolitischen Ausschusses an den Finanz-Ausschuss am 30. Oktober 1962, einen neuen Titel 615 in Kapitel 0489 einzufügen.[87] Die *Badischen Neuesten Nachrichten* erkannten die kulturpolitische Bedeutung dieser Entscheidung:

> Das Land Baden-Württemberg wird sich an Einrichtung und Unterhaltung eines oberrheinischen Dichtermuseums in Karlsruhe finanziell beteiligen. Dafür hat sich gestern der Kulturpolitische Ausschuß des Landtags im Grundsatz ausgesprochen. […] Wie verlautet, soll das Land zunächst für die Einrichtung des Museums einen

85 Ebd.
86 Landesarchiv Baden-Württemberg, Hauptstaatsarchiv Stuttgart EA 3/203 Bü 719 (Permalink: http://www.landesarchiv-bw.de/plink/?f=1-90116), Aktenvermerk, Betr.: Oberrheinisches Dichtermuseum.
87 Landesarchiv Baden-Württemberg, Hauptstaatsarchiv Stuttgart EA 3/203 Bü 719 (Permalink: http://www.landesarchiv-bw.de/plink/?f=1-90116), Dokument ›Empfehlung des Kulturpolitischen Ausschusses an den Finanz-Ausschuß‹ vom 30.10.1962.

Abb.: Franz Anselm Schmitt, Direktor der Badischen Landesbibliothek Karlsruhe und Vorsitzender des Volksbunds für Dichtung von 1962 bis 1974.

Selig sind die reinen Herzens sind,
denn sie werden Gott schauen.
Matth. 5,8

Eines hab ich doch erfahren
Seit mein Schmerz versengend brennt:
Daß wir nie so nah uns waren
Als seitdem der Tod uns trennt.

Oft im Schauer stiller Nächte,
Wenn das Herz mir schmerzvoll schlägt,
Fühl' ich, wie sich Deine Rechte
Segnend auf das Haupt mir legt.

Oft auch, wenn ich schwer mich quäle,   Zum Gedenken an
Klingt ein plötzlich Trostgedicht,
Und ich fühle Deine Seele,
Die verklärt mit meiner spricht.

                                         Eck Freiherrn von Reischach-Scheffel
Josef Victor von Scheffel   ★ 30. Juli 1888   † 7. März 1963

einmaligen Beitrag von etwa 85.000 Mark an den Scheffelbund leisten. Darüber hinaus sind alljährliche Zuschüsse vorgesehen. Sie sollen nach einem Antrag von
Landtagsabgeordneten der CDU, SPD und FDP/DVP
30.000 Mark betragen. Auch die Stadt Karlsruhe will
sich am Oberrheinischen Dichtermuseum finanziell beteiligen. Sie ist des weiteren bereit, Räume, Licht und
Heizung kostenlos zur Verfügung zu stellen.[88]

In einem Brief vom 24. Januar 1963 an Ministerialrat Wolfgang Donndorf vom Kultusministerium verwies der Erste
Bürgermeister der Stadt Karlsruhe, Dr. Emil Gutenkunst,
auf die anstehenden Haushaltsberatungen im Karlsruher
Gemeinderat:

88 Landesarchiv Baden-Württemberg,
Generallandesarchiv Karlsruhe
466-9 1891 (Permalink: http://www.
landesarchiv-bw.de/plink/?f=4-1671040),
Badische Neueste Nachrichten
(23.10.1962).

Abb.: Trauerkarte zum Gedenken an Eck
Freiherr von Reischach-Scheffel, verstorben
7. März 1963.

Do - Reg.Kg - 112 - Reg.Kg   144

Den   22. Januar 1963
1. Reg.Kg zum Eintrag auf K 8411

2. Schreiben

An den

Volksbund für Dichtung
Scheffelbund

75   K a r l s r u h e
Reinhold-Frank-Straße 63

Betr.: Oberrheinisches Dichtermuseum
Beil.: 1

Der Landtag hat bei der Beratung des Staatshaushaltsplans 1963 beschlossen,
in den Haushalt bei Kap. 0489 - Sonstiger Aufwand für Kunst und Schrifttum -
einen neuen Titel 615 mit der Zweckbestimmung "Zuschuß an den Volksbund für
Dichtung (Scheffelbund) Karlsruhe für das Oberrheinische Dichtermuseum". Der
Zuschuß beträgt 136 000 DM, davon sind künftig wegfallend 100 000 DM.
Die Erläuterung lautet wie folgt:

" Das von dem 'Volksbund für Dichtung (Scheffelbund)', Karlsruhe,
getragene Oberrheinische Dichtermuseum soll einen Überblick über
das dichterische Geschehen in den oberrheinischen Landen (Baden,
Pfalz, Elsaß, Schweiz) von den Anfängen (9. Jahrhundert) bis zur
Gegenwart geben. Es wird in dem stadteigenen Gebäude Karlsruhe,
Röntgenstraße 6, untergebracht werden. Der laufende Zuschußbedarf
des Museums soll je zur Hälfte vom Land und der Stadt Karlsruhe
übernommen werden.

Zur Übernahme des Gebäudes Röntgenstraße 6 sind Umbau- und Instandsetzungsmaßnahmen erforderlich.Die allgemeine Gebäude-In-
standsetzung wird von der Stadt als Vermieterin getragen. Umbau,
Herrichtung und Einrichtung der Räume für die Zwecke des Museums
werden voraussichtlich rd. 210 000 DM kosten. An diesem einmaligen
Aufwand beteiligt sich das Land mit 100 000 DM."

Hiervon wird Ihnen Kenntnis gegeben. Ein Antrag auf Bewilligung des laufenden
Zuschusses in Höhe von 36 000 DM ist noch auf dem beigefügten Formular ge-
sondert zu stellen.

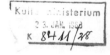

Kultusministerium
2 3. JAN. 1963
K 8411/78

./.

89   Landesarchiv Baden-Württemberg, Hauptstaatsarchiv Stuttgart EA 3/203 Bü 719 (Permalink: http://www.landesarchiv-bw.de/plink/?f=1-90116), Brief von Emil Gutenkunst, Erster Bürgermeister der Stadt Karlsruhe, an Ministerialrat Wolfgang Donndorf, Kultusministerium, vom 24.1.1963.

Neben der von der Stadt – selbstverständlich vorbehalt-
lich der noch ausstehenden Genehmigung des Gemeinde-
rats im Rahmen der kommenden Haushaltsberatungen –
zugesagten Übernahme der hälftigen Kosten für den
Bauaufwand von 160 000 DM und einem entsprechenden Teilbetrag für die einmaligen Einrichtungskosten (Vitrinen und dergl.) übernimmt die Stadt [als Eigentümerin
des Grundstücks] [...] die normalen Gebäudeinstand-
setzungskosten [...] von 36 215 DM.[89]

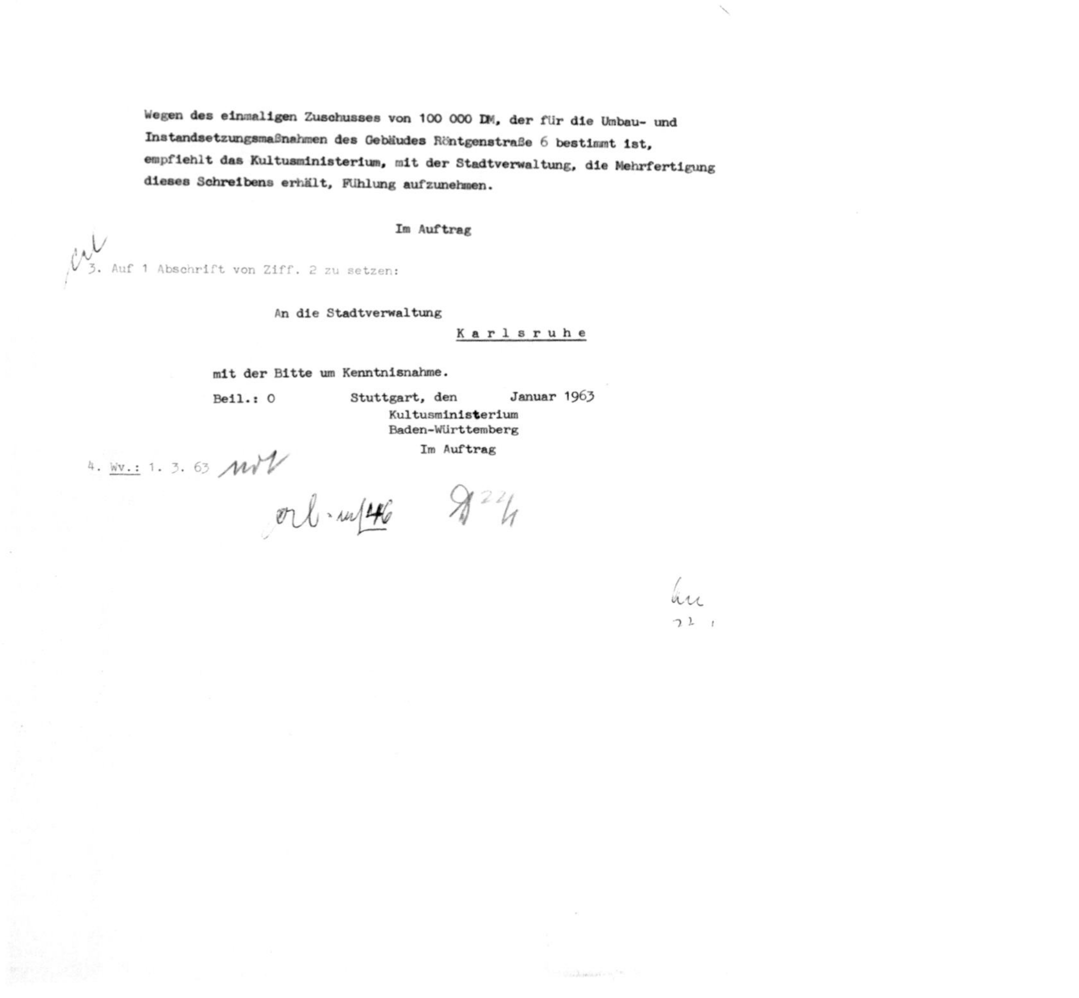

Wegen des einmaligen Zuschusses von 100 000 DM, der für die Umbau- und
Instandsetzungsmaßnahmen des Gebäudes Röntgenstraße 6 bestimmt ist,
empfiehlt das Kultusministerium, mit der Stadtverwaltung, die Mehrfertigung
dieses Schreibens erhält, Fühlung aufzunehmen.

Im Auftrag

3. Auf 1 Abschrift von Ziff. 2 zu setzen:

An die Stadtverwaltung

K a r l s r u h e

mit der Bitte um Kenntnisnahme.

Beil.: 0   Stuttgart, den   Januar 1963
                        Kultusministerium
                        Baden-Württemberg
                        Im Auftrag

4. WV.: 1. 3. 63

Im Jahr 1965 erfolgte der Umzug des Volksbunds für Dichtung in die Röntgenstraße 6. Mit dem dort neu eingerichteten ›Oberrheinischen Dichtermuseum (ORDM)‹ wurde Karlsruhe zu einer wichtigen Säule des Literaturlandes Baden-Württemberg.

Abb. S. 108/109: Schreiben des Kultusministeriums Baden-Württemberg vom 22. Januar 1963 an den Volksbund für Dichtung bezüglich des Landtagsbeschlusses über die Neueinrichtung des Scheffel-Museums als Oberrheinisches Dichtermuseum.

Sonderdruck aus Nr. 1/1965 der Zeitschrift »karlsruhe« heute und morgen

Überreicht anläßlich der Eröffnung des

OBERRHEINISCHEN DICHTERMUSEUMS

durch den Verlag C. F. Müller, Karlsruhe

Schatzkammer oberrheinischer Poesie

Judith Samp

»Eine Schatzkammer der Poesie« – das Oberrheinische Dichtermuseum in der Röntgenstraße

1965–1998

Am 20. März 1965 wurde in der Röntgenstraße 6 in Karlsruhe das ›Oberrheinische Dichtermuseum (ORDM)‹ neu eröffnet. Den Festvortrag hielt der 1902 im Elsass geborene Germanist Robert Minder, Professor am Collège de France, Paris, zum Thema *Oberrheinische Literatur gestern und heute*.[1] In seiner Rede drückte Minder das aus, was für die Zeit zwischen 1965 und 1998 bestimmend sein sollte: »Der Scheffelbund seinerseits hat sich schon vor Jahren zu einem Oberrheinischen Dichterbund erweitert und tritt heute in eine neue Phase ein, öffnet sich noch bewusster als zuvor der europäischen Literatur«[2]. Als ›Schatzkammer der Poesie‹ bezeichneten die *Badischen Neuesten Nachrichten (BNN)* das Museum, das erstmals in einem eigenen Gebäude residieren konnte. Ergänzend zu den Sammlungsbeständen setzten Leihgaben aus privater Hand, der Staatlichen Kunsthalle Karlsruhe und der Badischen Landesbibliothek Karlsruhe – speziell für die Zeit vor 1700 – wichtige Akzente für die Präsentation der Literatur des Oberrheingebiets von der Klosterliteratur bis in die Gegenwart. Laut dem Vorsitzenden Dr. Franz Anselm Schmitt zeigte die Ausstellung deshalb das Bestreben, das ORDM zu einem Zentrum des literarischen Lebens der Stadt Karlsruhe sowie der badischen Region zu formen.[3]

In schönen und lichten, auf über drei Stockwerke verteilten Räumen, deren Herrichtung und Innenausbau unter erheblichen Aufwendungen von Stadt und Staat erfolgten, findet der Besucher in modernen Ausstellungsvitrinen Handschriften, Erstdrucke, Originalillustrationen, Briefe, Fotografien sowie mannigfache Dokumente über Leben und Werk von mehr als 150 Dichtern, die der Landschaft des Oberrheines entstammen oder dort ihre Wahlheimat gefunden haben. Landschaftsbilder des Lebensraumes größerer Dichtergruppen, Plastiken und Reliefs

Titelzitat: Badische Neueste Nachrichten (22.3.1965) (B131, MLO).

1 Vgl. Allgemeine Zeitung (22.3.1965) (B131, MLO); vgl. Badische Neueste Nachrichten (22.3.1965) (B131, MLO); vgl. mitteilungen 82 (2015), S. 10.

2 Robert Minder: Oberrheinische Dichtung gestern und heute, Karlsruhe 1965, S. 3.

3 Vgl. Allgemeine Zeitung (22.3.1965) (B131, MLO); vgl. Badische Neueste Nachrichten (22.3.1965) (B131, MLO); vgl. mitteilungen 82 (2015), S. 10.

Abb.: Schatzkammer oberrheinischer Poesie. Sonderdruck aus Nr. 1/1965 der Zeitschrift »karlsruhe« *heute und morgen*. Überreicht anlässlich der Eröffnung des Oberrheinischen Dichtermuseums durch den Verlag C.F. Müller, Karlsruhe 1965.

Max Barth war ein deutscher politischer Journalist, der aktiv gegen den Nationalsozialismus kämpfte. 1932 gründete er die Wochenzeitung ›Die Richtung‹, in welcher er zu einem Generalstreik gegen den NS aufrief. Die daraufhin drohende Verhaftung wegen ›Hochverrats‹ bedingte eine Flucht in die Schweiz im März 1933. Er blieb für 17 Jahre im Exil (Frankreich, Spanien, Tschechoslowakei, Norwegen, Schweden und USA). Barth stand in engem Kontakt zu Peter Weiss, in dessen Roman ›Abschied von den Eltern‹ Barth als ›Max B.‹ auftaucht. Im Jahr 1965 gab es erste Gespräche zwischen Barth und dem ORDM. Es gab Pläne, als Jahresgabe für die Mitglieder des Volksbunds für Dichtung ein Lesebuch zu erstellen bzw. die Exilerinnerungen Barths literarisch zu verarbeiten. Nach Gedanken über die Verbrennung des Nachlasses wurde dieser 1969 vom ORDM übernommen, was laut Barth »gerade das Richtige [sei]: nicht so eng wie z.B. das Heimatmuseum und nicht so groß wie das Schillermuseum […]. [Er sei] ein Steinchen im großen Mosaik der Exilpublizistik, und [ihm war] es wichtiger, daß sie von den Deutschen eines Tages als Ganzes, als Komplex, als eigene Welt, die existierte, als das Deutschtum daheim entartet war, zur Kenntnis genommen werde.« Barth starb am 15. Juli 1970 in Waldkirch. Zwischen Januar und Februar 1997 war anlässlich seines 100-jährigen Geburtstags im ORDM eine Ausstellung zu seinem Leben zu sehen, die von einem Katalog – erarbeitet durch Manfred Bosch – begleitet wurde.

(Vgl. Kulturamt der Stadt Freiburg im Breisgau (Hg.): Max Barth. 1896-1970. Katalog zur Ausstellung anlässlich seines 100. Geburtstags, erarb. v. Manfred Bosch, Freiburg i. Br. 1996, S. 12-22, 23, 26.)

verleihen den einzelnen Räumen eine reizvolle Atmosphäre. Bereichert wird diese einzigartige Sammlung durch kostbare Leihgaben der Badischen Landesbibliothek und der Städtischen Büchereien. Ein Rundgang durch die hellen und freundlichen Räume ist gleichsam ein Spaziergang durch eine jahrtausendalte Landschaft der Dichtung, die keine politischen Grenzen kennt. Ihr Ausstrahlungsbereich erstreckt sich wechselseitig vom südwestdeutschen Raum in die Schweiz und ins Elsaß, vom oberbadischen Raum in die Pfalz und weithin auch in fremdsprachige europäische Länder. Er führte sogar dem geistigen Schaffen auf fernen Kontinenten neue Impulse zu, wie beispielsweise japanische, russische und

israelische Übertragungen der in alemannischem Dialekt geschriebenen Gedichte und die Schatzkästlein-Ge-
schichten von Johann Peter Hebel beweisen.[4]

Die *Allgemeine Zeitung Karlsruhe* berichtete von der An-
wesenheit vieler wichtiger Vertreter des Landes Baden-
Württemberg und der Stadt Karlsruhe, darunter der Vizeprä-
sident des Landtags von Baden-Württemberg Dr. Hermann
Veit und der Erste Bürgermeister der Stadt Karlsruhe Dr.
Emil Gutenkunst sowie zahlreiche Landtagsabgeordnete
und Schriftstellerinnen und Schriftsteller aus der gesamten
Region.[5]

4 Katalog: Oberrheinisches Dichtermuseum Karlsruhe, Karlsruhe o. D., S. 1.
5 Vgl. Allgemeine Zeitung (22.3.1965)
(B131, MLO); vgl. Volksbund für Dichtung: Oberrheinisches Dichtermuseum
Karlsruhe, Karlsruhe 1965.

Abb.: Sitz des Volksbunds für Dichtung
in der Röntgenstraße 6 in der Karlsruher
Weststadt.

Flyer zur Ausstellung *Walter Benjamin.
Grenzfall und Erwartung* aus dem Jahr
1993 im Oberrheinischen Dichtermuseum
des »Kunstbüros« in der Röntgenstraße,
aus der später die Kunstgalerie Meyer
Rieggererwuchs

Abb. von oben links im Uhrzeigersinn: Das neu eingerichtete Oberrheinische Dichtermuseum (ORDM).

Gesamtansicht des sogenannten ›Jubiläumsschranks‹, den die Karlsruher Handwerker Joseph Victor von Scheffel zum 50. Geburtstag schenkten.

Scheffelzimmer und Scheffelbüste im Erdgeschoss (Raum 4).

Scheffelzimmer und Vitrinen im ORDM.

Der Blick nach vorne wurde gedämpft durch den Austritt der Stadt Heidelberg aus dem Volksbund für Dichtung (vorm. Scheffel-Bund) im Jahr 1967. Der neue Geschäftsführer Prof. Dr. Friedrich Bentmann wandte sich in einem Schreiben an die Stadt und beklagte den Austritt, da Scheffels Name mit Heidelberg eng verbunden sei und seine Lie-

Ein neues geistiges Zentrum

Feierliche Eröffnung des Oberrheinischen Dichtermuseums

Unter den zahlreichen Gästen, die sich zur feierlichen Eröffnung des Oberrheinischen Dichtermuseums am Samstagvormittag in der Röntgenstraße versammelt hatten, befanden sich außer den Vertretern des Landes Baden-Württemberg und der Stadt Karlsruhe eine größere Anzahl Schriftsteller und Dichter aus der Schweiz, dem Elsaß, der Pfalz, aus Württemberg und Baden.

So konnte Landesbibliotheksdirektor Dr. Franz Anselm Schmitt, der Vorsitzende des Volksbundes für Dichtung, unter anderem den Vizepräsidenten des Landtags von Baden-Württemberg Dr. Hermann Veit, den Ministerialdirigenten Donndorf als Vertreter des Kultusministers, den Ersten Bürgermeister der Stadt Karlsruhe, Dr. E. Gutenkunst, den Kulturreferenten Stadtdirektor Funk und zahlreiche Landtagsabgeordnete begrüßen. Die Entschlüsse des Landes sowohl wie die tatkräftige Hilfe der Stadt hätten zu gleichen Teilen nicht nur die Errichtung dieses keineswegs alltäglichen Museums ermöglicht, sondern auch dessen Fortbestand gesichert. Dieses Dichtermuseum, so betonte Dr. Schmitt, verleihe dem Jubiläumsjahr der Stadt eine kulturelle Note, die sich auch in Zukunft auswirken werde. Besonders herzlich begrüßte Dr. Schmitt den Festredner und Hebelpreisträger 1964, Prof. Robert Minder von der Pariser Sorbonne, dessen Verdienste um die deutsche Literaturwissenschaft allgemein anerkannt seien. Der besondere Dank des Volksbundes gebühre in dieser Stunde der Enkelin des Dichters, Frau v. Reischach-Scheffel, deren großzügige Gaben bereits im Jahre 1926 die Gründung eines Scheffelmuseums im Bibliotheksbau des Schlosses ermöglicht hatten und dem treuen Kustos der Sammlung, Dr. Reinhold Siegrist, der schon zweimal dieses Dichtermuseum aufgebaut und eröffnet habe. Besonderer Dank gebühre auch den Leihgebern und zahlreichen weiteren, um das Zustandekommen dieses neuen lebendigen geistigen Zentrums am Oberrhein verdienten Mithelfern. Das Oberrheinische Dichtermuseum mit seinen international bemerkenswerten literarischen Dokumenten von diesseits und jenseits des Rheines nehme nicht nur geistige Anregungen aus dem oberrheinischen Lebensraum auf, sondern strahle sie auch wieder aus als lebendiger geistiger Mittelpunkt.

Professor Minder, Paris, erwies sich in seiner, die „Oberrheinische Dichtung gestern und heute" behandelnden Festansprache nicht nur als ausgezeichneter Kenner der Literatur unseres Lebensraumes, sondern auch als verständnisreicher Freund vieler oberrheinischer Dichter. Als besonders gerechtfertigt bezeichnete der Vortragende den Standort des Museums und würdigte in dieser schicksalsträchtigen Landschaft, eine Dichtung, der heute die Überwindung alter und das Einleben in neue Formen des Seins schlechthin anvertraut sei. Ein Rundgang durch das Museum und ein Empfang im Gästehaus der Stadt beschloß die Feier.   tp

„Einweihung" bei der Eröffnung des Oberrheinischen Dichtermuseums: (v. l. n. r.) Landtags-Vizepräsident Dr. Hermann Veit, Landesbibliotheksdirektor Dr. Schmitt, Prof. Robert Minder, Paris, und Bürgermeister Dr. Emil Gutenkunst.

Thomas Mann hätte sich darüber gefreut

Ausstellung im Oberrheinischen Dichtermuseum

---

der zum Ruhm Heidelbergs beigetragen hätten.[6] Er hob deshalb deutlich hervor: »Wenn einmal die Verbindung abgebrochen ist, so ist sie nicht leicht wieder herzustellen.«[7]

Aus dem Schreiben der Stadt Heidelberg wird deutlich, dass es Einsparungsmaßnahmen waren, die zur Kündigung der Mitgliedschaft beigetragen hatten: »Die Stadt Heidelberg hat sich zu diesem Schritt nur mit Widerstreben entschlossen. Wir stehen jedoch in Anbetracht der angespannten Finanzlage vor dem unabweisbaren Zwang zur Mitteleinsparung«[8]. Der Austritt der Heidelberger Gymnasien war damit jedoch nicht verbunden – die entsprechenden Mitgliedschaften blieben bestehen.[9]

Die erste Ausstellung des Oberrheinischen Dichtermuseums in der Karlsruher Röntgenstraße im Jahr 1967 über Thomas Mann war ein gelungener Auftakt. Es war die bis dato größte und umfassendste Ausstellung über den Autor.[10] Die laufenden Zuschüsse des Kultusministeriums,

6 Vgl. Brief von Friedrich Bentmann an den Kulturreferenten der Stadtverwaltung Heidelberg vom 8.12.1967 (B168, MLO).
7 Ebd.
8 Schreiben von Amtsrat Hausner an den Volksbund für Dichtung vom 5.12.1967 (B168, MLO).
9 Vgl. ebd.
10 Vgl. Brief von Friedrich Bentmann an den Oberbürgermeister der Stadt Karlsruhe Günther Klotz vom 29.5.1967 (B220, MLO); vgl. Brief von Friedrich Bentmann und Direktor Franz Anselm Schmitt an Kultusminister Hahn vom 19.7.1967 (B452, MLO).

Abb. oben: Bericht über die Neueröffnung des ORDM in den *Badischen Neusten Nachrichten* im März 1965.

Unten: In den *Badischen Neuesten Nachrichten* erschien am 2.Oktober 1967 ein Artikel über die Eröffnung der Thomas Mann-Ausstellung im ORDM.

11 Vgl. Rede zur Eröffnungsfeier der Thomas Mann-Ausstellung vom 30.9.1967 (B220, MLO); vgl. Brief von Martin Gregor-Dellin an Friedrich Bentmann vom 16.2.1967 (B220, MLO); vgl. Protokoll zur 18. Ordentlichen Mitgliederversammlung des Volksbundes für Dichtung (Scheffelbund) am 9.3.1968 (B478, MLO); vgl. Chronik der Brücke durch das Buch vom 9.10.1967 (B220, MLO); vgl. Brief von Friedrich Bentmann an den Oberbürgermeister der Stadt Karlsruhe Günther Klotz vom 29.5.1967 (B220, MLO); vgl. Brief von Friedrich Bentmann und Direktor Franz Anselm Schmitt an Kultusminister Hahn vom 19.7.1967 (B452, MLO); vgl. Chronik der Brücke durch das Buch vom 9.10.1967 (B220, MLO).

12 Karlsruher Tagblatt (30.9.1967) (B220, MLO); Protokoll zur 18. ordentlichen Mitgliederversammlung des Volksbundes für Dichtung (Scheffelbund) am 9.3.1968 (B478, MLO).

13 Vgl. Vereinbarung zwischen dem Volksbund für Dichtung Karlsruhe und Oberstudiendirektor Friedrich Bentmann, ohne Datum (B152, MLO); vgl. Brief von Friedrich Bentmann an Bibliotheksdirektor Franz Anselm Schmitt vom 15.5.1966 (B152, MLO); vgl. Vereinbarung zwischen dem Volksbund für Dichtung (Scheffelbund), vertr. durch den 1. Vorsitzenden Bibliotheksdirektor Franz Anselm Schmitt und dem Geschäftsführer des Volksbunds für Dichtung (Scheffelbund) Reinhold Siegrist vom 30.6.1966 (B152, MLO); vgl. Vereinbarung zwischen dem Volksbund für Dichtung Karlsruhe und Oberstudiendirektor Friedrich Bentmann vom 1.12.1966 (B288, MLO); vgl. mitteilungen 81 (2014), S. 40.

14 Vgl. Rede zur Eröffnungsfeier der Thomas Mann-Ausstellung vom 30.9.1967 (B220, MLO); vgl. Brief von Martin Gregor-Dellin an Friedrich Bentmann vom 16.2.1967 (B220, MLO); Chronik der Brücke durch das Buch vom 9.10.1967 (B220, MLO); vgl. Aufstellung der Kosten für die Thomas Mann-Ausstellung, ohne Datum (B220, MLO):

Abb.: Ausstellungsführer.

ZUR ORIENTIERUNG

Die Ausstellung ist chronologisch aufgebaut

ERDGESCHOSS

Raum 1: 9.–12. Jahrhundert
Raum 2: 13.–17. Jahrhundert
Raum 3: 18. Jahrhundert bis zur Romantik
Raum 4: Joseph Victor von Scheffel

1. OBERGESCHOSS

Raum 1: Karlsruher Dichterkreis der Jahrhundertmitte
Raum 2: Zeitgenössische Dichter Badens
Raum 3: Dichtung aus der Pfalz und dem Elsaß
Raum 4: Schweizer Dichter
Raum 5: Lebende Dichter Badens

ÖFFNUNGSZEITEN

Montag, Dienstag, Donnerstag, Freitag: 15–17.30 Uhr
Samstag: 10–12.30 Uhr
Führungen zu anderen Zeiten nach Vereinbarung

VOLKSBUND FÜR DICHTUNG, KARLSRUHE, RÖNTGENSTR. 6
(Tel. 2 78 08)

Titelzeichnung: Arnold K. Lutz, Fotos: Robert Ruthardt (2), Walter Schmidt (1)
Gesamtherstellung: C. F. Müller, Buchdruckerei und Verlag GmbH., Karlsruhe

---

der Ausbau des Museums durch die Stadt Karlsruhe, die Leihgaben des Thomas-Mann-Archivs der ETH Zürich sowie die nachdrückliche Unterstützung der Veranstaltung seitens der Familie Mann ebneten den Weg zur Realisierung. Die Ausstellung wurde mit einem feierlichen Akt am 30. September 1967 im Hörsaal der benachbarten Karlsruher Volkshochschule mit einem Grußwort von Golo Mann, dem Sohn Thomas Manns, eröffnet.[11] Das *Karlsruher Tagblatt* berichtete: »Ohne Überbetonung darf man sagen, daß mit der Thomas-Mann-Ausstellung – die heute Vormittag um 11 Uhr in der Volkshochschule festlich eröffnet wird – dem Hausherrn des Oberrheinischen Dichtermuseums ein

Oberrheinisches Dichtermuseum
Karlsruhe, Röntgenstraße 6

THOMAS
MANN

Ausstellung
30. September – 31. Oktober 1967

Eröffnung: Samstag, 30. September, 11 Uhr
im Vortragssaal der Volkshochschule,
Röntgenstraße 10

Ansprache von Professor Golo Mann – Zürich

Festvortrag von Martin Gregor-Dellin – München
Thomas Mann im Lichte unserer
Erfahrung

Öffnungszeiten: Montags bis freitags 9–17 Uhr, samstags 9–13 Uhr.   Eintritt frei.

großes und vollgültiges Werk gelungen ist.«[12] Es war die erste vielversprechende Ausstellung Bentmanns.[13]

Während der Laufzeit zog die Ausstellung insgesamt 2710 Besucherinnen und Besucher an – sie konnte zweimal verlängert werden.[14]

Aufbauend auf dem großen Erfolg der Ausstellung sollte im Herbst 1968 eine weitere Sonderausstellung gezeigt werden. Nach einer erfolgreichen Präsentation im Münchener Stadtmuseum kam die Ausstellung über Wilhelm Hausenstein durch die Zusammenarbeit zwischen dem Volksbund für Dichtung und dem Schiller-Nationalmuseum des Deutschen Literaturarchivs Marbach in das ORDM in Karlsruhe. Gezeigt wurde die Entwicklung des Karlsruher Kunsthistorikers Wilhelm Hausenstein bis zu seinen Jahren als Generalkonsul, erster Botschafter und Geschäftsträger der Bundesrepublik Deutschland in Paris ab 1950. Zahlreiche Publikationen, Handschriften, Fotos und Kunstwerke aus dem privaten Besitz seiner Familie konnten gezeigt werden. Zur Eröffnung sprachen Kultusminister a. D. Prof. Dr. Gerhard Storz und Dr. Walther Migge, Kustos des Schiller-Nationalmuseums in Marbach am Neckar. Neben einem

Friedrich Bentmann wurde am 2. August 1900 in Fürstenfeldbruck geboren und wuchs in Kiel auf. Nach der Schule volontierte er für zwei Jahre im Karlsruher Buchhandel und studierte anschließend an den Universitäten in München, Leipzig, Würzburg und Heidelberg romanische, deutsche und englische Philologie. Nachdem er das wissenschaftliche Staatsexamen für das Lehramt an Höheren Schulen abgelegt hatte, wurde er 1930 zum Dr. phil. promoviert. In beiden Weltkriegen war er Soldat. Als er 1947 nach Karlsruhe kam, war er zunächst Gymnasialprofessor am Bismarck-Gymnasium und übernahm schließlich die Leitung des Helmholtz-Gymnasiums. Nach seiner Pensionierung als Oberstudiendirektor 1966 wurde er als Nachfolger von Dr. Reinhold Siegrist zum Geschäftsführer der Literarischen Gesellschaft gewählt. Seine Tätigkeit war sehr erfolgreich. Neben seiner Position als Geschäftsführer wirkte er als Dozent für Neuere deutsche Literatur an der Universität Karlsruhe (Technische Hochschule) im Rahmen des Studium Generale. Friedrich Bentmann starb am 18. November 1980.

Vgl. Ankündigung Oberstudiendirektor Friedrich Bentmann tritt in den Ruhestand, ohne Datum (B152, MLO); vgl. mitteilungen 45 (1978), S. 4; vgl. mitteilungen 48 (1981), S. 1 f.; Georg H. Schlatter Binswanger: Friedrich Bentmann, 2017, URL: https://www.degruyter.com/database/DLLO/entry/dllo.zw.002.481/html (letzter Zugriff: 16.9.2024).

Abb. links: Ankündigung zur Eröffnung der Thomas Mann-Ausstellung.

Rechts: Porträt des Geschäftsführers Prof. Dr. Friedrich Bentmann (1966-1977).

Insgesamt kostete die Ausstellung 1755,66 –, DM; vgl. Brief von Friedrich Bentmann an den Oberbürgermeister der Stadt Karlsruhe Günther Klotz vom 29.5.1967 (B220, MLO); vgl. Brief von Friedrich Bentmann und Direktor Franz Anselm Schmitt an Kultusminister Hahn vom 19.7.1967 (B452, MLO).

15 Vgl. mitteilungen 36 (1969), S. 2.

16 Vgl. Bericht über die Tätigkeit des Volksbundes für Dichtung in den Jahren 1969/70 (B196, MLO); Brief von Friedrich Bentmann an Dozent Karl Dinklage vom 3.12.1969 (B221, MLO); vgl. Brief Karl Dinklage an Friedrich Bentmann vom 7.8.1969 (B221.5, MLO); vgl. Saarbrücker Zeitung, Nr. 133 (12.6.1969), S. 3; vgl. Saarbrücker Zeitung, Nr. 134 (13.6.1969) (B221, MLO); vgl. Badische Neueste Nachrichten (21.10.1969), S. 15 (B221, MLO); vgl. Badische Neueste Nachrichten (10.11.1963), S. 5 (B221, MLO); vgl. Rede zur Eröffnung der Thomas Mann-Ausstellung, ohne Datum (B221, MLO); vgl. Bittbrief des Oberstudiendirektors Friedrich Bentmann an das Oberschulamt Nordbaden vom 27.10.1969 (B221, MLO); vgl. Pressemeldung zur Robert-Musil-Forschung, ohne Datum (B221, MLO): Am 5. November 1970, zum 90. Geburtstag des österreichischen Schriftstellers wurde am Germanistischen Institut der Universität des Saarlandes eine Arbeitsstelle für die Musil-Forschung eingerichtet, was die anhaltende Bedeutung des Autors aufzeigt.

17 Martin Gregor-Dellin: Unsichere Zeiten. Erzählungen und Essays, hg. v. Friedrich Bentmann, im Auftrag des Volksbundes für Dichtung (Scheffelbund) e.V., Karlsruhe 1969, S. 119 f.

18 Stadtarchiv Karlsruhe 467-2 6516, Brief von Franz Anselm Schmitt an ein Beiratsmitglied vom 24.2.1972.

Abb.: Internationale Korrespondenz Prof. Dr. Friedrich Bentmanns – hier ein Brief von Uwe Johnson aus New York City vom 8. Juli 1968. Johnson las im September 1968 in Karlsruhe aus seinem unveröffentlichten Manuskript Jahrestage.

New York
8. Juli, 1968

Herrn Dr. Bentmann
Volksbund für Dichtung
Karlsruhe in Baden.

Sehr geehrter Herr Bentmann,

ich bedanke mich für Ihren Brief vom 1. Juli.

Bitte, wollen Sie mir nicht verübeln, dass ich eine anschliessende Lesung in Mannheim nicht annehmen kann, und die Einlader in Mannheim bitten, ein Gleiches zu tun. Es ist nicht, dass ich mich rar machen möchte, sondern, dass ich einiger Massen verspätet in einer Arbeit stecke, die im Grunde überhaupt nicht Unterbrechung verträgt. Ihnen habe ich zugesagt, weil Sie mich schon vor so langer Zeit eingeladen haben, und für Offenburg wegen der Nähe; aber wenn ich das fortsetzte, würde ich andere Einlader vergrämen, zu denen ich vorläufig nicht gehen kann. Sie werden mich einen eifrigen Reisenden finden, sobald das Buch fertig ist, und ich hoffe, Sie könnten verstehen, dass ich ein Stubenhocker bleiben muss, solange es dem Buch hinten und vorne fehlt.

Mit den besten Grüssen,
Ihr sehr ergebener

aufschlussreichen Katalog zur Ausstellung erschien die Jahresgabe 1968 mit dem Titel *Jugenderinnerungen und Reiseskizzen* von Wilhelm Hausenstein.[15]

1969 entschied man sich, eine Ausstellung über Leben, Werk und Wirkung Robert Musils (1880-1942) aus Saarbrücken zu übernehmen, die zuvor mit großem Erfolg in Hamburg, Berlin und schließlich an über 40 Orten im Ausland gezeigt worden war.[16]

OBERRHEINISCHES DICHTERMUSEUM · KARLSRUHE · RÖNTGENSTRASSE 6

Das Oberrheinische Dichtermuseum veranstaltet in den Räumen seines Hauses
eine

Robert Musil-Ausstellung

Es werden Handschriften, Erstdrucke, Bildnisse, Ausgaben sowie Arbeits-
notizen des Dichters gezeigt. Auch ist die reichhaltige Literatur über Musil
zu sehen, die von seiner starken Nachwirkung Zeugnis ablegt.
Die Eröffnungsfeier findet am Samstag, dem 25. Oktober 1969, um 11 Uhr,
im Saal der Volkshochschule, Röntgenstraße 10, statt.

Programm: Begrüßung durch Bibliotheksdirektor Dr. Franz Schmitt.
Festvortrag von Dr. Karl Dinklage, Leiter des Robert Musil-Archivs in Klagen-
furt „Robert Musil im Lichte der neuesten Forschung"
Wir beehren uns, Sie zur Eröffnungsfeier einzuladen.

                                           Dr. Franz Schmitt
                                           Vorsitzender des
Karlsruhe, den 14. Oktober 1969   Volksbundes für Dichtung

»Unsichere Zeiten«[17] – Veränderungen in den 1970er Jahren und ein neuer Name für eine »Schicht literarisch Interessierter«[18]

Aufgrund von Kritik am Namen des Vereins wurde am
10. März 1972 auf der 20. Mitgliederversammlung eine Namensänderung beschlossen: Der ›Volksbund für Dichtung
(vorm. Scheffel-Bund)‹ wurde umbenannt in ›Literarische
Gesellschaft (Scheffelbund) e. V.‹[19] In einem Brief an ein
Beiratsmitglied vom 24. Februar 1972 erläuterte der Vorsitzende Dr. Franz Anselm Schmitt diesen Schritt:

Der Name ›Volksbund‹ ist im Laufe der letzten Jahre
zunehmend kritisiert worden, und zwar sowohl von den
Autoren, die hier gelesen haben, als auch von Mitgliedern, besonders von jüngeren Mitgliedern. Sie alle stoßen
sich an dem Begriff ›Volk‹ als auch an dem Begriff ›Bund‹.
Es mag sein, daß dabei politische Motive mitsprechen,
doch dürften diese nicht ausschlaggebend sein. Es handelt
sich wohl eher um ein zeitbedingtes Sprachgefühl, aus
welchem heraus dieses Wort nicht mehr tragbar erscheint.
Anders liegen die Dinge etwa für den Volksbund deutscher Kriegsgräberfürsorge oder für die Volkshochschule.

Dr. Franz Anselm Schmitt (1908-1978)
studierte Germanistik, Anglistik, Romanistik und Philosophie in Wien und
Freiburg. 1931 wurde er mit einer Arbeit
zum Thema *Die deutsche Heiligenlegen-
de von Martin von Cochem* promoviert,
1932 folgte das Staatsexamen. Im Anschluss absolvierte er das Bibliotheks-
referendariat in Leipzig und kam
schließlich 1950 in die Badische Landesbibliothek Karlsruhe. 1957 wurde
Schmitt zum Direktor der Bibliothek
ernannt. Er vergrößerte die Sammlung
moderner Handschriften und Autogra-
phen und gründete eine Buchkunst-
sammlung sowie eine Einbandsamm-
lung mit Meistereinbänden
europäischer Provenienz. Zwischen
1962 und 1975 war Schmitt parallel Vorsitzender der Literarischen Gesellschaft.
Badische Landesbibliothek Karlsruhe:
Franz Anselm Schmitt, in: Geschichte.
Leiter der BLB seit 1769, URL: https://
www.blb-karlsruhe.de/die-blb/
geschichte/leiter-der-blb-seit-
1769/#c272 (letzter Zugriff: 14.8.2024);
mitteilungen 81 (2014), S. 40.

Dr. Karl Dinklage wurde 1907 in
Dresden geboren. Er wurde an der
Deutschen Karlsuniversität Prag habilitiert. Zwischen 1958 und 1972 war er als
Archivar im Landesarchiv in Klagenfurt
angestellt. Durch sein Kulturreferat bei
der Kärntner Landesregierung erhielt er
die Aufgabe zur Gründung und zum
Aufbau eines Robert-Musil-Archivs, das
heute Zentrum der Musil-Forschung
und der Literaturbegegnung ist.
Dinklage verstarb 1987.

(Vgl. mitteilungen 45 (1978), S. 4; vgl.
mitteilungen 83 (2016), S. 15.)

19 Vgl. Geschäftsbericht zur 21. ordentlichen Mitgliederversammlung am
19.3.1974 (B478, MLO).

Abb.: Ankündigung der Eröffnung der
Robert Musil-Ausstellung am 14. Oktober
1969 in Karlsruhe.

Margaretha Freiin von Reischach-Scheffel (1894-1977) lebte seit dem Tod ihres Ehemanns Eck allein auf dem Nussdorfer Schloss. Als Ehrenmitglied des Vereins nahm sie an fast allen Veranstaltungen und an den Beiratssitzungen teil und hatte einen großen Anteil an der Entwicklung des Bundes gemeinsam mit ihrem Mann. Sie war als Übersetzerin aus dem Französischen und Englischen literarisch aktiv. Viele ihrer Arbeiten fanden eine weite Verbreitung.

(Vgl. Schreiben von Anonymus an Freifrau Margaretha von Reischach-Scheffel vom 15.3.1972 (B172, MLO); vgl. Schreiben von Margaretha Freifrau von Reischach-Scheffel an Wilhelm Hahn vom Kultusministerium vom 6.5.1974 (B172.4, MLO); vgl. Badische Neuste Nachrichten (24.8.1977).)

20 Stadtarchiv Karlsruhe 467-2 6516, Brief von Franz Anselm Schmitt an ein Beiratsmitglied vom 24.2.1972.
21 Vgl. Jahresbericht, ohne Datum (B474, MLO); Stadtarchiv Karlsruhe 467-2 6516, Brief von Franz Anselm Schmitt an ein Beiratsmitglied vom 24.2.1972.
22 Vgl. mitteilungen 41 (1974), S. 2-3.
23 Vgl. Rede »Scheffel und kein Ende« vom 9.2.1974 (B172, MLO); vgl. Badische Neueste Nachrichten, Entwurf vom 9.9.1968 (B172, MLO).
24 Vgl. Einladung zur Ausstellung »Scheffel und seine Zeit« vom 5.2.1976 (B239, MLO).
25 Vgl. ebd.; vgl. Bericht über die Tätigkeit der Literarischen Gesellschaft (Scheffelbund) in den Jahren 1975/76, ohne Datum (B196, MLO); vgl. Brief der Stadtsparkasse Karlsruhe an Friedrich Bentmann vom 11.12.1975 (B265, MLO): Die Sparkasse Karlsruhe produzierte 1000 Gedenkmedaillen in Feinsilber, um die Bedeutung des Dichters für die Stadt Karlsruhe zu würdigen.

Beide Organisationen richten sich an breiteste Schichten. Unser Verein wendet sich eben doch nur an eine Schicht literarisch Interessierter. Ebenso ist der Begriff ›Dichtung‹ zu einer Zeit, deren literarische Erzeugnisse nur noch zu einem kleinen Teil unter diesem Begriff zu fassen sind, für unsere Arbeit fragwürdig geworden.[20]

Nach Vorschlägen wie ›Pyramide‹ – mit Blick auf die lokale Karlsruher Tradition und auf die Beilage des *Karlsruher Tagblatts* – von Prof. Bentmann oder ›Oberrheinischer Literaturkreis‹ und ›Gesellschaft für deutsches Schrifttum‹ entschied man sich für ›Literarische Gesellschaft e. V. (Scheffelbund)‹.[21] Der Verein hielt auch nach 1968 an der Tradition des Scheffelbundes fest, sah seine Aufgabe jedoch fortan auch darin, sich jungen Schreibenden zu öffnen. Dies zeigte sich unter anderem in der Auswahl der Texte, die für die folgenden Jahresgaben zusammengestellt wurden, darunter Marie-Luise Kaschnitz, Walter Helmut Fritz und Heinz Piontek.[22]

Margaretha von Reischach-Scheffel bedankte sich in einem Brief an Prof. Bentmann explizit dafür, dass der Titel ›Scheffelbund‹ nicht verschwunden sei, da dies ein Treuebeweis für den verstorbenen Begründer des ›Deutschen Scheffel-Bunds‹ und ihren verstorbenen Ehemann sei. Prof. Bentmanns Bestreben war, die Literarische Gesellschaft weiter auszubauen, nachdem er die Nachfahren Scheffels davon hatte überzeugen können, den gesamten Nachlass Scheffels als Dauerleihgabe und Grundstein dem Museum zu überlassen.[23] 1976 folgte so auch eine erfolgreiche Ausstellung anlässlich des 150. Geburtstags.[24] Die Urenkelin Scheffels, Vera-Maria Wieland (1924-2017), hielt anlässlich der Eröffnung dieser Ausstellung den Festvortrag *Scheffel als Zeichner und Maler*.[25]

Wechselausstellungen: ein Mittel der Literaturförderung

Neben solch' großen Veränderungen, die den Sinn und Zweck hatten, das Interesse der Generationen an der Literatur zu fördern, waren die 1970er Jahre insbesondere von der Sorge

Abb.: Biografie zu René Schickele mit Darstellungen in Dokumenten zu seinem Leben und Werk, herausgegeben von Friedrich Bentmann 1974.

Porträtzeichnung von René Schickele aus dem Jahr 1926.

Vera-Maria Wieland, geb. Freiin von Reischach-Scheffel, wurde 1924 als Tochter des Gründers des Deutschen Scheffel-Bunds, Eck Freiherr von Reischach-Scheffel, und dessen Ehefrau, Freiherrin Margaretha von Reischach-Scheffel geboren. Wieland wurde 1975 Beiratsmitglied der Literarischen Gesellschaft. Nachdem Wieland seit 1990 im Vorstand war, übernahm sie 1993 kurzzeitig ehrenamtlich die Vertretung des Vorsitzes. Sie war für zahlreiche Veranstaltungen und Ausstellungen verantwortlich, darunter die Scheffel-Ausstellung 1986 anlässlich des 100. Todestages ihres Ururgroßvaters. Vera-Maria Wieland war zudem Mitglied in vielen kulturellen Fördervereinen, unterstützte das Badische Staatstheater Karlsruhe, den Badischen Kunstverein, das Generallandesarchiv Karlsruhe und die Badische Landesbibliothek Karlsruhe. 1994 wurde Vera-Maria Wieland das Bundesverdienstkreuz verliehen. 1999 wurde sie auf Initiative des Vorsitzenden Schmidt-Bergmann zur Ehrenvorsitzenden der Literarischen Gesellschaft ernannt. Sie starb 2017 im Alter von 90 Jahren in Karlsruhe.

26 Vgl. Badische Neueste Nachrichten (19.6.1975).
27 mitteilungen 81 (2014), S. 41.
28 Vgl. Brief von Friedrich Bentmann an den Vorstand des Cercle René Schickele vom 27.5.1970 (B195, MLO); vgl. Aktennotiz betreffend die René Schickele-Ausstellung in Mutzig vom 9.6.1975 (B224, MLO).
29 Vgl. Ausschreibung des René Schickele-Kreises, ohne Datum (B223, MLO): Der ›Cercle René Schickele‹ wurde 1968 gegründet. Angestrebt wurde die Koexistenz der Landessprachen Französisch, Dialekt und Deutsch im kulturellen Leben und die Entwicklung der Literatur sollte erleichtert und unterstützt werden.
30 Vgl. Brief von Friedrich Bentmann an Anna Schickele vom 7.4.1970 (B223, MLO); vgl. Aktennotiz vom 8.4.1970 (B223, MLO): Bentmann fand bei seinem Besuch des Schiller-Nationalmuseums in Marbach einen Nachlass bestehend aus Handschriften, maschinenschriftlichen

erfüllt, dass das traditionell-kulturelle Leben der Region einen Bruch erleben könnte. Denn die Unkenntnis über die gemeinsame Vergangenheit wurde zur Realität.[26] In der Satzung von 1975 wurden deshalb explizite neue Aufgaben, denen sich der Verein erstmals angenommen hatte, vermerkt. Sie lauteten beispielsweise: »Kenntnis und Verständnis deutschsprachigen literarischen Geistesgutes.«[27]

Ein erster Schritt, um die Kenntnis und das Verständnis der deutschsprachigen Literatur am Oberrhein wieder zu beleben, war die Ausstellung über den elsässisch-deutschen Schriftsteller René Schickele (1883-1940).[28]

Erste Pläne für eine größere Ausstellung fasste Prof. Bentmann nach einem Besuch im Deutschen Literaturarchiv Marbach, wo ein reicher und vielseitiger Nachlass Schickeles archiviert vorlag. Er wollte die Ausstellung schließlich mithilfe des ›Cercle René-Schickele‹[29] im Elsass, der Stadtgemeinde Badenweiler, mit Anna Schickele und dem Schiller-Nationalmuseum umsetzen.[30] Der *Mannheimer Morgen* berichtete 1974 von der Eröffnungsveranstaltung, zu der verschiedene Gäste von nah und fern, Literaturwissenschaftler und Kommunalpolitiker aus Frankreich sowie persönliche Bekannte des Autors zugegen waren.[31] Der Literaturwissenschaftler Prof. Dr. Joachim Wolfgang Storck aus Marbach, der den Nationalsozialismus als Jugendlicher in Karlsruhe erleiden musste und später kriegsverletzt in die Heimat zurückkehrte, hielt eine persönlich gefärbte Festrede und konstatierte, dass Schickele als deutsch-französischer Autor in einer exemplarischen Weise den Typus des ›politischen Dichters‹ repräsentierte.[32] René Schickeles Ehefrau lieh dem ORDM verschiedenste Bilder, Manuskripte, Zeitungsausschnitte und Fotos.[33]

Begleitend wurde auch für diese Ausstellung ein 260 Seiten starker Katalog veröffentlicht, der noch heute ein Standardwerk ist.[34]

In Zusammenarbeit mit der Straßburger Universitätsbibliothek und dem ORDM wurde für die Städte Straßburg und Kolmar im Elsass und im ORDM in Karlsruhe vom 14. Juni bis zum 25. Juli 1975 eine Ausstellung zu Albert Schweitzer anlässlich dessen 100. Geburtstags präsentiert.[35] In seiner Person verband Albert Schweitzer – ebenso wie Schickele – das Elsass mit dem deutschen Kulturraum.[36] Der

Rhein sei in den 1970er Jahren nicht mehr nur eine politische Grenze, sondern viel eher eine geistige und kulturelle Grenze. Der Austausch von einigen hundert Ausstellungsobjekten zwischen Straßburg und Karlsruhe sei deshalb, so der Vorsitzende Dr. Traugott Bender, der ehemalige Justizminister des Landes Baden-Württemberg, ein positives Zeichen für den Erhalt des gemeinsamen Kulturraums.[37] Der Katalog wurde zweisprachig auf Deutsch und Französisch veröffentlicht.[38]

1974 wurden die *mitteilungen 41* aus Anlass des 50-jährigen Jubiläums der Literarischen Gesellschaft zum Thema *Sind literarische Gesellschaften heute noch zeitgemäß?*[39] herausgegeben. Der Schriftsteller und Herausgeber der Literaturzeitschrift *Akzente*, Hans Bender, stellte darin verschie-

Manuskripten von frühen Werken bis zu den Alterswerken, Tagebüchern, Briefen von und vor allem an Schickele (Korrespondenzen mit Thomas und Heinrich Mann, Annette Kolb etc.).

31 Vgl. Mannheimer Morgen (21.3.1974) (B222, MLO); vgl. Einladungsliste zur Eröffnungsfeier der Thomas Mann-Ausstellung am 30.9.1967 (B220, MLO): Eingeladen wurden ebenfalls der Oberbürgermeister der Stadt Karlsruhe, die Stadtdirektion, das Kultusministerium, das Regierungspräsidium sowie alle Schulleiter der höheren Schulen in Karlsruhe.

32 Vgl. Essay zu René Schickele. Porträt eines politischen Dichters, Joachim W. Storck, ohne Datum (B223, MLO); vgl. Mannheimer Morgen. Vom Elsässer zum Europäer. Das Oberrheinische Dichtermuseum in Karlsruhe zeigt eine René-Schickele-Ausstellung (21.3.1974) (B222, MLO).

33 Vgl. Leihgaben des Oberrheinischen Dichtermuseums für die René Schickele-Ausstellung in Mutzig/Elsaß im Juni/Juli 1975 (B224, MLO); vgl. Übersicht über die Leihgaben von Frau Anna Schickele vom 18.1.1973 (B223, MLO).

34 Vgl. Brief von Friedrich Bentmann an Georg Spitz vom 7.1.1974 (B223, MLO); vgl. Brief von Friedrich Bentmann an Franz Mai vom 10.4.1974 (B223, MLO); vgl. Brief von Friedrich Bentmann an Anna Schickele vom 16.3.1971 (B223, MLO); vgl. Brief von Friedrich Bentmann an Anna Schickele vom 23.3.1973 (B223, MLO); vgl. Brief von Friedrich Bentmann an Anna Schickele vom 25.5.1975 (B223, MLO): Etwa Mitte 1973 konnte das Buch über René Schickele nach einigen Finanzierungsproblemen (es kostete rund 23.000–, DM) in den Druck gehen; vgl. Bericht zur Beiratssitzung der Literarischen Gesellschaft am 19.9.1974, ohne Datum (B474, MLO).

35 Vgl. Rede zur Eröffnung der Albert-Schweitzer-Ausstellung vom 14.6.1975 (B238, MLO); vgl. Badische Neueste Nachrichten (11.6.1975) (B238,

Abb.: Ehrenvorsitzende Vera-Maria Wieland, geb. Freiin von Reischach-Scheffel, 2014.

MLO); vgl. Übersicht der Veranstaltungen
1975, ohne Datum (B474, MLO).
36 Vgl. Rede zur Eröffnung der Albert-Schweitzer-Ausstellung vom
14.6.1975 (B238, MLO); vgl. Badische
Neueste Nachrichten (11.6.1975) (B238,
MLO); Vortrag zur Eröffnung der
Schweitzer-Ausstellung Karlsruhe am
14.6.1975 (B195, MLO): Schweitzer fühlte
sich durch sein Aufwachsen in der
deutschen Kultur auch der französischen
Kultur und Sprache sehr verbunden und
schrieb seine ersten Werke in dieser Sprache. Erst durch ein Sommersemester in
Berlin 1899 fand er zur geistigen deutschen Tradition in Deutschland und startete seine deutsche Schriftstellerkarriere.
Er schrieb selbst: »Französisch empfinde
ich aber nicht als Muttersprache, obwohl
ich mich von jeher für meine an meine
Eltern gerichteten Briefe ausschließlich
des Französischen bediene, weil dies so
Brauch in der Familie war. Deutsch ist mir
Muttersprache, weil der elsässische Dialekt, in dem ich sprachlich wurzle, deutsch
ist […]. Die Vollkommenheit des Französischen besteht darin, einen Gedanken auf
die klarste und kürzeste Weise ausdrücken
zu können, die des Deutschen darin, ihn
in seiner Vielgestaltigkeit hinzustellen.«
37 Vgl. ebd.; vgl. Bücherschiff. Die Deutsche Bücherzeitung, Frühjahrs- und
Osterausgabe 1975, Nr. 25 (B238, MLO):
Doch auch hier war die Resonanz gering.
452 Personen besuchten die Ausstellung
in Karlsruhe.
38 Vgl. Rede zur Eröffnung der
Albert-Schweitzer-Ausstellung vom
14.6.1975 (B238, MLO); vgl. Bericht über
die Tätigkeit der Literarischen Gesellschaft
(Scheffelbund) in den Jahren 1971/72
(B196, MLO).
39 Vgl. Bericht über die Tätigkeit der
Literarischen Gesellschaft in den Jahren
1973/74 (B196, MLO).
40 mitteilungen 41 (1974), S. 8.
41 Ebd., S. 10.

dene Antworten von Autorinnen und Autoren zusammen.
Walter Helmut Fritz schrieb beispielsweise: »Literarische
Gesellschaften sind heute – in einer Zeit, in welcher der
Sinn für Literatur in einem vorher nicht gekannten Maße
schwindet – wichtig als ›Zellen‹, in denen Interesse sich
sammeln, Freundschaft sich bilden kann; von denen Wirkungen ausgehen können«[40]. Hermann Kesten, Schriftsteller und Präsident des Deutschen PEN-Zentrums ergänzte:
»Ich glaube nicht an das Ende der Bücher, ans Ende des
Buchdrucks, ans Ende der Literatur. Solange es eine Zivilisation geben wird, solange Menschen zueinander sprechen,
und einander ihre Abenteuer, ja ihr Leben erzählen, wird es
Autoren und Leser oder Hörer geben, und so lange wird es
literarische Gesellschaften geben.«[41]

Marcel Reich-Ranicki sprach im Rahmen des Veran-
staltungsprogramms *Zur Situation zur deutschen Literatur
heute*:

Ich bin nach wie vor überzeugt, daß die große Zukunft
der Literatur immer bei dem Roman sein wird, und nach
wie vor lesen die Menschen am allerhäufigsten noch Romane. Es ist erfreulich und das gibt uns Anlaß an diese
mögliche künftige Blüte recht zu glauben, daß sehr viele
deutsche Schriftsteller (berühmte und weniger berühmte)
offenbar in letzter Zeit recht deutlich begriffen haben,
daß die meisten Menschen Bücher lesen oder ins Theater
gehen nur aus einem einzigen Grunde: um unterhalten
zu werden. Das wußte Balzac, das wußte Dostojewski, das
wußte der raffinierte listige Bertolt Brecht, von Shakespeare ganz zu schweigen, der hat's natürlich gewußt,
der hat ja für so einen Betrieb gearbeitet, damit die Leute
aufpassen und bei der Stange bleiben. Und es scheint so,
daß mit dieser Einsicht in die Notwendigkeit, die unter-
haltsame Funktion zu erfüllen, daß die Literatur jene teilweise bestehende Kluft zwischen dem Schriftsteller und
dem Publikum zu überwinden, sie zu verringern vermag,
indem sie dafür sorgt, daß sie verstanden wird, daß sie
mit ihren Büchern tatsächlich ein Publikum erreicht. Naja,
und werden die Leute gut werden von diesen Büchern?
Jean Paul hat das schöne kluge Wort gesagt: »Von der
ganzen Literatur werden die Menschen nicht gut wer-

Dr. Traugott Bender wurde am 11. Mai 1927 als Sohn des ehemaligen Landesbischofs in Tübingen geboren. Nach einem Studium der Theologie und der Rechtswissenschaften wurde er 1952 zum Dr. jur. promoviert. Bender war Jurist, Landtagsabgeordneter, Politiker und Justizminister des Landes Baden-Württemberg. Bender wurde 1974 zum Vorsitzenden der Literarischen Gesellschaft gewählt; das Amt hatte er bis zu seinem Tod am 5. Februar 1979 inne.

(Vgl. mitteilungen 47 (1980), S. 17; vgl. René Gilbert: Traugott Bender, 2014, URL: https://stadtlexikon.karlsruhe.de/index.php/De:Lexikon:bio-0635 (letzter Zugriff: 16.09.2024); Fred Sepaintner: Bender, Traugott, in: Badische Biographien NF Bd. II, hrsg. von Bernd Ottnad, Stuttgart 1987, S. 32-38; vgl. ebd., S. I; vgl. mitteilungen 81 (2014), S. 41.)

den.« Aber ein bißchen besser werden sie vielleicht doch werden.[42]

In den 1970er Jahren war noch immer der Bruch nach der Zäsur 1968, welche in der Gesellschaft und der Literatur verarbeitet wurde, wahrnehmbar. Die Spannungen waren im Volksbund für Dichtung spürbar. Die Jahresgabe 1969 mit dem sehr passenden Titel *Unsichere Zeiten. Erzählungen und Essays* enthält die Eröffnungsrede Martin Gregor-Dellins zur Thomas Mann-Ausstellung, welche die Funktion von Kunst in Opposition zur 68er-Bewegung thematisiert. So konstatierte er:

In einem Brief bekannte [Thomas Mann]: »Das Erleben der Zeit hatte mich gelehrt, das menschliche, das humane Problem als eine Totalität zu begreifen, zu dem allerdings und unweigerlich auch das Politische gehört.« Das empfand er auch dann und dort, wo er nicht unbedingt eine Kampfposition beziehen mußte wie gegen Hitler-Deutschland. Seine vor und nach 1945 vielfach geäußerte Überzeugung, daß wir noch lange über das militärische Ende des Dritten Reichs hinaus in einem Zeitalter des Faschismus leben würden, hat ihm Hohn und Kopfschütteln eingebracht. Und heute? Faschismus oder seine armseligste Nachahmung, wohin wir blicken; Ausbürge-

42 Vortrag von Marcel Reich-Ranicki: Zur Situation zur deutschen Literatur heute (22.1.1976) im ORDM Karlsruhe (MLO).

Prof. Dr. Joachim W. Storck (1922-2011) war Mitarbeiter am Deutschen Literaturarchiv in Marbach und Honorarprofessor für Neuere deutsche Literaturgeschichte (18. bis 20. Jahrhundert) an der Universität Mannheim. Storck war führend in der Rilke-Forschung. 1998 hielt er zur Eröffnung des Museums für Literatur am Oberrhein im PrinzMaxPalais in Karlsruhe den Festvortrag mit dem Titel *Begegnungen*.

(Vgl. August Stahl: Blätter der Rilke-Gesellschaft 31 (2012). Im Schwarzwald. Uncollected Poems 1906-1911, im Auftrag der Rilke-Gesellschaft hg. v. Erich Unglaub / Jörg Paulus, Göttingen 2012, URL: https://publikationen.ub.uni-frankfurt.de/frontdoor/index/index/year/2021/docId/57295 (letzter Zugriff: 13.8.2024); Österreichische Gesellschaft für Literatur: ›Joachim W. Storck‹, URL: https://www.ogl.at/archiv/biografien/bio/joachim-w-storck/ (letzter Zugriff: 13.8.2024).)

Abb.: Der Reisepass des Expressionisten Otto Flake.

rungsgesetze, Minderheitenterror, Mord, Vietnam-Barbarei auf beiden Seiten, alte und neue Diktaturen. Man kann nicht sagen, daß er ein schlechter Prophet war.[43]

Scheffel-Preis-Feier 1976

Im Rahmen der Scheffel-Feier einschließlich eines Sommerfests und Feuerwerks am 25. Juni 1976 in Heidelberg anlässlich des 150. Geburtstags Scheffels wurden die Scheffel-Schulpreise an die Preisträger der Heidelberger Gymnasien überreicht. Außerdem wurde bei diesen Feierlichkeiten ein Scheffel-Gedenkstein auf der Scheffelterrasse im Schlossgarten (Hortus Palatinus) des Heidelberger Schlosses enthüllt, der sich auch heute noch dort befindet.[44]

Wechsel in der Leitung der Literarischen Gesellschaft

Nach dem plötzlichen Tod von Dr. Traugott Bender, der seit 1974 Vorsitzender gewesen war, wurde 1979 auf der 26. ordentlichen Mitgliederversammlung einstimmig beschlossen, dass der Professor der Germanistik an der Pädagogischen Hochschule Karlsruhe, Dr. Karl Foldenauer, den Vorsitz übernehmen sollte.[45]

Einschneidend war auch der plötzliche Tod Prof. Friedrich Bentmanns 1980:

Die Literarische Gesellschaft Karlsruhe, der ehemalige Scheffelbund, trauert um Professor Dr. Friedrich Bentmann. Der Verstorbene gehörte der Literarischen Gesellschaft seit 1954 als Mitglied des Beirats an, und von 1966-77 war er unser Geschäftsführer. In dieser Zeit führte er die Gesellschaft durch nicht leichte Jahre mit dem ihm eigenen Schwung, seiner literarischen Intelligenz und seinem stets wachen Bewußtsein für Wertvolles und Bleibendes. Wer Friedrich Bentmann kannte, der weiß, welch hohen Stellenwert Kunst und Literatur in seinem Leben einnahmen. Er sah in der Literatur ein Organon, das durch nichts anderes zu ersetzen ist und das ganz wesentlich beiträgt zu wahrem Menschsein.[46]

OBERRHEINISCHES DICHTERMUSEUM
Karlsruhe - Röntgenstraße 6
ALBERT-SCHWEITZER-AUSSTELLUNG
zum 100. Geburtstag des Autors
Samstag, 14. Juni, 11 Uhr:
Festvortrag: **Prof. G. Woytt,** Straßburg
„Albert Schweitzer als Schriftsteller"
Eintritt frei!

Die 1980er Jahre
Dichterstunden

Die traditionellen Dichterstunden und Vortragsabende wurden weiterhin regelmäßig durchgeführt. Sie blieben ebenfalls grenzüberschreitend ausgerichtet: 1976 wurde eine Dichterstunde mit André Weckmann (Hebel-Preisträger des Jahres 1976) veranstaltet, der im Vortragssaal der Literarischen Gesellschaft in der Röntgenstraße 6 aus seinen Dichtungen in Hochdeutsch und in elsässischer Mundart vortrug.[47]

Insbesondere auf die Zeit, in der Dr. Beatrice Steiner in der Literarischen Gesellschaft als Geschäftsführerin tätig war (1977-1991), lassen sich viele Veranstaltungen datieren, bei denen die große Gegenwartsliteratur präsentiert wurde. Zu Gast waren prominente Autoren wie Günther Grass, Max Frisch, Friedrich Dürrenmatt und Martin Walser. Gleichzeitig bot Dr. Beatrice Steiner aber auch Karlsruher Autorinnen und Autoren ein Forum.[48] 1982 berichteten die *BNN* darüber, wie erfolgreich und gut besucht der von ihr initiierte *Karlsruher Lesetag* war. Sie hatte eine »Mammutlesung« von acht Stunden zusammengestellt, bei der insgesamt 14 bekannte und unbekannte Schreibende ihre Arbeiten vorstellten. Sämtliche Erwartungen wurden übertroffen. Der große Erfolg lag, so die *BNN*, vor allem an der »gelockerten, entspannten Atmosphäre, die den ›Lesemarathon‹ der Auto-

43 Martin Gregor-Dellin: Unsichere Zeiten. Erzählungen und Essays, hg. v. Friedrich Bentmann, im Auftrag des Volksbundes für Dichtung (Scheffelbund), Karlsruhe 1969, S. 119 f.
44 Vgl. Einladung zu den Festlichkeiten zum 150. Geburtstag von Joseph Victor von Scheffel am 26.6.1976 (B240, MLO).
45 Vgl. mitteilungen 81 (2014), S. 41; vgl. mitteilungen 47 (1980), S. 1.
46 mitteilungen 48 (1981), S. 1-2.
47 Vgl. Herbstprogramm der Ortsgruppe Karlsruhe des Landesvereins Badische Heimat e.V. von August 1976 (B242, MLO).
48 Vgl. Brief Ministerium für Wissenschaft und Kunst Baden-Württemberg an Dr. phil. Beatrice Steiner vom 21.1.1987 (B288, MLO); vgl. Vereinbarung zwischen dem Volksbund für Dichtung und Friedrich Bentmann vom 1.12.1966 (B288, MLO); vgl. Karlsruher Wochenblatt (3.4.1985) (B 485, MLO).

Abb.: Zeitungsannonce in den *Badischen Neuesten Nachrichten* (2. Juni 1975) zur Eröffnung der Albert-Schweitzer-Ausstellung.

ren zu einem Vergnügen machte« und dadurch viele junge Literaturinteressierte neugierig machte. Die Texte, auch das war neu, wurden anschließend in einer Anthologie veröffentlicht.[49]

Das Jahr 1982 wird durch die *mitteilungen* aus dem Jahr 1983 rückblickend als das erfolgreichste bis dato betrachtet, was neben den Lesungen vor allem auf die Aktivitäten des ORDM zurückzuführen ist. Vielfältige, populäre und aktuelle Ausstellungen, darunter eine zu *Volkskunst aus Afghanistan*, zu *Karl May*, zum Thema *Schreibende Frauen in Karlsruhe* und zum *Leben und Werk Stefan Zweigs*, fanden eine interessierte Öffentlichkeit.[50]

Das Jahr 1983 stellte in kultureller Hinsicht einen weiteren Höhepunkt für die Literarische Gesellschaft dar. Zum ersten Mal fanden die *Europäischen Kulturtage Karlsruhe* statt. Drei Tage lang wurden vom Verein die *Katalonischen Literaturtage* mit Dichterlesungen, wissenschaftlichen Kolloquien und vielem mehr veranstaltet. Begleitend wurden zwei Ausstellungen von der Generalitat in Barcelona zur Verfügung gestellt, die überdurchschnittlich gut besucht waren.[51] Die Generalitat umfasst die politischen Institutionen, die die »Autonome Gemeinschaft Kataloniens« seit 2006 verwalten.

Der Johann Peter Hebel-Preis – eine Wanderausstellung

Der Johann-Peter-Hebel-Preis ist nach dem Schiller-Preis der bedeutendste Literaturpreis des Landes Baden-Württemberg und wird seit 1936 im Turnus von zwei Jahren beim Hebelfest am 10. Mai in Hausen im Wiesental verliehen. Der staatliche Literaturpreis des Landes Baden-Württemberg wird an Schriftstellerinnen und Schriftsteller vergeben, die durch ihr literarisches Werk dem alemannischen Sprachraum verbunden sind oder in der Tradition des Dichters Johann Peter Hebel stehen. Ebenso können Personen ausgezeichnet werden, die sich um die Literatur des alemannischen Sprachraums oder um die Pflege des Werks von Hebel in besonderer Weise verdient gemacht haben.[52] Die Literarische Gesellschaft ist ständiges Mitglied des Stiftungsrats und der Jury.

49 Vgl. Badische Neueste Nachrichten (14.12.1982) (B485, MLO).
50 Vgl. mitteilungen 50 (1983), S. 1.
51 Vgl. mitteilungen 51 (1984), S. 1.
52 Vgl. Gemeinde Hausen im Wiesental: Johann-Peter-Hebel-Preis Baden-Württemberg, URL: http://hausen.pcom.de/jphebel_preis/hebel_preis_verzweig.htm (letzter Zugriff: 19.8.2024).

Abb.: Prof. Dr. Karl Foldenauer, Germanist und Vorsitzender der Literarischen Gesellschaft von 1979 bis 1993.

Dr. phil. Beatrice Steiner studierte Romanistik in Zürich und wurde 1950 in Geschichte und Literaturwissenschaft promoviert. Im Anschluss war sie in der Filmproduktion und zwischen 1956 und 1960 als Lehrbeauftragte an der Universität Uppsala (Schweden) tätig. Im Januar 1977 wurde Steiner Geschäftsführerin der Literarischen Gesellschaft. Sie war bis 1989 im Amt.

(Vgl. mitteilungen 45 (1978), S. 4; vgl. mitteilungen 83 (2016), S. 15.)

Im Jahr 1989 sollte zum 50. Jubiläum des Johann-Peter-Hebel-Preises, der nach dem Schiller-Gedächtnis-Preis höchsten Auszeichnung des Landes Baden-Württemberg, die Geschichte im Rahmen einer Wanderausstellung dokumentiert werden. Die Ausstellung wurde positiv aufgenommen. So titelte die *Badische Zeitung* sie beispielsweise als eine Ausstellung *Zwischen Heimatdichtung und Staatsliteratur*. Die Dokumentation, die den Namen *40 Mal Hebelpreis* trug, sollte die Geschichte des Preises aus den Jahren 1939 bis 1988 aufzeigen: die insgesamt 44 Ausgezeichneten, die einzelnen Stationen der Preisgeschichte, ihre heiklen Phasen bis 1945 sowie die Höhe- und Tiefpunkte.[53] Dr. Beatrice Steiner vermerkte zu dem begleitenden Katalog *Der Johann Peter Hebel-Preis 1936-1988. Eine Dokumentation von Manfred Bosch*: »Der Katalog wird eine Geschichte der Literatur im alemannischen Sprachgebiet.«[54]

Die 1990er-Jahre
Literatur- und Kulturtage

Die zwischen dem 21. Juni und dem 5. Juli 1991 durchgeführten *Baden-Württembergischen Literaturtage* wurden auch als öffentliche Plattform für die in Karlsruhe lebenden Auto-

[53] Vgl. Brief von Engler an den Oberbürgermeister der Stadt Lörrach vom 12.6.1980 (B168, MLO); vgl. Neue Zürcher Zeitung, Nr. 7 (10.1.1989) (B497, MLO); vgl. Badische Zeitung (8.12.1988) (B497, MLO); vgl. Oberrheinisches Dichtermuseum (Hg.): Der Johann Peter Hebel-Preis 1936-1988. Eine Dokumentation von Manfred Bosch, im Auftrag für Wissenschaft und Kunst des Landes Baden-Württemberg (B181, MLO), S. VII.

[54] Stuttgarter Zeitung (7.5.1988) (B497, MLO); vgl. Manfred Bosch: Der Johann Peter Hebel-Preis 1936-1988. Eine Dokumentation von Manfred Bosch, im Auftrag des Ministeriums für Wissenschaft und Kunst des Landes Baden-Württemberg, hg. v. Oberrheinisches Dichtermuseum Karlsruhe, Waldkirch 1988; vgl. Oberrheinisches Dichtermuseum (Hg.): Der Johann Peter Hebel-Preis 1936-1988. Eine Dokumentation von Manfred Bosch, im Auftrag für Wissenschaft und Kunst des Landes Baden-Württemberg (B181, MLO), S. VII.

Abb.: Dr. phil. Beatrice Steiner (l.), Geschäftsführerin von 1977 bis 1989, mit Hilde Domin (1909-2006) nach einer Lesung 1983.

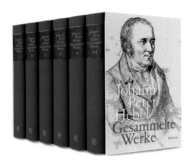

55 Vgl. Brief von Franz Anselm Schmitt an Birgit Furrer vom 17.1.1991 (B279, MLO).

56 Eine sechsbändige Hebel-Ausgabe erschien 2019: Johann Peter Hebel, gesammelte Werke in sechs Bänden, erarbeitet von Jan Knopf, Franz Littmann und Hansgeorg Schmidt-Bergmann. Vgl. Programmübersicht für die Eröffnung der Baden-Württembergischen Literaturtage vom 21.6.1991 (B279, MLO).

57 Vgl. Der Kurier (3.4.1992) (B278, MLO); vgl. mitteilungen 59 (1992), S. 1-2; vgl. mitteilungen 60 (1993), S. 2.

58 Vgl. Pressedienst vom 27.5.1992 (B278, MLO).

Abb.: Johann Peter Hebel, gesammelte Werke in sechs Bänden, erarbeitet von Jan Knopf, Franz Littmann und Hansgeorg Schmidt-Bergmann.

Zeitungsannonce zur Hebel-Feier zum 150. Todestag Johann Peter Hebels im Jahr 1976, erschienen in den *Badischen Neuesten Nachrichten* am 28. August 1976.

rinnen und Autoren genutzt.[55] Am 22. Juni fand der *Karlsruher Lesetag* statt: Karlsruher Autorinnen und Autoren lasen aus ihren Werken. Am 29. Juni hielt der Verleger des Suhrkamp Verlags, Dr. Siegfried Unseld, den Vortrag *Hermann Hesse heute*. Am 1. Juli folgte ein Vortrag von Prof. Dr. Claus Günzel zu *Der Park und die Wildnis – Albert Schweitzers Modell des grenzüberschreitenden Denkens*, am 3. Juli ein literarisches Nachgespräch zu René Schickele mit Adrien Finck (Elsass) und Joachim W. Storck (Marbach) sowie am 4. Juli *Die neue Hebel-Edition*, die im C. F. Müller Verlag Karlsruhe erscheinen sollte. Dieses Projekt konnte nicht realisiert werden.[56]

Standen 1991 die *Baden-Württembergischen Literaturtage* im Mittelpunkt, so waren es 1992 die *Europäischen Kulturtage*, an denen sich die Literarische Gesellschaft seit 1983 regelmäßig beteiligte. Das Thema der Veranstaltungsreihe zwischen dem 4. April und dem 31. Mai war ›Estland‹. Insgesamt wurden rund 100 Veranstaltungen, darunter Theatervorstellungen, Konzerte, Ausstellungen zu vielerlei Themen, Literaturabende, Vorträge, Symposien, Filme, Kurse, Varieté- und Folk-Shows durch die Kulturinstitutionen in Karlsruhe durchgeführt.[57]

Im ORDM wurde eine Ausstellung zum Thema *Literatur aus Estland* gezeigt.[58] Der Info Verlag Karlsruhe veröffentlichte im Anschluss eine Anthologie estnischer Gedichte sowie eine Edition, die sich dem Thema *Estland. Zurück in Europa* widmete.[59]

Im Jahr 1991 konnte eine Ausstellung zu dem 1885 in Neuwied geborenen Autor, Kritiker und Kunsttheoretiker Carl Einstein präsentiert werden. Einstein besuchte ab 1894 das Bismarck-Gymnasium, von dem er frühzeitig verwiesen wurde und so sein Abitur nicht in Karlsruhe ablegen konnte. Daraufhin begann er eine Banklehre in dem PrinzMaxPalais gegenüber gelegenen Bankhaus Veit L. Homburger, die er später abbrach. Er ging nach Berlin und avancierte als Literat, Kritiker und Kunsttheoretiker zu einem der wichtigsten

Abb.: Katalog zur Ausstellung über den Johann Peter Hebel-Preis 1936-1988.

Vermittler des Kubismus und der Avantgarde Anfang des 20. Jahrhunderts. Carl Einstein war jüdischer Herkunft und beging im Zweiten Weltkrieg nach der Niederlage Frankreichs Ende Juni 1940 auf der Flucht vor den Nationalsozialisten Selbstmord. In der Ausstellung zu sehen war vor allem die frühe Zeit der Avantgardisten. Ergänzend wurde eine 96 Seiten starke Anthologie unter dem Titel *Carl Einstein. Prophet der Avantgarde* mit kunsttheoretischen und autobiografischen Texten von Carl Einstein herausgegeben.[60]

Die Dauerausstellung: Das 21. Jahrhundert im Blick

Zum Vorsitzenden der Literarischen Gesellschaft wurde 1993 der Literaturwissenschaftler PD Dr. Hansgeorg Schmidt-Bergmann gewählt. Nach einer erfolgreichen Betreuung der Ausstellungen zu Carl Einstein (1885-1940) und zum Phi-

59 Vgl. Brief Karl Foldenauer an die Bibliothek des Instituts für Auslandsbeziehungen vom 6.7.1992 (B451, MLO).
60 Vgl. Der Spiegel Nr. 28 (7.7.1991), S. 179; vgl. Klaus Siebenhaar / Hermann Haarmann / Hansgeorg Schmidt-Bergmann (Hg.): Carl Einstein. Prophet der Avantgarde, Berlin 1991, S. 7-11; vgl. Literarische Gesellschaft Karlsruhe / Scheffelbund: Geschichte der Literatur am Oberrhein. Ein Querschnitt, S. 44.

Abb.: Plakat zur Veranstaltungsreihe ›Frauenperspektiven‹, 1991.

FRAUENPERSPEKTIVEN
KARLSRUHE 4. - 27. OKTOBER 1991

X. EUROPÄISCHE KULTURTAGE KARLSRUHE 1992
Estland

MUSIK / THEATER   4. Mai – 27. Mai 1992

Montag, 4. Mai und Dienstag, 5. Mai 1992
20.00 Uhr, Theater Die Insel, Karlstraße 49 b
KALEVA
Ein multi-media Tanz/Drama
Konzept, Choreografie und Ausführung: Marika Blossfeldt
Inszenierung: Bonnie Sue Stein
Musik: Lepo Sumera
Karten nur über den Vorverkauf des Insel-Theaters

Samstag, 9. Mai 1992
20.00 Uhr, Badischer Kunstverein, Waldstraße 3
Ensemble „Linnamuusikud"
Estnische geistliche Volkslieder und gregorianische Choräle
Karten nur über den Badischen Kunstverein

Sonntag, 10. Mai 1992
20.00 Uhr, Badischer Kunstverein, Waldstraße 3
Estnisches Kammerorchester
Werke von Rääts, Pärt u. a.
Karten nur über den Badischen Kunstverein

Sonntag, 17. Mai 1992
11.00 Uhr, Staatliche Hochschule für Musik, Jahnstraße 18, Saal
Junge estnische Pianisten
Toomas Vana und Risto Laur musizieren
Eintritt frei

Montag, 18. Mai 1992
20.00 Uhr, Schloß Gottesaue, Velte-Saal
In Zusammenarbeit mit der Staatlichen Hochschule für Musik Karlsruhe
Klavierabend Peep Lassmann
Werke von Schubert, Liszt, Tschaikowsky, Sumera, Ester Mägi, Messiaen u. a.
Karten nur an der Abendkasse

Freitag, 22. Mai 1992
20.00 Uhr, Karlsburg, Durlach
Klavierabend Kalle Randalu
Werke von Schumann und Pärt
Eintrittspreise: 18,– DM / 12,– DM erm.

Samstag, 23. Mai 1992
20.00 Uhr, Gerthsen-Hörsaal, Universität Karlsruhe
Kammerorchester an der Universität Karlsruhe
Leitung: Dieter Köhnlein, Violine: Arvo Leibur, Estland
Werke von Tubin, Schubert, Grosse u. a.

Sonntag, 24. Mai – Donnerstag, 28. Mai 1992
Gastspiel des Staatlichen estländischen Puppentheaters
Jeweils täglich 15.00 Uhr, Figurentheater „Marotte", Kaiserallee 11
Dornröschen
Für Kinder ab 4 Jahren
Karten nur über den Vorverkauf der „Marotte"

Montag, 25. Mai – Donnerstag, 28. Mai 1992
Gastspiel des Staatlichen estländischen Puppentheaters
Jeweils täglich 20.00 Uhr, Sandkorn Theater, Kaiserallee 11
Der kleine Illimar
Geschichte der Kindheit eines estnischen Schriftstellers von Friedebert Tuglas, Musik von Raimo Kangro
Für Kinder und Erwachsene
Karten nur über den Vorverkauf des Sandkorn-Theaters.

Sonntag, 24. Mai 1992
20.00 Uhr, Schloß Gottesaue, Velte-Saal
In Zusammenarbeit mit dem Zentrum für Kunst- und Medientechnologie
Streichquartett Tallinn
Werke von Tüür (Uraufführung für Streichquartett mit live-Elektronik), Eller, Boccherini u. a.
Eintrittspreise: 18,– DM / 12,– DM erm.

Dienstag, 26. Mai 1992
20.00 Uhr, Karlsburg, Durlach
Stuttgarter Bläserquintett
In memoriam Jaan Tamm – Bläserquintett Estland
Estnische Bläserliteratur
Eintrittspreise: 18,– DM / 12,– DM erm.

Mittwoch, 27. Mai 1992
20.00 Uhr, Christkönigskirche, Rüppurr
Orgelkonzert
Andres Uibo, Orgel; Jüri Leiten, Trompete
Werke von Torelli, Bruhns, Martini, Ximenez, Purcell, Händel und Bach
Eintrittspreise: 15,– DM / 10,– DM erm.

Mit Ausnahme der Veranstaltungen mit gesonderten Hinweisen sind Karten ab sofort bei den Vorverkaufsstellen Schleib, Padewet und das Stadtinformation erhältlich.
Info-Telefon: (07 21) 1 33-25 70 oder 1 33-32 30

 STADT KARLSRUHE – KULTURREFERAT

losophen und Literaturwissenschaftler Walter Benjamin (1892-1940) wurde er vom Kulturamt Karlsruhe gebeten, sich zur Wahl zu stellen. Nach krisenbehafteten Monaten war Vera-Maria Wieland, die Urenkelin Scheffels, kommissarisch Vorsitzende der Literarischen Gesellschaft. Schmidt-Bergmann erkannte das Potenzial des literarischen Vereins, seiner Bestände und des dazugehörigen Museums.[61]

Einem Arbeitspapier vom 15. Juni 1993 ist zu entnehmen, dass PD Dr. Schmidt-Bergmann konkrete Pläne für die Zukunft der Literarischen Gesellschaft hatte:

Sollte mir für eine Übergangszeit die Verantwortung für die inhaltliche Gestaltung der literarischen Vorträge, der

Prof. Dr. phil. Hansgeorg Schmidt-Bergmann, geboren 1956, studierte zwischen 1974 und 1980 Literaturwissenschaft, Philosophie, Wissenschaft der Politik und Pädagogik an der Philipps-Universität in Marburg und an der Universität Frankfurt. Er wurde über den österreichischen Lyriker Nikolaus Lenau promoviert und mit einer Arbeit über den Berliner Expressionismus habilitiert. Es folgten Gastprofessuren in Marburg, Bratislava (Slowakei), Wien, Ernennung zum Professor in Karlsruhe und eine Gastprofessur in Paderborn. Schmidt-Bergmann lehrt heute als Professor für Neuere deutsche Literaturwissenschaft am Karlsruher Institut für Technologie (KIT). Seit 1993 ist er geschäftsführender Vorsitzender der Literarischen Gesellschaft (Scheffelbund) e.V. und Leiter des Museums für Literatur am Oberrhein in Karlsruhe.

61 Vgl. Badische Neueste Nachrichten (1.7.1993) (B277, MLO); vgl. Bericht über die Tätigkeit der Literarischen Gesellschaft (Scheffelbund) in den Jahren 1975/76 (B196, MLO): Vera-Maria Wieland war seit der 22. Ordentlichen Mitgliederversammlung im März 1975 neben Elmar Mittler, dem Direktor der Badischen Landesbibliothek, Beiratsmitglied der Literarischen Gesellschaft; vgl. Geschäftsbericht vom 23.3.1994 (B478, MLO); vgl. Ansprache von Beatrice Steiner über *Das Oberrheinische Dichtermuseum Karlsruhe*, ohne Datum (B266, MLO); vgl. Exposé zum Oberrheinischen Literaturhaus im Prinz-Max-Palais von April 1995 (B371, MLO): Bis Sommer 1995 konnten bereits etwa 7000 Bände per EDV erfasst werden. Die Liste des Bestandes wurde sowohl in der Badischen Landesbibliothek, der Stadtbibliothek als auch in den großen badischen Bibliotheken aufgenommen.

Abb.: Programmübersicht für die *X. Europäischen Kulturtage* Karlsruhe 1992 zum Thema ›Estland‹.

62 Arbeitspapier von Schmidt-
Bergmann für das Gespräch mit dem
Kulturdezernenten Michael Heck vom
15.6.1993 (MLO).
63 Ebd.
64 Vgl. Bericht zur Mitgliederversammlung und Beiratssitzung vom 10.3.1981
(B478, MLO); vgl. Geschäftsbericht 1993
vom 23.3.1994 (B478, MLO); vgl. Exposé
zum Oberrheinischen Literaturhaus im
Prinz-Max-Palais von April 1995 (B371,
MLO); vgl. Arbeitsprotokoll zur Ordnung
und Verzeichnis des Scheffel-Archivs der
Literarischen Gesellschaft von 1994
(B277, MLO); vgl. Geschäftsbericht vom
23.3.1994 (B478, MLO); vgl. Ansprache
von Beatrice Steiner über *Das Oberrheinische Dichtermuseum Karlsruhe*, ohne
Datum (B266, MLO).
65 Vgl. Stufenplan ›Oberrheinisches
Dichtermuseum‹ von 1994 (B371, MLO).

Abb.: Prof. Dr. Hansgeorg
Schmidt-Bergmann.

Ausstellungen und der Neuordnung des Museums übertragen werden, dann benötige ich freie Hand für die Programmgestaltung und die wesentlichen Entscheidungen.
Um den Arbeitsfluß zu beschleunigen, erbitte ich nach
einer evtl. Wahl in den Vorstand die Prokura.[62]

Zum einen beklagte Dr. Schmidt-Bergmann den Zustand
von Archiv und Museum.[63] Dr. Reinhold Siegrist hatte
innerhalb seiner 40-jährigen Amtszeit aus einem kleinen
Scheffel gewidmeten Zimmer ein Museum geschaffen, das
einen Überblick über die Dichtkunst am Oberrhein vom
hohen Mittelalter bis in die Gegenwart bot. Das Archiv war
über viele Jahre hinweg der Öffentlichkeit nicht zugänglich.
Die Sammlungstätigkeit auf dem Gebiet von Handschriften,
Scheffel-Dokumenten und Dichternachlässen schien größten-
teils eingestellt worden zu sein.[64] Die gefährdete Existenz-
berechtigung der Literarischen Gesellschaft sollte ab Anfang
der 1990er Jahre nicht mehr nur durch die regelmäßigen
Lesungen gewährleistet werden, sondern vor allem durch die
Bewahrung unersetzlichen Kulturguts, die Archivierung und
Bereitstellung und schließlich die museale Präsentation der
Bücher und Handschriften. Der Status des ORDM als eines
der des Kulturgutes, die direkt vom Wissenschaftsministerium Baden-Württemberg finanziert wurden, musste gesichert, verteidigt und ausgebaut werden. Eine Dokumentati-
onsstelle oberrheinischer Literatur mit einer öffentlichen
Präsenzbibliothek sollte eingerichtet werden; zudem war
geplant, das Archiv um weitere oberrheinische Dichter zu
ergänzen und die Zusammenarbeit mit dem Deutschen Literaturarchiv Marbach und mit der Badischen Landesbibliothek Karlsruhe zu intensivieren. Des Weiteren sollte ge-
mäß der Konzeption von Hansgeorg Schmidt-Bergmann
ein öffentlich zugängliches Scheffel-Archiv entstehen, um
die Sammlung für Institutionen und die Forschung nutzbar
zu machen.[65] Dafür seien vor allem personelle Umstruktu-
rierungen von Nöten, so ist dem Arbeitspapier von Schmidt-
Bergmann zu entnehmen: Für die Umgestaltung des Museums habe zwar bereits Dr. Thomas Scheuffelen von der
Arbeitsstelle für literarische Museen, Archive und Gedenkstätten in Baden-Württemberg, Marbach a.N., Unterstützung zugesagt, doch benötige man rasch Personal, das

Carl Einsteins späte Wiederkehr

Als Kritiker, Literat und Kunsttheoretiker war der 1885 geborene Carl Einstein schillernd wie kaum ein anderer Avantgardist seiner Epoche. Gottfried Benn schätzte Einstein und seinen großen Anti-Roman „Bebuquin oder Die Dilettanten des Wunders" aufs höchste („An Einstein denke ich oft und lese in seinen Büchern, der hatte was los, der war weit an der Spitze"). Der Kritiker Walter Mehring wußte vom schrulligen Genie Einstein zu erzählen, das nie „seine Shagpfeife aus dem stockigen Gebiß nahm": weder bei Vorträgen noch beim Partisanenkampf in Spanien. Wie der Philosoph Walter Benjamin ging der jüdische Literat Carl Einstein von selbst in den Tod, bevor ihn die nazistischen Verfolger in ihre Gewalt bringen konnten. Bis zum 19. Juli erinnert eine Ausstellung im Haus der Literarischen Gesellschaft zu Karlsruhe, wo Einstein seine Jugend verbrachte, an den erst in in den letzten Jahren wiederentdeckten Schriftsteller. Parallel dazu ist unter dem Titel „Carl Einstein. Prophet der Avantgarde" eine Anthologie mit kunsttheoretischen und autobiographischen Einstein-Texten erschienen (Fannei & Walz Verlag, Berlin; 96 Seiten; 18 Mark).

Abb.: Artikel *Carl Einsteins späte Wiederkehr* (erschienen in: DER SPIEGEL 28/1991, S. 179).

Anthologie *Carl Einstein. Prophet der Avantgarde*, begleitend zur Ausstellung. Siebenhaar, Klaus / Schmidt-Bergmann, Hansgeorg / Haarmann, Hermann (Hg): Carl Einstein. Prophet der Avantgarde, Berlin 1991.

66 Vgl. Arbeitspapier für das Gespräch
vom 15.6.1993.

67 Vgl. ebd.; vgl. Arbeitsprotokoll zur
Ordnung und Verzeichnis des
Scheffel-Archivs der Literarischen Gesell-
schaft (Scheffelbund) Karlsruhe von 1994
(B277, MLO); vgl. Bericht zur Mitglieder-
versammlung und Beiratssitzung vom
10.3.1981 (B478, MLO); vgl. Geschäftsbericht zur 41. ordentlichen Mitgliederversammlung vom 23.3.1994 (B478,
MLO); vgl. Exposé zum Oberrheinischen
Literaturhaus im Prinz-Max-Palais von
April 1995 (B371, MLO); vgl. Protokoll der
Sitzung des Kulturausschusses am
27.2.1996 (B371, MLO); vgl. Arbeitsprotokoll zur Ordnung und Verzeichnung des
Scheffel-Archivs der Literarischen Gesellschaft Karlsruhe von 1994 (B277, MLO):
Handschriften und Fotos wurden via EDV
in vier Hauptgruppen, bestehend aus
einer einfachen Buchstaben- und Zahlen-
kombination geordnet: den Nachlass
Scheffels (A), Unterlagen des Scheffel-
bundes bzw. der Literarischen Gesellschaft
seit 1925 (B), Nachlässe oberrheinischer
Dichter und Schriftsteller (N) sowie zahlreiche Sammlungen u. a. Handschriften,
Fotos und Gemälde (S).

68 Vgl. Arbeitsprotokoll zur Ordnung
und Verzeichnung des Scheffel-Archivs
der Literarischen Gesellschaft Karlsruhe
von 1994 (B277, MLO); vgl. Arbeitspapier
für das Gespräch vom 15.6.1993.

69 Vgl. Antrag für einen Zuschuß 1995
und geplante Neukonzeption vom
27.4.1995 (B288, MLO).

70 Vgl. mitteilungen 63 (1996), S. 6-17.

Abb.: Autor Patrick Roth anlässlich der
Eröffnung des neu gestalteten MLO.

bei der Neuordnung der Bibliothek, der Sichtung und Aufnahme der Bestände helfen sollte.[66] Der Antrag wurde bewilligt. 1994 wurde zunächst für ein Jahr, dann schließlich
für weitere Jahre eine von der Stiftung Kulturgut des Landes
Baden-Württemberg bezahlte Archivarin eingestellt, die zusammen mit weiteren Kolleginnen und Kollegen ein drei-
bändiges Inventar erstellte.[67] Bis Mai 1995 konnten große
Fortschritte erzielt werden: Das Scheffel-Archiv war wieder
arbeitsfähig, die Erfassung, Neuordnung und Katalogisie-
rung der Bestände weit fortgeschritten.[68]

Durch die genannten Maßnahmen und die eingeleitete
Digitalisierung konnte sich die Literarische Gesellschaft wieder ihrem ursprünglichen Auftrag widmen. Am 20. Oktober
1995 wurde die neu erarbeitete Dauerausstellung unter dem
neuen Namen ›Museum für Literatur am Oberrhein (MLO)‹
eröffnet.[69]

Anlässlich der Eröffnung hielt der in Mannheim geborene, in Karlsruhe aufgewachsene und viele Jahre in Los
Angeles lebende Autor Patrick Roth die Festrede mit dem
Titel *Johann Peter Hebels Hollywood oder Freeway ins Tal
von Balzac*.[70]

Hier war die Welt, hier! Wenn man mir das nur ließe,
das – hab ich gedacht. Das wär das mindeste – und doch
schon: alles. Das bleibt mir, wie immer dieses Ehedrama
endet immer noch. Wie ein Kind hab ich den Kopf ganz
auf den Tisch gelegt, um mir das Tal fest einzuprägen,

Gemütlichkeit im Scheffel-Eck

Das neue Oberrheinische Dichtermuseum in Karlsruhe möchte Marbach Konkurrenz machen

Was ist der Unterschied zwischen Baden und Württemberg? Baden hat keinen Schiller. Was die Literaturgeschichte angeht, macht dieser Unterschied Gewaltiges aus. Und in der Gegenwart hat der Ruhm des großen Schwaben das Gedeihen des Literaturarchivs Marbach befördert. Nach Marbach gehen die Fördermittel und die Dichternachlässe, in Marbach finden die Ausstellungen statt. Weil aber das Bundesland Baden-Württemberg nach dem Proporzprinzip funktioniert, darf das nicht so bleiben. Nun wollen auch die Badener, beflügelt von den fünftausend Mitgliedern ihrer „Literarischen Gesellschaft", ein Zentrum bekommen, das demnächst gar im Prinz-Max-Palais unterkommen soll.

Jüngst wurde deshalb im Karlsruher „Museum für Literatur am Oberrhein" eine Dauerausstellung eröffnet, welche die schriftstellerischen Leistungen zwischen Elsaß, Pfalz, Kurmainz und der Eidgenossenschaft stolz dokumentiert. So ist es ganz folgerichtig, daß die Mittelalter-Abteilung nicht nur die oberrheinische Kloster- und Stadtkultur vorstellt, sondern vor allem Gottfried von Straßburg, Autor des „Tristan", heraushebt. Über den Rhein nämlich wanderte die Kultur der Ritter und Ritterromane nach Osten, wie überhaupt der Südwesten das Einfallstor in die zurückgebliebene Kultur unserer Länder wurde.

Mit den Universitäten Heidelberg (1385), Freiburg (1455) und Basel (1459) und dem großen Konzil zu Konstanz setzte sich der Humanismus im Südwesten fest. Sebastian Brants „Narrenschiff", geschrieben „zu Basel uff die Vasenacht", bleibt bis heute eine unübertroffene Metapher der Intellektuellenzunft. Der Niederländer Erasmus wirkte in Basel; der Brettener Melanchthon – mit einigen wertvollen Erstdrucken vertreten – kam als Luthers geistiges Gewissen in Wittenberg zu Ehren. Später dann im Barock, gegen Ende von Deutschlands erstem richtigen Roman, läßt Christoffel von Grimmelshausen seinen resignierten „Simplicius Simplicissimus" am Mummelsee in die Schwarzwälder Erde hinabsteigen, nachdem er im Soest des Dreißigjährigen Krieges genug Misanthropie getankt hatte. Grimmelshausen wirkte als Wirt, Gutsverwalter und Schultheiß in der Gegend von Offenburg; seinen Werken hat diese Lebensnähe nicht geschadet.

Mit klug bebilderten Schautafeln und allerhand Asservaten aus Bibliotheks- und Museumsbestand wird die Klassik eher ne-

Einst wurde er mit dem „Trompeter von Säckingen" zum gefeierten Dichter des Deutschen Reiches; heute residiert er im Oberrheinischen Dichtermuseum Karlsruhe. Joseph Victor von Scheffel, wie sein Freund Anton von Werner ihn im Jahr 1870 sah: mit Gelehrtenbrille, badischer Wein-Nase und einer Barttracht, die auch heute wieder ungemein modern ist. Das Gemälde gehört der Berliner Nationalgalerie.

Foto Archiv

benbei mitgenommen. Immerhin erfand Goethe in Straßburg den Geniekult des „Sturm und Drang", immerhin hatte auch Baden unter Markgraf Karl Friedrich seinen Musenhof. Nicht verschwiegen wird indes, daß Klopstock nach ein paar Wochen aus Karlsruhe gen Hamburg floh, weil ihm die adligen Musen doch allzu antibürgerlich und provinziell waren.

Später dann träumte die Droste allein im milden Meersburg von Westfalens Nebel. Schade allerdings, daß das Museum die ungeheure Blütezeit der bürgerlichen Kultur im Baden-Badener Kurleben ausblendet. Auch Turgenjew, Dostojewski und Tschechow, der in Badenweiler starb, gehören zur oberrheinischen Literatur. Immerhin labte sich für das deutsche Dichterleben auch der Sozialist Georg Herwegh an den Kurbrunnen und traf hier im Salon auf die gekrönten Häupter, denen er eigentlich spinnefeind sein wollte.

Für unser Jahrhundert weist die Schau – konzipiert von Ralf Keller, Jochen Meyer und Hansgeorg Schmidt-Bergmann – auf

manche Größen hin, die man in diesem Raum nicht vermutet: Gustav Landauer war Karlsruher, Döblin machte französische Kulturpolitik, Walser schloß seine Ehen in Philippsburg, und auch den Nazi-Propagandist und alemannische Heimatdichter Hermann Burte wird als abschreckendes Beispiel nicht vergessen. Und zwar war da noch Heidegger, mit dem die Badener endlich den schwäbischen Meisterdenker Hegel aufwiegen konnten.

Besonders heimelig wird das neue Museum durch die Scheffel-Ecke. Hier – und naturgemäß nicht in Marbach – ist der Nachlaß des großen Historiker Joseph Victor von Scheffel untergebracht. Hier finden sich Illustrationen Anton von Werners zum „Ekkehard" und zum „Trompeter von Säckingen", hier ruht Scheffels Totenmaske, eine Scheffelbüste und Stock und Brille des Dichters, samt seinem Skizzenbuch der deutschesten aller Literaturlandschaften: Capri.   DIRK SCHÜMER

Röntgenstraße 6, täglich 10 bis 17 Uhr, der Katalog kostet 15 Mark.

Abb.: Artikel von Dirk Schümer *Gemütlichkeit im Scheffel-Eck. Das neue Oberrheinische Dichtermuseum in Karlsruhe möchte Marbach Konkurrenz machen* (erschienen in: Frankfurter Allgemeine Zeitung Nr. 269, vom 18.11.1995, S. 33).

das hier zu sehen, zu fühlen war. Dann stand ich auf. Ich hatte etwas für Amerika, ich hatte diese Sicherheit, in diesem Augenblick bekommen, handfest, und war mir ganz gewiß, daß mir das niemand nehmen konnte.

Ich weiß nicht, ob das Museum für Literatur am Oberrhein einem seiner Besucher einen solchen oder ähnlichen Moment eines Tages möglich machen wird. Ich würde es dem Museum wünschen. Haben Sie herzlichen Dank.[71]

Die Presse würdigte den erfolgreichen Neustart: Die *Frankfurter Allgemeine Zeitung* berichtete in einem Artikel mit dem Titel *Gemütlichkeit im Scheffel-Eck. Das neue Oberrheinische Dichtermuseum in Karlsruhe möchte Marbach Konkurrenz machen*, geschrieben von Dirk Schümer. Prof. Dr. Hans Altenhein rezensierte ebenso positiv in der *Stuttgarter Zeitung* unter dem Titel *Renovierter Sang vom Oberrhein. Neu eröffnet: das Museum für Literatur in Karlsruhe*:[72]

Neu eröffnet: das Museum für Literatur in Karlsruhe. Nahe der Scheffelstraße und dem Scheffelplatz residierte in Karlsruhe der Scheffelbund. Der 1826 in dieser Stadt geborene Victor von Scheffel, ein enttäuschter Achtundvierziger, wurde der Lieblingsdichter des deutschen Bürgers im neunzehnten Jahrhundert und darüber hinaus (*Der Trompeter von Säckingen – Ein Sang vom Oberrhein*). Also widmete man seinem Andenken 1926 das Scheffelmuseum. Ein deutsch-völkischer Professor hielt die Festrede. Erst 1965 wurde das Haus als Oberrheinisches Dichtermuseum wiedereröffnet, und nach und nach befreite sich der Scheffelbund vom altdeutschen Zierat. Es ist noch nicht lange her, daß der junge Karlsruher Germanist Hansgeorg Schmidt-Bergmann mit seinen Studenten das Museum lüftete, indem er Ausstellungen über Stahlberg, den Karlsruher Verlag Arno Schmidts, und über den in Karlsruhe aufgewachsenen Schriftsteller-Anarchisten Gustav Landauer veranstaltete. Jetzt ist das alte Scheffelmuseum noch einmal neu erstanden, es heißt nun Museum für Literatur am Oberrhein, so wie sich der Scheffelbund Literarische Gesellschaft nennt, und soll in seiner ständigen Ausstellung nun die ganze Entwicklung

71 Ebd., S. 17.
72 Vgl. Dirk Schümer: Gemütlichkeit im Scheffel-Eck. Das neue Oberrheinische Dichtermuseum in Karlsruhe möchte Marbach Konkurrenz machen, in: Frankfurter Allgemeine Zeitung, Nr. 269 (18.11.1995), S. 33; vgl. Hans Altenhein: Renovierter Sang vom Oberrhein. Neu eröffnet: das Museum für Literatur in Karlsruhe, in: Stuttgarter Zeitung (26.10.1995).

dieser Literatur-Region vom Frühmittelalter bis ins zwanzigste Jahrhundert nachzeichnen […] Der Riß, der 1933 durch die Literatur geht, wird nicht verklebt. Neben dem Waldkircher ›Hochverräter‹ und Exilanten Max Barth findet sich der ›nach innen‹ emigrierte Reinhold Schneider und der noch nach 1945 und gelegentlich bis heute als Heimatdichter verehrte Hermann Burte, der den Hebel-Preis von 1936 mit »Dank und Sieg Heil!« quittiert hatte. Schließlich die Literatur der Nachkriegszeit: Martin Walser aus Wasserburg, Alfred Döblin in Baden-Baden, der Jungverleger Rainer Maria Gerhardt in Karlsruhe (der mit achtundzwanzig starb und dem im nächsten Jahr eine Sonderausstellung gewidmet sein wird) und der Karlsruher Walter Helmut Fritz, anwesend im Bild wie in Person. Da schließt sich die Reihe.[73]

73 Stuttgarter Zeitung (26.10.1995), vgl. Anm. 72.

Abb.: Einladung zur Eröffnung der Ausstellung *Die Bücher des Stahlberg Verlages 1946-1971* am 28. Januar 1994.

Verdienstkreuz 1. Klasse für Walter Helmut Fritz (1929-2010)

1989 wurde dem Schriftsteller Walter Helmut Fritz, der seit 1967 Beiratsmitglied der Literarischen Gesellschaft war, das Verdienstkreuz 1. Klasse verliehen. Im Auftrag der Literarischen Gesellschaft beriet und förderte Fritz junge Autorinnen und Autoren. Aufgrund seiner vielen persönlichen Beziehungen zu anderen bedeutenden Autorinnen und Autoren in der Bundesrepublik Deutschland und durch seine Zugehörigkeit zu verschiedenen Akademien und literarischen Jurys trug er zur Entwicklung der Literarischen Gesellschaft maßgeblich bei.

(Vgl. Schreiben von Karl Foldenauer an das Regierungspräsidium Karlsruhe vom 6.6.1989 (B451, MLO).)

74 Literarische Gesellschaft: rheinschrift. Die Bücher des Stahlberg Verlages. Katalog zur Ausstellung im Oberrheinischen Dichtermuseum Karlsruhe. 28.1.1994-25.2.1994, bearb. v. Ralf Keller / Jochen Meyer / Hansgeorg Schmidt-Bergmann, Eggingen (u. a.) 1994, S. 5.

75 Vgl. Brief an die Mitglieder der Literarischen Gesellschaft vom 24.5.1995 (B478, MLO); vgl. Literarische Gesellschaft: rheinschrift. Die Bücher des Stahlberg Verlages. Katalog zur Ausstellung im Oberrheinischen Dichtermuseum Karlsruhe, 28.1.1994-25.2.1994, bearb. v. Ralf Keller / Jochen Meyer / Hansgeorg Schmidt-Bergmann, Eggingen (u. a.) 1994.

76 Heute ist der Hauptsitz der Galerie Meyer Rieger in Karlsruhe in der Klauprechtstraße 22.

77 Vgl. Brief von Dr. Müller, Landesarchivdirektion Baden-Württemberg, an die Literarische Gesellschaft (Scheffelbund) bezüglich des Scheffel-Archivs vom 7.9.1994 (B482, MLO).

Einen ersten großen Erfolg des neuen Vorsitzenden Schmidt-Bergmann im Bereich der Ausstellungstätigkeit war durch die Ausstellung über den Karlsruher Stahlberg-Verlag im Jahr 1993 zu verzeichnen. Nachdem die 25-jährige Ingeborg Stahlberg 1946 den Karlsruher Stahlberg-Verlag gegründet hatte, avancierte dieser schnell zu einem Forum der internationalen Nachkriegsliteratur. Bis 1968 blieb der Verlag unter der Führung von Ingeborg Stahlberg selbstständig, wurde dann jedoch von der Stuttgarter Holtzbrinck-Gruppe übernommen, schließlich mit dem Verlag Goverts und Krüger zusammengeschlossen und dann in den S. Fischer-Verlag überführt, womit, so Schmidt-Bergmann, »ein wichtiges Stück Karlsruher Verlagsgeschichte […] 1970 endgültig zu Ende [ging]«[74]. Zum Erfolg der Ausstellung trug insbesondere eine Dokumentation bei, mit dem die neue Schriftenreihe des ORDM, die *rheinschrift*, begründet wurde. Zu dieser Ausstellung kamen im selben Jahr noch drei weitere Schauen über Wolfgang Frommel (1902-1986), Gustav Landauer (1870-1919) und eine Ausstellung zum 70-jährigen Bestehen der Literarischen Gesellschaft im November 1994 hinzu.[75]

1994 wurde zudem das ›Kunstbüro‹ als Teil des Oberrheinischen Literaturmuseums begründet. Initiatoren waren Jochen Meyer und Ralf Keller. Mit großem Erfolg wurde im 1. Stock in der Röntgenstraße Gegenwartskunst präsentiert. 1997 entstand daraus die selbstständige Galerie Meyer Rieger, die zunächst in Karlsruhe, dann ebenfalls mit Erfolg in Berlin und Seoul avancierteste Kunst präsentierte.[76]

Nachdem Schmidt-Bergmann 1995 bereits einen Antrag auf Eintrag des Scheffel-Archivs in das Denkmalbuch gestellt hatte, wurde das Archiv der Literarischen Gesellschaft 1997 in das ›Verzeichnis national wertvoller Archive‹ aufgenommen. Zum Schutz beweglicher Kulturdenkmale war ebenso eine Eintragung in das Denkmalbuch des Regierungsbezirks vorgesehen. Mit dem Eintrag sollten die Zersplitterung des Archivguts sowie die Verlagerung an einen aus konservatorischen oder anderen Gründen nicht geeigneten Standort verhindert werden.[77]

Schmidt-Bergmann wollte gezielt jüngere Autorinnen und Autoren des Oberrheins fördern. Der *Arbeitskreis neuer Literatur* wurde begründet und in Zusammenarbeit mit der

Literarischen Gesellschaft eine ständige Lesereihe durchgeführt. Die Lesungen wurden in der Schriftenreihe *Fragmente* dokumentiert.[78] Zur neuen Schriftenreihe hielt am 14. Januar 1994 *Der Kurier* Folgendes fest:

> In Sachen Literatur tut sich etwas in Karlsruhe. Die Literarische Gesellschaft sorgt für frischen Wind im Oberrheinischen Dichtermuseum. Bereits am 6. Januar startete mit einer Lesung von Georg Patzer eine Veranstaltungsreihe junger Autoren, die von entsprechenden literarischen Veröffentlichungen flankiert wird, *Fragmente* heißt die Schriftenreihe, die von der Literarischen Gesellschaft in Zusammenarbeit mit dem frisch formierten Arbeitskreis Neue Literatur herausgegeben wird.[79]

Der Scheffel-Preis zwischen 1965 und 1998

Der Scheffel-Schulpreis ist der Eckpfeiler der Literarischen Gesellschaft in der Literatur-, Lese- und Sprachförderung. Für die Jahre 1965 bis 1998 lässt sich dementsprechend ein weiterer erfolgreicher Ausbau dokumentieren. In den *mitteilungen* 1995 betonte Hansgeorg Schmidt-Bergmann die Relevanz des Preises wie folgt:

> Gerade gegenwärtig, wo die sogenannten ›neuen Medien‹ das Leseverhalten nachhaltig verändern, ist die Leseförderung wichtiger denn je. Die kulturpolitische Bedeutung des ›Scheffelpreises‹, der in seiner Art einzig ist in der Bundesrepublik Deutschland, kann daher gar nicht hoch genug eingeschätzt werden.[80]

Während im Jahr 1950 an 191 Schulen der Scheffel-Preis verliehen wurde, erhöhte sich diese Zahl in den folgenden Jahren stetig: 1965 wurden deutschlandweit 274 Abiturientinnen und Abiturienten mit dem Scheffel-Preis ausgezeichnet.[81] Ein Jahrzehnt später waren es bereits 417. Im Jahr 1980 wurden 441 Scheffel-Preistägerinnen und -Preisträger geehrt, 1994 bereits 578 Abiturientinnen und Abiturienten. Somit war es gelungen, den Scheffel-Schulpreis weiter auszubauen und auch eine gesicherte finanzielle Basis

78 Vgl. mitteilungen 62 (1995), S. 1-2.
79 Kurier (14.1.1994).
80 Kurier (14.1.1994), S. 2.
81 Vgl. ebd., S. 2; vgl. mitteilungen 33 (1966), S. 17.
82 Vgl. Bericht zur Mitgliederversammlung und Beiratssitzung vom 10.3.1981 (B478, MLO), S. 2.
83 mitteilungen 66 (1999), S. 28; vgl. Einladung vom 6.6.1988 zur Scheffel-Preis-Feier am 23.6.1988 (B266, MLO): Aus Anlass des 100. Todestags Scheffels im Jahr 1986 ließ die Sparkasse Karlsruhe silberne Gedenkmedaillen in begrenzter Zahl prägen – als zusätzliche Auszeichnung für die hervorragenden Leistungen der Scheffel-Preisträger der Karlsruher Gymnasien. Die Scheffel-Medaille der Sparkasse Karlsruhe wurde an die Ausgezeichneten der Karlsruher Gymnasien in den darauffolgenden Jahren jährlich im Rahmen einer Feierstunde im ORDM (Röntgenstr. 6) vom Vorstandsvorsitzenden der Sparkasse Karlsruhe, Senator E. h. Heinrich Jäger überreicht; mitteilungen 59 (1992), S. 3. »In einer Feierstunde am 26. Juni 1991 wurden 16 Scheffelpreisträgerinnen und Scheffelpreisträger aus Karlsruhe die von der Stadtsparkasse Karlsruhe gestiftete silberne Scheffelmedaille verliehen.«

Der Scheffel-Preis in der Literatur

Der Autor Bernhard Schlink veröffentlichte sein bekanntes Werk *Der Vorleser*
1995. Der Titel bezieht sich auf den
männlichen Protagonisten, den 15-jähri-
gen Michael Berg, der der 36-jährigen
Hanna Schmitz regelmäßig seine Schul-
lektüre vorliest. Eines Tages ist Hanna
Schmitz nicht mehr auffindbar. Erst
später kommt es zu einer erneuten
Begegnung. Aufgrund ihrer Tätigkeit als
Wärterin im Konzentrationslager
Buchenwald wird sie als Kriegsverbre-
cherin angeklagt. Michael Berg als
Jura-Student anwesend, beobachtet
zufällig diesen Prozess im Rahmen
seiner Ausbildung und realisiert, dass
Hanna Analphabetin ist. Aufgrund von
Kriegsverbrechen während des Zweiten
Weltkriegs kommt Hanna ins Gefängnis.
Michael bleibt bis zum Ende ihrer Haft
ihr einziger Kontakt. →

zu schaffen. Das Wissenschaftsministerium in Stuttgart gewährte hierfür einen jährlichen Zuschuss.[82] Bis 1998 stieg
die Zahl der teilnehmenden Schulen auf 597 an.[83]

Der Schritt ins 21. Jahrhundert

Ab 1995 wurde ein Ortswechsel der Literarischen Gesellschaft (Scheffelbund) von der Röntgenstraße 6 in das zentral
gelegene PrinzMaxPalais in der Karlsruher Karlstraße 10
vorbereitet. Das Palais war von Josef Durm, Oberbaudirektor
und höchster Baubeamter des Großherzogtums Baden, geplant und 1881-1884 als Palais Schmieder erbaut worden. Das
Gebäude war Stadtresidenz und Wohnsitz von Prinz Max
von Baden bis 1919, ab 1949 Sitz des Bundesverfassungsgerichts. Zusammen mit der neuen attraktiven Sammlung
oberrheinischer Literatur im Museum sollte der neue Ort
zu einem Anziehungspunkt für die literarisch interessierte
Öffentlichkeit werden.[84] Die Kombination von Oberrhei-
nischem Dichtermuseum und Oberrheinischer Bibliothek bezeichnete der 1. Vorsitzende Schmidt-Bergmann als einen
ersten wichtigen Schritt zu einem geplanten ›Literaturhaus
Oberrhein‹. Die Literarische Gesellschaft als »eine in der
Oberrheinregion einmalige Institution« zu einem zentralen
Ort der oberrheinischen Literatur auszubauen, war erklärtes
Ziel. »Lesungen für ein breites Publikum, wechselnde Ausstellungen, eine oberrheinische Arbeitsbibliothek, ein wertvolles Archiv zur Literatur- und Kulturgeschichte des Oberrheins und Lese- und Arbeitskreise würden der Literatur
über Karlsruhe hinaus das lange gesuchte Forum bieten können.«[85] Obwohl der Mietvertrag aus dem Jahr 1995 zwischen
der Stadt Karlsruhe und der Literarischen Gesellschaft für
die Räumlichkeiten in der Röntgenstraße 6 auf unbestimmte
Zeit lief, wurde er bereits Ende 1996 endgültig gekündigt.
Damit wurde unwiderruflich eine neue Zeit für die Literarische Gesellschaft (Scheffelbund) e. V. eingeleitet.[86] Der Umzug in das innerstädtische Kulturzentrum PrinzMaxPalais
stand bevor.

84 Vgl. Exposé zum Oberrheinischen
Literaturhaus im Prinz-Max-Palais von
April 1995 (B371, MLO); vgl. Hansgeorg
Schmidt-Bergmann an Frau Schmieder,
Ministerium für Familie, Frauen, Weiter-
bildung vom 27.4.1995 (B288, MLO); zur
Geschichte des PrinzMaxPalais vgl. René
Gilbert: Prinz-Max-Palais (2015), in:
Stadtgeschichte digital. Stadtlexikon
Karlsruhe, URL: https://stadtlexikon.
karlsruhe.de/index.php/De:Lexi-
kon:ins-1241 (letzter Zugriff: 5.8.2024).
85 Protokoll der Sitzung des Kulturaus-
schusses am 6.5.1997 (B370, MLO).
86 Vgl. Brief von Heimburger an die
Literarische Gesellschaft vom 24.10.1996
(B371, MLO); vgl. Kurzmitteilung des
Vermessungs- und Liegenschaftsamts an
die Literarische Gesellschaft vom
31.3.1995 (B354, MLO).

DIE LITERARISCHE GESELLSCHAFT (SCHEFFELBUND)

VERLEIHT _____

AUF VORSCHLAG DES MITUNTERZEICHNETEN DIREKTORS

_____ DEN

SCHEFFEL-PREIS

FÜR BESONDERE LEISTUNGEN IN DEUTSCHER SPRACHE UND GUTE LITERARISCHE KENNTNISSE. DER PREIS BESTEHT IN DER FÜNF-JÄHRIGEN KOSTENFREIEN MITGLIEDSCHAFT.

KARLSRUHE, _____

LITERARISCHE GESELLSCHAFT   DIE DIREKTION
(SCHEFFELBUND)

Die Mitgliedschaft sichert: 1. Den Empfang der jährlichen Mitgliederbuchgaben; 2. den Empfang der „Mitteilungen" mit Gedichten oder Aufsätzen und Nachrichten; 3. den freien oder ermäßigten Eintritt zu den literarischen Veranstaltungen bei allen Ortsverbänden. Geschäftsstelle Karlsruhe, Röntgenstr. 6.

Er beginnt, Hanna selbsteingesprochene Hörbücher auf Kassette aufzunehmen und ihr zuzuschicken. Als Hanna sich am Tag ihrer Entlassung das Leben nimmt und Michael im Gefängnis davon erfährt, darf er sich ihre Zelle anschauen. Im Buch wird die Szene wie folgt beschrieben:

»Über dem Bett hingen viele kleine Bilder und Zettel. Ich kniete mich auf das Bett und las. Es waren Zitate, Gedichte, kleine Meldungen, auch Kochrezepte, die Hanna notiert oder wie die Bildchen aus Zeitungen und Zeitschriften ausgeschnitten hatte. [...] Ein Zeitungsphoto zeigte einen älteren und einen jüngeren Mann in dunklen Anzügen, die einander die Hand gaben, und in dem jüngeren, der sich vor dem älteren verbeugte, erkannte ich mich. Ich war Abiturient und bekam bei der Abiturfeier vom Rektor einen Preis überreicht. Das war lange, nachdem Hanna die Stadt verlassen hatte. Hatte sie, die nicht las, die lokale Zeitung, in der das Photo erschienen war, damals abonniert? Jedenfalls mußte sie einigen Aufwand getrieben haben, um von dem Photo zu erfahren und es zu bekommen. Und während des Prozesses hatte sie es gehabt, dabeigehabt?«

Dieser im Text erwähnte Preis kann als Scheffel-Preis interpretiert werden, auch wenn er nicht explizit so bezeichnet wird. Michaels frequentierte Thematisierung des Deutschunterrichts sowie seine Liebe zur Literatur, verbunden mit der Gefängnis-Szene, legen die Vermutung nahe, dass er von seinem Schuldirektor mit dem Scheffel-Preis ausgezeichnet wurde.

(Bernhard Schlink: _Der Vorleser_, Zürich 1995, S. 194 f.)

Abb.: Scheffel-Preis-Urkunde aus dem Zeitraum von 1966 bis 1974, unterschrieben von Dr. Schmitt (Vorsitzender von 1962-1974) und Prof. Bentmann (Geschäftsführer von 1966-1977).

Miriam Schabinger

Das »größte Juwel«: das Museum für Literatur am Oberrhein im PrinzMaxPalais

1998 – 2024

»Im Kranz der über siebzig literarischen Museen, Archive und Gedenkstätten in Baden-Württemberg ist dieses Museum nach dem Deutschen Literaturarchiv Marbach wohl das größte Juwel.«

Mit dem Umzug ins PrinzMaxPalais im Herzen der Stadt Karlsruhe begann für die Literarische Gesellschaft (Scheffelbund) e. V. wortwörtlich ein neues Jahrtausend. Das historische PrinzMaxPalais war ab 1951 der erste Amtssitz des Bundesverfassungsgerichts, erbaut als Wohnsitz Max von Badens, des letzten Reichskanzlers Kaiser Wilhelms II. Mit der Kinder- und Jugendbibliothek, dem kommunalen Kino Kinemathek und dem Museum für Literatur am Oberrhein (MLO) war das PrinzMaxPalais ein idealer Ort für ein attraktives innerstädtisches Kulturzentrum.[1]

Am 11. September 1998 wurde das Museum für Literatur am Oberrhein im PrinzMaxPalais eröffnet. Das Grußwort für die Landesregierung von Baden-Württemberg sprach Staatssekretär Dr. Christoph Eberhardt Palmer. Er betonte die kulturpolitische Bedeutung der Lese- und Schreibkompetenzen und führte aus, dass die Landesregierung der Literatur in Baden-Württemberg einen besonderen Stellenwert einräumt: »Eine Folge davon ist die intensivierte Belebung der literarischen Museen durch literaturbezogene Veranstaltungen aller Art, wie es hier freilich schon seit Jahrzehnten vorbildhaft der Fall ist.«[2]

Der Literaturwissenschaftler und Mitarbeiter des Deutschen Literaturarchivs Marbach Prof. Dr. Joachim W. Storck hielt die Festrede mit dem Titel *Begegnungen*. Dieses Motto ist zugleich eine Anspielung darauf, dass

dieses Dichtermuseum dazu einlädt, den hier in bebilderten und gedruckten Objekten vorgestellten Autoren aus dem oberrheinischen Raum betrachtend und lesend

Titelzitat   Staatssekretär Dr. Christoph E. Palmer anlässlich der Eröffnung des Museums für Literatur am Oberrhein im PrinzMaxPalais am 11. September 1998, in: mitteilungen 66 (1999), S. 3 f., hier S. 3.

1   Zur Geschichte des PrinzMaxPalais vgl. René Gilbert: Prinz-Max-Palais (2015), in: Stadtgeschichte digital. Stadtlexikon Karlsruhe, URL: https://stadtlexikon.karlsruhe.de/index.php/De:Lexikon:ins-1241 (letzter Zugriff: 5.8.2024).

2   Staatssekretär Dr. Christoph E. Palmer anlässlich der Eröffnung des Museums für Literatur am Oberrhein, a.a.O., S. 3 f.

Abb.: Karlsruher PrinzMaxPalais, benannt nach Max von Baden, dem letzten Reichskanzler unter Wilhelm II. Zwischen 1952 und 1968 Sitz des Verfassungsgerichts.

Mechthild-Mayer-Stiftung

Die am 9. Januar 1918 in Ellwangen geboren Mechthild Mayer geb. Veit (1918-2001) war lange Jahre in Karlsruhe ansässig und lebte in der Karlsruher Waldstadt. Sie musste den Verlust ihres Ehemanns Dr. Edmund Mayer, Richter am Landgericht Karlsruhe († 1970), und den Unfalltod ihres Sohnes Michael († 1975), Jurastudent in Heidelberg, früh erleiden. Zum Zweck der Karlsruher Kunst- und Literaturförderung vermachte sie noch zu Lebzeiten ihr Grundstück in der Waldstadt der Stadt Karlsruhe und begründete damit die Mechthild-Mayer-Stiftung, die ihre Gewinne jährlich an die Literarische Gesellschaft und die Städtische Galerie ausschüttet. Mit der dokumentarischen Ausstellung *15 Jahre Mechthild-Mayer-Stiftung. 15 Jahre Kunst- und Literaturförderung. Eine Dokumentation* vom 5. Dezember 2017 bis 18. März 2018 würdigten die Literarische Gesellschaft und die Städtische Galerie die Künstlerin, Lyrikerin und Mäzenin Mechthild Mayer.

(Vgl. Broschüre Mechthild-Mayer-Stiftung, Karlsruhe 2017.)

zu begegnen. Manche mögen dabei Überraschungen erfahren; anderen werden Erinnerungen aufsteigen. Erinnerungen sind es auch, von denen ich heute zu handeln habe […]. In der Erinnerung persönlich nahe steht mir der […] gegenüber [dem PrinzMaxPalais, Anm. d. Verf.] liegende Bau, der […] das Bankhaus Veit L. Homburger beherbergte, dessen beeindruckende Halle ich als Kind oft mit meiner Mutter betreten hatte. […] Ich erinnere mich noch an den Abschied von den letzten, hier verbliebenen Homburgers, als sie, nach der Pogromnacht vom November 1938, in ihrer leeren Wohnung in der Nähe des Haydn-Platzes auf ihren Koffern saßen.

Die Familie Homburger zählte zu den ältesten jüdischen Familien in Karlsruhe, die hier schon kurz nach der Gründung der Stadt (1772) eine markgräflich privilegierte Ansiedlung finden konnten.[3]

3 Joachim W. Storck: Begegnungen, in: mitteilungen 66 (1999), S. 5-25, hier S. 5f.
4 Ebd., S. 17.

Abb. oben: Einladung zur Eröffnung des Museums für Literatur am Oberrhein (MLO).

Abb. rechts: Dokumentarische Ausstellung *15 Jahre Mechthild-Mayer-Stiftung. 15 Jahre Kunst- und Literaturförderung*, 2017/18.

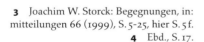

In seinem persönlich gefärbten Vortrag beleuchtete Storck auch die tragischen Entwicklungen während der Zeit des Nationalsozialismus: »Franz Blumenfeld, Bankdirektor im Hause Veit L. Homburger, war mit anderen jüdischen Männern zum Polizeipräsidium geschleppt und mißhandelt worden; später kamen alle ins Konzentrationslager Dachau.«[4] Geschichten wie diese mahnen uns, die unmenschlichen Verbrechen des Nationalsozialismus niemals zu vergessen, der Opfer des Holocaust zu gedenken und die Erinnerung wach zu halten.

Dauerausstellung zur Geschichte der Literatur am Oberrhein von der Klosterkultur bis in die Gegenwart

Mit der Präsentation der völlig neu gestalteten Dauerausstellung im PrinzMaxPalais zur ›Geschichte der Literatur am Oberrhein von der Klosterkultur bis in die Gegenwart‹ wurden im Jahr 1998 neue Formen und zeitgemäße Wege der Literaturvermittlung beschritten. Schwerpunkt bilden die Dokumentationen zu Leben und Werk zweier großer badischer Autoren: Johann Peter Hebel und Joseph Victor von Scheffel.

   Begleitet wird die ständige Ausstellung durch einen Audioguide, der eine zusätzliche Fassung für Kinder und

Abb. links: Johann Peter Hebels Schreibtisch im Hebel-Kabinett.

Abb. rechts: Lieselotte Neumann, ehemalige Assistentin des Vorstands / Verwaltung. Sie organisierte 1998 den Umzug von der Röntgenstraße in das PrinzMaxPalais.

Erwerbungen aus Mitteln der Stiftung Hirsch

Darunter: 2004 von Johann Peter Hebel: Biblische Geschichten für die Jugend, Stuttgart und Tübingen 1824.

– Arno Schmidt: Zettels Traum

Aus großzügigen Mitteln konnte der Ankauf eines Exemplars der Erstausgabe von Zettels Traum von Arno Schmidt, die 1970 im Stahlberg Verlag erschienen war, finanziert werden.

– 2012: zwei Briefe von Scheffel
– 2015: Aloys Schreiber Lehrbuch für Ästhetik (1809)

Für Euch!

30 Jahre Stiftung Hirsch
Kulturförderung in Karlsruhe

Jugendliche sowie eine Führung in französischer Sprache bietet. Diese erläutert die deutschsprachige Literaturgeschichte immer auch im Blick auf die französische Tradition.

Die Dauerausstellung im Museum für Literatur am Oberrhein fragt nach der grenzüberschreitenden Entstehung von Schriftlichkeit und Öffentlichkeit seit den Klostergründungen. Es folgen das Zeitalter des Humanismus, die Literatur der Reformationszeit und die Zeit des Barock, Sturm und Drang, die Auswirkungen der Französischen Revolution am Oberrhein, die Literatur der Heidelberger Romantik und die Entstehung der Literarischen Moderne bis in die Gegenwart. Diese Stationen sind didaktisch so aufbereitet, dass sie insbesondere für die schulische Vermittlung gut geeignet sind.

Im Ton-Kabinett, das sich im Hebel-Raum befindet, können die Besucherinnen und Besucher über Tablets Lesungen der letzten Jahre auswählen und über Kopfhörer anhören. Das Ton-Kabinett umfasst eine Sammlung von Lesungen, die einleitenden Einführungen und die anschließenden Diskussionen. Das digitale Tonarchiv dokumentiert über 500 der Lesungen, die seit 1965 stattgefunden haben.

Literaturhaus im PrinzMaxPalais: das Museum für Literatur am Oberrhein, die Oberrheinische Bibliothek und das Oberrheinische Literaturarchiv

Zum Museum für Literatur am Oberrhein gehört die Oberrheinische Bibliothek, eine Präsenz- und Fachbibliothek mit einer Sammlung von über 10.000 Bänden zur oberrheinischen Literatur und Kulturgeschichte sowie eine Sammlung zur Verlagsgeschichte. Die Oberrheinische Bibliothek, die in die Ständige Ausstellung des Museums für Literatur am Oberrhein teilweise integriert ist, ist öffentlich zugänglich. Der Bestand ist über die Webseite des Südwestdeutschen Bibliotheksverbunds (SWB) und das Bibliotheksportal Karlsruhe recherchierbar.

Abb. oben: Gemälde von Friedrich August Pecht: *Faust*-Lesung Goethes am Karlsruher Hof in Gegenwart Klopstocks (1860).

Abb. S. 148 oben links: Erstausgabe von *Zettels Traum* von Arno Schmidt, Erwerbung aus Mitteln der Stiftung Hirsch.

S. 148 oben rechts: Scheffel-Kabinett im MLO.

Die Literarische Gesellschaft ist Trägerin des Oberrheinischen Literaturarchivs. Es verwahrt wertvolle Erstausgaben, Handschriften, Briefe und Dokumente von mehr als 150 Schriftstellerinnen und Schriftstellern rechts und links des Oberrheins. Der Schwerpunkt liegt auf dem 19. Jahrhundert, beginnend mit Johann Peter Hebel. Den Grundstock des Archivs bildet der Nachlass Joseph Victor von Scheffels: dieser umfasst mehrere tausend Blatt Handschriften und Materialien zu allen großen Werken Scheffels, darunter Manuskripte zu *Der Trompeter von Säckingen. Ein Sang vom Oberrhein*, Gedichte, sämtliche Notiz- und Tagebücher, Reiseskizzen sowie Zeichnungen Scheffels und weitere künstlerische Arbeiten und eine kleine Gemälde- und Graphiksammlung. Neben der Sammlung von literarischen Nachlässen enthält das umfangreiche Handschriftenarchiv auch Handschriften von Paul Celan, Marie Luise Kaschnitz und vielen zeitgenössischen Autorinnen und Autoren.

Karlsruher Literaturforum

Das *Karlsruher Literaturforum* bot Autorinnen und Autoren, die in einer direkten Beziehung zum Oberrhein standen, eine gemeinsame Plattform. Die mehrtägige Leseveranstaltung fand erstmals im Jahr 2000 statt und war der Vorläufer der *Literaturtage Karlsruhe*.

Die Literaturstipendiatinnen und -stipendiaten des Landes Baden-Württemberg stellen seit 2004 im PrinzMaxPalais ihre Texte vor und geben Einblicke in ihre Arbeit.

Lesungen
Lesung Süd

Der Autor Peter Schneider erinnerte sich zu Beginn seiner Lesung aus *Eduards Heimkehr* am 12. Mai 1999 im PrinzMaxPalais Karlsruhe an seinen Scheffel-Preis im Jahr 1959:

Das mit dem Scheffel-Preis muss ich Ihnen doch noch kurz erzählen. Ich habe damals als Abiturient am Berthold-Gymnasium in Freiburg – am BG, wie es hieß (man

betonte immer den ersten Buchstaben) – bei einem sehr
tüchtigen Deutschlehrer, dem ich viel verdanke, Abitur
gemacht und bekam dann für meinen Abituraufsatz diesen Scheffel-Preis. Ich bekam aber noch einen zweiten
Preis. Es gab irgendwie so einen Preis für die drei besten
Aufsätze Baden-Württembergs. Es war übrigens eine Ge-
dichtinterpretation über Gottfried Benn. Das war ein Buch
von Gerhard Storz über Friedrich Schiller und dann weiß
ich nicht mehr, wie es kam, ob es bereits mein beginnen-
der revolutionärer Überschwang war, der mich das Buch
ins Antiquariat tragen ließ, oder ob es meine Eltern ausge-
mistet haben, als ich längst weg war aus Freiburg. Jedenfalls ist dieses Buch offenbar beim Antiquar gelandet. Und
Jahre später, da lief diese Sache mit dem »Verfassungs-
feind« und ich diskutierte damals zusammen mit Heinrich Böll gegen Hans Maier, den Kultusminister aus Bayern im *WDR*, und der Hans Maier sagte: »Wissen Sie, ich

Abb.: Hansgeorg Schmidt-Bergmann und
Peter Schneider (Foto von 2013).

bin gestern in Freiburg herumgelaufen, in meiner alten Studienstadt, und da fiel mir ein Buch meines Kollegen Storz in die Hände. Ich habe dieses Buch aufgeschlagen und sehe, dass es ein Preis für Sie war. Hier ist es.« Also es war fast zu schön, um wahr zu sein. Ich habe in meiner damaligen Mentalität gedacht, er hat einen tüchtigen Geheimdienst beschäftigt, um mir sozusagen das Wasser abzugraben. Denn natürlich war mein Aggressionspotential nach diesem Geschenk erst einmal verpufft.[5]

Der erwähnte bayerische Kultusminister Hans Maier war 1951 ebenfalls Scheffel-Preisträger am Berthold-Gymnasium in Freiburg.

Peter Schneider, der als einer der wichtigsten Köpfe der 68er-Bewegung gilt, verarbeitet in der Novelle *Lenz* (1973) die Studentenrevolte literarisch. Seine essayistische Erzählung *Der Mauerspringer* (1982) spielt in der geteilten Stadt Berlin im Vorfeld der Wiedervereinigung und verhandelt die Überwindung der Mauer auf literarische Weise.

Digitale Angebote und Neue Medien

Als eine der ersten kulturellen Einrichtungen startete die Literarische Gesellschaft ins digitale Zeitalter und sicherte sich unter anderem die Domain *literaturmuseum.de*. Neben der Herausgabe von Audio-CDs und CD-ROMs wurden

5 Lesung von Peter Schneider: *Eduards Heimkehr* (12.5.1999) im PrinzMaxPalais Karlsruhe.

Abb.: Veranstaltung (Gespräch und Lesung) am 22. September 2022 zum Thema ›Starke Frauen. Starke Geschichten. Gender Gap heute?‹: Birgit Heiderich (r.) und Regine Kress-Fricke (l.), Autorinnen und Mitbegründerinnen der Initiative ›Schreibende Frauen in Baden-Württemberg‹ (ISCHFRA), sprachen über die Gründung im Jahr 1980, die Rolle der Frau und die Förderung von Autorinnen.

Abb.: Sibylle Lewitscharoff stellte am 21. November 2011 *Blumenberg* vor – eine Hommage an den Philosophen Hans Blumenberg.

Lesung von Joachim Gauck am 9. Januar 2012 kurz vor seiner Ernennung als Kandidat zur Wahl des Bundespräsidenten.

Büchner-Preisträger Wilhelm Genazino im Gespräch mit Prof. Schmidt-Bergmann 2012 im MLO.

Abb.: Jan Philipp Reemtsma bei der Veranstaltung *100 Jahre Arno Schmidt* am 6. Juni 2014.

Literaturnobelpreisträgerin Herta Müller signierte ihre Bücher nach der Veranstaltung im Konzerthaus Karlsruhe am 15. Oktober 2013, die im Rahmen der Ausstellung *Unter vier Augen* (der Staatlichen Kunsthalle Karlsruhe) stattfand.

Martin Walser bei seiner letzten Lesung in Karlsruhe am 12. April 2018 aus *Gar alles*.

Abb.: Autor und Liedermacher Wolf Biermann präsentierte am 24. April 2023 Gedichte und Texte aus vier Jahrzehnten (Kooperationsveranstaltung mit dem Deutsch-Israelischen Freundeskreis).

Der amerikanische Autor und Pulitzer-Preisträger Richard Ford sprach am 23. Oktober 2023 über seinen neuen Roman *Valentinstag*.

Debütautorin Charlotte Gneuß (l.) sprach mit Miriam Schabinger (r.) am 18. April 2024 über ihren Roman *Gittersee*.

Augenblicke der Wahrnehmung
Walter Helmut Fritz liest aus eigenen Werken.
Ein Querschnitt (1956–1999)

Tonkabinett des Museums für Literatur am Oberrhein 1

Dichter lesen: Uwe Johnson, Hans Mayer, Karl Krolow, Peter Bichsel, Siegfried Unseld,
Wolfgang Hildesheimer, Durs Grünbein, Patrick Roth.

aus dem Tonkabinett der Literarischen Gesellschaft, Karlsruhe
suhrkamp   AUDIO-CD

Schriftstellerinnen lesen: Sigrid Damm, Carola Stern, Marlene Streeruwitz, Barbara Honigmann,
Zoë Jenny, Sarah Khan, Beata Rygiert, Babette Dieterich.

Aus dem Tonkabinett der Literarischen Gesellschaft, Karlsruhe, Folge 2

Internetplattformen wie *autoren-bw.de* oder *literatur-land-bw.de* eingerichtet. Das in Zusammenarbeit mit der Arbeitsstelle für Literarische Museen, Archive und Gedenkstätten in Baden-Württemberg entwickelte Portal *literaturland-bw.de* bietet Informationen über 100 Museen und Gedenkstätten. Das Internetprojekt *autoren-bw.de* ist das einzige digitale Verzeichnis von Autorinnen und Autoren sowie Übersetzerinnen und Übersetzern, die in Baden-Württemberg leben: Die Datenbank umfasst etwa 1300 Einträge zur Gegenwartsliteratur in der Bundesrepublik und ermöglicht aktuelle Informationen über Neuerscheinungen und biografische Daten.

Wechselausstellungen

Als erste Ausstellung im PrinzMaxPalais wurde im Rahmen des 150. Jahrestags der Badischen Revolution *Literatur und Revolution in Baden 1848/49* vom 3. Mai bis zum 5. Juli 1998 präsentiert. Prof. Schmidt-Bergmann zog ein positives Fazit und bezeichnete die Premiere als »gelungen und erfolgreich«[6]. Im Rahmen der Ausstellung wurde die erste CD-ROM der Literarischen Gesellschaft erstellt: *Ihr könnt das Wort verbieten – ihr tötet nicht den Geist.*

1999 wurde die Kabinettausstellung *Zwischen Dada und Resignation: Otto Flake (1880-1963)* gezeigt. Es folgte 1999: *Walter Helmut Fritz – »Augenblicke der Wahrnehmung«* anlässlich des 70. Geburtstags des renommierten Karlsruher Schriftstellers. Dazu erschienen ein Begleitbuch und eine CD mit Lesungen. Im Jahr 2000 wurde die Kabinettausstellung *Werner Bergengruen (1892-1964): Stationen eines literarischen Weges* gezeigt. Im Rahmen der *Europäischen Kulturtage Karlsruhe* 2000 präsentierte die Literarische Gesellschaft die Ausstellung *Liter@tur. Computer/Literatur/Internet.* Im Fokus stand die ästhetische Dimension einer digitalen Literatur und die Frage nach deren qualitativ Neuem. Schmidt-Bergmann: Diese drei Ausstellungen »fanden in der Öffentlichkeit großes Interesse und Beifall. [...] Die Besucherzahlen der Bergengruen-Ausstellung ließen erkennen, daß die populären Autoren der 50er und 60er Jahre noch immer aktuell sind.«[7]

6 Literarische Gesellschaft: Protokoll der 45. Mitgliederversammlung, in: mitteilungen 66 (1999), S. 26-28, hier S. 26.
7 Literarische Gesellschaft: Protokoll der 47. Mitgliederversammlung, in: mitteilungen 68 (2000), S. 18-21, hier S. 18 f.

Aufnahmestudio Prinz-Max-Palais

Literarische Gesellschaft Karlsruhe bietet mit digitaler Reihe Autoren eine Plattform

Gesagt, getan. Die Idee des Geschäftsführenden Vorstandsvorsitzenden der Literarischen Gesellschaft Karlsruhe, Hansgeorg Schmidt-Bergmann, freie Kulturschaffende zu unterstützen (die BNN berichteten), hat in Form der „Karlsruher Literaturclips" innerhalb weniger Wochen erste Gestalt angenommen.

Die neue digitale Reihe der Literarischen Gesellschaft, die an diesem Mittwoch beginnt, holt Karlsruher Autorinnen und Autoren vor die Kamera. Dadurch solle die Vielfalt der lokalen Literaturszene präsentiert und auf ihre aktuelle Situation hingewiesen werden, in der Auftritts-Möglichkeiten und Honorare fehlen. „Für die erste Staffel der Clips haben wir sieben Literatinnen und Literaten aus Karlsruhe sowie mit Bezug zur Fächerstadt angesprochen. Alle haben sofort zugesagt", sagt Schmidt-Bergmann. Man sei allerdings auch für Anfragen offen.

Für das Format wurde ein Literaturfonds eingerichtet. „Wir sind bei 3.000 Euro – alles private Spenden und es werden mehr", berichtet der Initiator. Man wolle gezielt Kulturinteressierte und Multiplikatoren ansprechen. Die Autoren erhalten ein Honorar von jeweils 300 Euro. „Wir sind ein gemeinnütziger Verein. Aber wenn es bei Einzelfällen notwendig ist, helfen wir über das Konto hinaus.

Es geht jedoch nicht allein um die wichtige finanzielle Unterstützung, sondern darum, zu zeigen, dass auch Literatur ‚systemrelevant' ist." Aufgenommen wurden die zehnminütigen Clips im Bibliothekssaal im Prinz-Max-Palais, an eben jenem Ort, an dem reguläre Lesungen bisher stattfanden.

Pressesprecher Matthias Walz sagt, es gehe nicht um Tonstudio-Qualität, sondern vor allem um Authentizität: „In der Gestaltung ihres Beitrags sind die Autorinnen und Autoren frei. Es werden

KAMERA AB: Karlsruher Literaturclips mit Autorin Natalie Friedrich.   Foto: MLO

Slamtexte, Gedichte und Erzählungen gelesen. Sie können sich vorstellen, ihren Karlsruhe-Bezug verraten oder einen Einblick in ihr Schaffen geben."

Die Aufnahmen erscheinen jeweils mittwochs von 12 Uhr an auf der Homepage und dem Instagram-Account des Literaturmuseums. Den Anfang macht Reiselyriker Maurice Moel, der bereits im Februar im Literaturhaus gelesen hat. Es folgen Natalie Friedrich, Paul Blau, Claudia Mummert, Sara Ehsan, Stefanie Schweizer und Anja Kümmel. „Für uns ist das ein Experiment. Wir freuen uns außerdem über inhaltliche Beiträge und Vorschläge, wie man in dieser Zeit mit Lesungen umgehen kann", sagt Schmidt-Bergmann. Es werde auf jeden Fall eine zweite Staffel geben.

Auch die Lesung Süd ging am Montag mit Auszügen aus dem Debütroman „Taubenleben" von Paulina Czienskowski online. Schließlich musste die für den 4. Mai im Kohi-Kulturraum geplante Lesung auf den 2. November verschoben werden.

Die Autorin sei sofort begeistert gewesen, als sie den Vorschlag erhielt, einen Vorgeschmack darauf für die Literarische Gesellschaft Karlsruhe einzulesen. „Wenn das Format gut ankommt, würden wir auch das fortsetzen – gar keine Frage", meint Schmidt-Bergmann.

Elisa Walker

i   **Service**

Spendenkonto: Literarische Gesellschaft e. V., IBAN: DE50 6605 0101 0108 3071 41. www.literaturmuseum.de

---

Es folgte eine Kabinettausstellung aus den Beständen der Kinderbuchsammlung von Dr. Erich Strobach (Bielefeld): *Von Entdeckern, Auswanderern und reisenden Kaufleuten – Erzählungen von fernen Welten in historischen Kinder- und Jugendbüchern*. Den Eröffnungsvortrag hielt Prof. Dr. Gundel Mattenklott (Berlin). Es folgte die Ausstellung *Doppelbegabungen I: Joseph Victor von Scheffel als Zeichner*.

Am 27. Juli 2001 eröffnete Siegfried Unseld, einer der wichtigsten Verleger der Bundesrepublik, mit einer Rede im PrinzMaxPalais die Ausstellung *Die Lesbarkeit der Welt – 50 Jahre Suhrkamp*, die zuvor im Museum für Angewandte Kunst in Frankfurt am Main zu sehen war.

Abb. oben: Artikel von Elisa Walker in den *Badischen Neuesten Nachrichten* vom 5. Mai 2020: *Aufnahmestudio Prinz-Max-Palais. Literarische Gesellschaft Karlsruhe bietet mit digitaler Reihe Autoren eine Plattform.*

Abb. S. 156 oben: Begleitbroschüre zur Ausstellung Walter Helmut Fritz.

Abb. S. 156 Mitte und unten: Aufnahmen aus dem Tonkabinett.

Hansgeorg Schmidt-Bergmann

Torsten Liesegang (Hgg.)

Liter@tur

Computer – Literatur – Internet

AISTHESIS VERLAG

8 Vgl. Literarische Gesellschaft: Protokoll der 51. Mitgliederversammlung, in: mitteilungen 72 (2005), S. 5-9, hier S. 6.

Abb. links unten: Begleitbroschüre zum Projekt: Liter@tur: Computer-Literatur-Internet.

Abb. rechts oben: Ausstellung *50 Jahre Baden-Württemberg: Ein Bild der Zeit – Literatur in Baden-Württemberg 1952-1970.*

Eine große Ausstellung im Rahmen des Landesjubiläums war vom 14. Juni bis zum 8. September 2002 im PrinzMax-Palais zu sehen: *50 Jahre Baden-Württemberg: Ein Bild der Zeit – Literatur in Baden-Württemberg 1952–1970.*

Zehn Jahre später folgte anlässlich des 60-jährigen Landesjubiläums die Fortsetzung. Die zwei Katalogbände zählen heute zu den Standardwerken der Literaturgeschichte Baden-Württembergs.

Vom 12. Februar bis zum 4. April 2004 wurde eine aus dem Schiller-Nationalmuseum Marbach a. N. übernommene Ausstellung präsentiert: *Hermann Hesse: Diesseits des Glasperlenspiels.*

Im Rahmen der *17. Europäischen Kulturtage*, die unter dem Motto ›Istanbul‹ standen, zeigte die Literarische Gesellschaft von Mitte April bis Ende Mai 2004 die Ausstellung *Bilder der Sehnsucht* über den in den Jahren des Nationalsozialismus in die Türkei emigrierten Philologen, Maler und Dichter Traugott Fuchs (1906-1997).[8]

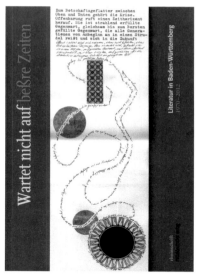

Die Ausstellung *40 Jahre Verlag Klaus Wagenbach* (28. Januar bis 13. März 2005) setzte die Präsentationen über einflussreiche deutschsprachige Verlage fort.

Vom 11. April bis zum 12. Juni 2005 folgte die Ausstellung »*sah vorzügliche Gemälde von Murillo, Duov, Carracci …*«. *H. C. Andersen zu Besuch in Karlsruhe 1855. 1860. 1873.*

Vom 30. März bis zum 7. Mai 2006 erfolgte unter dem Titel *Doch ich wurde unversehens in die Residenz berufen* die Präsentation von Exponaten aus der umfangreichen Hebel-Sammlung mit Erstausgaben und Übersetzungen des Schopfheimer Zimmermanns und Unternehmers Karl Fritz. Diese Sammlung von 700 Exponaten konnte in vollem Umfang erworben werden und ist Teil der Dauerausstellung.

Die Ausstellung *Karlsruhe 1907: Der Sensationsprozess Carl Hau* war vom 8. Mai bis zum 9. September 2007 zu sehen. Der bis heute ungeklärte Mord in Baden-Baden entfacht immer neue Spekulationen. Die Ausstellung und der Katalogband lösten große Diskussionen aus.

Abbildungen oben: Kataloge zum 50. und 60. Jubiläum des Landes Baden-Württemberg.

Abb. unten: Ausstellungsbroschüre des von Hermann Fuchs herausgegebenen Katalogs zu Traugott Fuchs, einem deutschen Literaturprofessor, Philologen und Maler, der als NS-Flüchtling in seinem türkischen Exil zum Aufbau der Lehre in deutscher Sprache an den Universitäten in Istanbul verhalf.

Abb.: Klaus Wagenbach (Mitte) und Paul Kaufmann (links) anlässlich der Eröffnung der Ausstellung *40 Jahre Verlag Klaus Wagenbach*.

Ausstellung *Badische Literatur 1806-2006*.

Die Kunsthistorikerin Dr. Annette Ludwig führte durch die Ausstellung *Klaus Arnold. Malerei*.

Abb.: Hoher Besuch: Bernhard Prinz von Baden ließ sich von Kurator Dr. Ulrich Maximilian Schumann die Ausstellung *Friedrich Weinbrenners Weg nach Rom* zeigen

Brecht-Experte Prof. Dr. Jan Knopf sprach anlässlich der Ausstellungseröffnung *Glotzt nicht so romantisch! 20 Jahre Arbeitsstelle Bertolt Brecht = 20 Jahre Brecht und Karlsruhe.*

Ausstellung *Glotzt nicht so romantisch! 20 Jahre Arbeitsstelle Bertolt Brecht = 20 Jahre Brecht und Karlsruhe.*

Im Anschluss stand der bedeutende Karlsruher Baumeister im Mittelpunkt der Ausstellung *Friedrich Weinbrenners Weg nach Rom* (7. April bis 1. Juni 2008) im Rahmen der *19. Europäischen Kulturtage Karlsruhe*. Begleitend erschien ein viel beachteter Ausstellungskatalog.

Unter dem Motto *Glotzt nicht so romantisch! 20 Jahre Arbeitsstelle Bertolt Brecht = 20 Jahre Brecht und Karlsruhe* wurde eine Ausstellung vom 24. April bis zum 24. Mai 2009 mit der Arbeitsstelle Bertolt Brecht (ABB) der Universität Karlsruhe (TH) und deren Leiter Prof. Dr. Jan Knopf realisiert.

Im Rahmen der *20. Europäischen Kulturtage Karlsruhe 2010: Budapest-Pécs* folgte die Ausstellung *Auf dem Weg zur Theorie des Romans. Georg Lukács – Heidelberger Ästhetik (1912-1918)* vom 28. April bis zum 8. Juni 2010.

Parallel dazu lief eine Ausstellung des Museums für Literatur am Oberrhein in Zusammenarbeit mit der Badischen Landesbibliothek Karlsruhe im dortigen Ausstellungsraum (20. Mai bis 11. September 2010): *Anleitung zum Selberdenken. Johann Peter Hebels Excerpthefte.*

Vom 14. September bis zum 31. Oktober 2010 war die Ausstellung *Feridun Zaimoglu: ›Hinterland‹ – Die Bilder zum Roman* zu sehen.

Abb. oben rechts: Ausstellung *Anleitung zum Selberdenken. Johann Peter Hebels Excerpthefte.*

Unten links: Ausstellung zum 60. Geburtstags Wolfgang Rihms *Etwas Neues entsteht im Ineinander. Die Gedichtvertonungen – Wolfgang Rihm als Liedkomponist.*

Im Rahmen der *21. Europäischen Kulturtage Karlsruhe* zum Thema ›Musik baut Europa – Wolfgang Rihm‹ war die Ausstellung *Etwas Neues entsteht im Ineinander. Die Gedichtvertonungen – Wolfgang Rihm als Liedkomponist* zu sehen (vom 28. März bis zum 26. August 2012).

Ausstellung *Literatur in Baden-Württemberg 1970-2010* im Rahmen des 60-jährigen Landesjubiläums 2012:

Vom 14. September 2014 bis zum 11. Januar 2015 fand die Ausstellung *»… in die verwilderten Gärten der Dichtung und Poesie.«* Der Kritiker und Schriftsteller Adolf von Grolman *(1888-1973) – Kulturkonservative Literaturgeschichtsschreibung zwischen Anpassung und Opposition in der Weimarer Republik und im Dritten Reich* statt.

Parallel dazu lief die Ausstellung *Joseph Victor von Scheffel als bildender Künstler – ein Künstlerleben des 19. Jahrhunderts* anlässlich des 90-jährigen Jubiläums der Literarischen Gesellschaft (16. November 2014 bis 29. März 2015).

Feridun Zaimoglu
HINTERLAND
DIE BILDER ZUM ROMAN

Eine Ausstellung im
Museum für Literatur am Oberrhein
14. September - 31. Oktober 2010
PrinzMaxPalais, Karlstr. 10, 76133 Karlsruhe
www.literaturmuseum.de

Abb.: Ausstellung *Feridun Zaimoglu: ›Hinterland‹ – Die Bilder zum Roman.*

[Handschriftliches Manuskript:]

(1a

Otto

auch nie einen Platz in der ersten Reihe
genommen. So dicht an den in beiden
Richtungen Vorbeiströmenden sah
man doch nichts. Er hatte sich
möglichst *nah* an die Haus-
wand gesetzt.

"Otto saß auch schon. Zu Sabines Füßen.
Er sah aber noch zu Helmut herauf, als
wolle er sagen, er betrachte sein
Sitzen, so lange Helmut sich noch
auch gesetzt habe, als vorläufig.
Sabine bestellte schon *den* Kaffee,
legte ein Bein über das andere
und schaute

Abb.: Erste Seite aus Martin Walsers
Manuskript *Ein fliehendes Pferd.*

Ausstellung *Literatur in
Baden-Württemberg 1970-2010.*

Anlässlich des 190. Geburtstages von Scheffel wurde im Museum für Literatur am Oberrhein die Ausstellung *Joseph Victor von Scheffel – Zeichnerische Impressionen* gezeigt (16. Februar bis 17. April 2016).

Im Rahmen der 23. *Europäischen Kulturtage Karlsruhe* mit dem Thema *Wanderungen* wurde im U-Max im Prinz-MaxPalais die Ausstellung *Echoland. Über das Ringen um Europa. Fotoarbeiten von Jörg Gläscher* präsentiert (9. bis 17. April 2016). Am 20. Juli 2016 konnte die Eröffnung der neu gestalteten Scheffelräume im Hochrheinmuseum Schloss Schönau in Bad Säckingen gefeiert werden: *Der Trompeter von Säckingen. Eine Liebesgeschichte. Ein Buch. Ein Bestseller.* Diese Ausstellung wurde von der Literarischen Gesellschaft konzipiert, zusammen mit der Stadt Bad Säckingen realisiert und wird als ›Außenstelle‹ beworben.

Abb: Ausstellung »… *in die verwilderten Gärten der Dichtung und Poesie«. Der Kritiker und Schriftsteller Adolf von Grolman (1888-1973) – Kulturkonservative Literaturgeschichtsschreibung zwischen Anpassung und Opposition in der Weimarer Republik und im Dritten Reich.* Sie bilanzierte die Auswertung des von der Literarischen Gesellschaft akquirierten Nachlasses von Grolman.

Abb.: Ausstellung *Echoland. Über das Ringen um Europa. Fotoarbeiten von Jörg Gläscher.*

Vom MLO kuratiert: ›ScheffelRäume‹ zu *Der Trompeter von Säckingen in Bad Säckingen.*

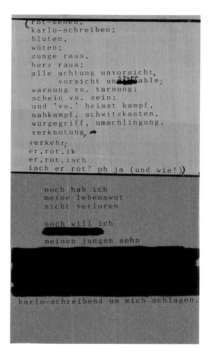

```
(rot-sehen,
 karlo-schreiben;
 bluten,
 wüten;
 zunge raus,
 herz raus;
 alle achtung unvorsicht,
      vorsicht un_____able;
 warnung vs. tarnung;
 schein vs. sein;
 und 'vs.' heisst kampf,
 nahkampf, schwitzkasten,
 würgegriff, umschlingung,
 verknotung,
 verkehr;
 er,rot,ik
 er,rot,isch
 isch er rot? oh ja (und wie!))

     noch hab ich
     meine lebenswut
     nicht verloren

     noch will ich

     meinen jungen sehn


 karlo-schreibend um mich schlagen.
```

FETZEN: *Rotzig, kraftvoll, wild – Papierarbeiten von Lisa Kränzler* lautete der Titel einer Ausstellung, die vom 12. Mai bis zum 28. August 2016 gezeigt werden konnte.

Die Ausstellung *Liebe & Revolution. Hedwig Lachmann und Gustav Landauer zwischen Kunst und Politik* wurde vom 28. April bis 2. September 2018 realisiert.

Neben der Ausstellung *Vorhang auf! Trude Schelling-Karrer: von der Bühne zur Innenarchitektur* (3. Juni bis 28. August 2022) wurde zeitgleich die Ausstellung *70 Jahre Literaturland Baden-Württemberg – Geschichten und Geschichte* (7. Juli bis 30. September 2022) gezeigt.

Abb.: Schloss Schönau, Sitz des Scheffel-Museums in Bad Säckingen.

Seite des Begleitbands zur Ausstellung *Fetzen: Rotzig, kraftvoll, wild* (von Lisa Kränzler), gefördert von der Mechthild-Mayer-Stiftung.

Am 2. November 2023 wurde die Ausstellung *Simone de Beauvoir: Das andere Geschlecht* eröffnet, die bis zum 7. April 2024 im 1. Obergeschoss des PrinzMaxPalais präsentiert wurde. Mit mehr als 3.000 Besucherinnen und Besuchern fiel die Bilanz sehr positiv aus. Diese Ausstellung war von der Bundeskunsthalle Bonn und dem Literaturhaus München erarbeitet worden. Die Literarische Gesellschaft begleitete die Ausstellung mit einem vielfältigen Begleitprogramm zu Theorie und Geschichte des Feminismus.

Abb.: Ausstellung *Vorhang auf! Trude Schelling-Karrer: von der Bühne zur Innenarchitektur.*

Ausstellung *SIMONE DE BEAUVOIR: DAS ANDERE GESCHLECHT.*

Literaturführer
Oberrheinische Literaturstraße

Ziel des Projekts war, die literarischen Orte und Gedenkstätten in Baden, in der Pfalz, im Elsass und in der Schweiz
und damit die kulturelle Vielfalt der Region zu dokumentieren.[9] Entstanden ist der 2011 zusammen mit dem ADAC
herausgegebene opulente Führer *Literaturregion Oberrhein
bis Bodensee. Orte – Personen – Schauplätze.*

Tagungen
Kooperation mit der
Evangelischen Akademie Baden, Bad Herrenalb

Ab 2001 veranstaltete die Literarische Gesellschaft Tagungen, die im Haus der Kirche Bad Herrenalb in Zusammenarbeit mit der Evangelischen Akademie Baden stattfanden,
geleitet von Akademiedirektor Dr. Jan Badewien und Prof.
Schmidt-Bergmann. Begleitend erschien zu jeder Tagung
eine Publikation.

   Ralf Stieber schreibt dazu in der Chronik *75 Jahre Evangelische Akademie Baden*: »Erstmals wurde 2001 eine Lite-
raturtagung in Kooperation mir der Literarischen Gesellschaft Karlsruhe veranstaltet: ›*Keine Fußspur im Sande. Kein*

9   Vgl. mitteilungen 69 (2002), S. 2.

Abb.: Antonia Mohr (l.) und Judith Samp
(r.) beim Schmökerabend im Rahmen
der Ausstellung *SIMONE DE BEAUVOIR:
DAS ANDERE GESCHLECHT* 2023.

Literarischer »Reiseführer« Oberrhein in
Zusammenarbeit mit dem ADAC.

10 Ralf Stieber: 75 Jahre Evangelische Akademie Baden. Gesellschaftliche Relevanz durch gelebte Gesprächs- und Streitkultur. Eine Chronik, verfasst im Auftrag der Evangelischen Akademie Baden, Heidelberg u. a. 2022, S. 311.
11 Achim Aurnhammer / Wilhelm Kühlmann / Hansgeorg Schmidt-Bergmann (Hg.): Von der Spätaufklärung zur Badischen Revolution. Literarisches Leben in Baden zwischen 1800 und 1850, Freiburg i. Br. u. a. 2010.
12 Vgl. mitteilungen 80 (2003), S. 20.
13 Carsten Rohde / Hansgeorg Schmidt-Bergmann (Hg.): Die Unendlichkeit des Erzählens. Der Roman in der deutschsprachigen Gegenwartsliteratur seit 1989, Bielefeld 2013.
14 Vgl. mitteilungen 70 (2003), S. 17.

Zweig geknickt‹. Zum 100. Geburtstag von Marie Luise Kaschnitz. Jan Badewien und der Leiter der Literarischen Gesellschaft, Hansgeorg Schmidt-Bergmann, veranstalteten bis 2012 insgesamt zwölf Literaturtagungen«[10].

Kooperation mit den Universitäten Freiburg und Heidelberg

2010 wurde der Band *Von der Spätaufklärung zur Badischen Revolution. Literarisches Leben in Baden zwischen 1800 und 1850* herausgegeben von Prof. Dr. Achim Aurnhammer, Prof. Dr. Wilhelm Kühlmann und Prof. Dr. Hansgeorg Schmidt-Bergmann. In Kooperation mit den Universitäten in Freiburg und Heidelberg entstand ein umfassendes Kompendium, das neue Perspektiven zur badischen Literatur eröffnet.[11]

Kooperation mit dem Institut für Literaturwissenschaft des KIT

Die Unendlichkeit des Erzählens war der Titel einer internationalen Tagung zum Roman in der deutschsprachigen Gegenwartsliteratur seit 1989, die vom 28. bis zum 30. März 2012 auf Einladung des Instituts für Literaturwissenschaft am KIT und der Literarischen Gesellschaft im PrinzMaxPalais stattfand. Den Abschluss des ersten Tags bildete eine Autorenlesung mit Christian Kracht.[12] Bei einer Podiumsdiskussion diskutierten PD Dr. Carsten Rohde und Prof. Schmidt-Bergmann mit Sibylle Lewitscharoff, Peter Stamm und Thomas Lehr in einem Gespräch über *In der Werkstatt der Gegenwart oder Über das Romaneschreiben*.[13]

allmende – Zeitschrift für Literatur

Die baden-württembergischen Literaturzeitschriften standen im Frühjahr 2002 vor dem ›Aus‹. Als Herausgeber der renommierten Zeitschrift fungierten am Beginn im Jahr 1981 unter anderen Martin Walser, Adolf Muschg und Hermann Bausinger. In der *Frankfurter Allgemeinen Zeitung* vom 10. April 2002 war zu lesen: »Baden-Württemberg kürzt

Armes Ländle

Aus für vier Literaturzeitschriften

Mit einer Unterschriftenliste und einem Brief an den baden-württembergischen Ministerpräsidenten Erwin Teufel protestieren 852 Bücherfreunde gegen das drohende Aus für die Literaturzeitschriften „exempla“, „Wandler“, „Allmende“ und „Literaturblatt“. Gerade jüngere, unbekannte Autorinnen und Autoren hätten ohne die Literaturzeitschriften keine Chance zur Veröffentlichung, heißt es in dem Schreiben. Bisher hatte das Land die Zeitschriften mit insgesamt 20000 Euro im Jahr unterstützt. Vor einigen Monaten jedoch war die Einstellung der Förderung beschlossen worden (F.A.Z. vom 10. April). Kunst-Staatssekretär Michael Sieber verteidigte die Streichung mit Hinweis auf die „finanziellen Stürme der letzten Jahre“. Auf Dauer habe der Literaturbereich nicht von den Einsparungen verschont werden können. Um so erstaunlicher, daß das Land für den „Litertursommer Baden-Württemberg“ zur Feier seines fünfzigjährigen Bestehens 330000 Euro ausgibt, wovon allein 100000 Euro auf die Feiern zum 125. Geburtstag Hesses entfallen. Während an repräsentativen Auszeichnungen wie dem Hebel-, Schiller- oder Wieland-Preis kein Mangel herrscht, werden es wenig bekannte Autoren im Ländle künftig schwerer haben denn je. fvl

Geld für Literaturzeitschriften«. Die *allmende* stand allerdings bereits vor der Ankündigung des Wissenschaftsministers ohne einen Verlag da. Um die *allmende* zu retten, konnte Hansgeorg Schmidt-Bergmann zusammen mit dem Kulturhistoriker Manfred Bosch ein Modell entwickeln, das den Fortbestand der Zeitschrift garantiert. Zudem wurde der engagierte Karlsruher INFO Verlag gewonnen, der die *allmende* in sein Verlagsprogramm aufnahm.[14] Die erste Nummer nach dem Relaunch (Nr. 72) erschien im September 2003 im Karlsruher Info-Verlag. 2024 ist die Nr. 113 publiziert worden – jetzt im Mitteldeutschen Verlag (Halle), der die Zeitschrift seit 2014 ins Programm aufgenommen hat.

Abb. von oben links: Adolf Muschg im Jahr 2008.

Armes Ländle. Aus für vier Literaturzeitschriften. Artikel von Felicitas von Lovenberg in der *Frankfurter Allgemeinen Zeitung*, Nr. 181 (7. August 2002), S. 36.

Ausgezeichnet: Die Literaturzeitschrift allmende erhielt den Kulturförderpreis des Landes Baden-Württemberg – Preisverleihung in der Stadtbibliothek Stuttgart

15 Presseinformation vom 14.3.2017: Kulturpreis Baden-Württemberg für Annette Pehnt und Zeitschrift *allmende*.

Abb.: Die *allmende* erhielt 2017 den Literatur-Förderpreis des Landes Baden-Württemberg.

Lena Gorelik präsentierte ihren Text *Neu* aus der *allmende* Nr. 86: *Liebe, Lust und Leidenschaft* (erschienen im Dezember 2010) in der Buchhandlung Kunst- und Textwerk in München am 6. Mai 2011.

Der Förderpreis des Kulturpreises Baden-Württemberg 2017 in Höhe von 5.000 Euro wurde am 4. Juli in der Stadtbibliothek Stuttgart an die *allmende – Zeitschrift für Literatur* verliehen. Die Jury begründete ihre Entscheidung folgendermaßen: »*allmende* trägt mit einem breiten Fächer an Themen dazu bei, dass sich Literatur in Zeiten des beschleunigten Wandels einen gesellschaftskritischen Funktionsraum bewahren und gleichzeitig und dabei beständig die literarischen Traditionen der oberrheinischen Grenzregion bündelnd«[15].

Die *5. Baden-Württembergischen Übersetzertage* wurden vom 16. bis 20. November 2005 im PrinzMaxPalais von der Literarischen Gesellschaft im Auftrag des Landes Baden-

Württemberg in Zusammenarbeit mit der Stadt Karlsruhe durchgeführt.

Grimmelshausen-Preis

Der Johann-Jacob-Christoph-von-Grimmelshausen-Preis wird seit 1993 von den Gemeinden Gelnhausen und Renchen sowie den Bundesländern Hessen und Baden-Württemberg gestiftet und von den Kommunen abwechselnd verliehen. 2003 wurde zur Förderung junger Talente der Förderpreis des Johann-Jacob-Christoph-von-Grimmelshausen-Preises begründet, den die Literarische Gesellschaft zusammen mit der Stadt Gelnhausen finanziert.[16] 2005 wurde – erstmals unter Beteiligung der Literarischen Gesellschaft – der Förderpreis an Jagoda Marinić für ihren Erzählband *Russische Bücher* verliehen.

16 Vgl. Barbarossastadt Gelnhausen: Grimmelshausen-Preis 2023, URL: https://www.gelnhausen.de/freizeit-kultur/kultur/stiftungen-preise/#accordion-1-0 (letzter Zugriff: 19.8.2024); vgl. Literarische Gesellschaft: Förderpreis des Johann-Jacob-Christoph-von-Grimmelshausen-Preises, in: mitteilungen 81 (2014), S. 48 f., hier S. 48.

Abb.: Nr. 72, die erste »Karlsruher Nummer« der *allmende* – Zeitschrift für Literatur (2003).

Podiumsdiskussion mit Vertreterinnen und Vertretern der Literaturzeitschriften *allmende, die horen* und *mosaik* bei der Leipziger Buchmesse 2024.

Abb. rechts: Der Literaturdialog des Ministeriums für Wissenschaft, Forschung und Kunst Baden-Württemberg fand mehrmals im PrinzMaxPalais Karlsruhe statt, zuletzt im November 2024.

Abb. Mitte: Verleihung des Grimmelshausen-Förderpreises 2005 an Jagoda Marinić.

Abb. unten: Verleihung des Hermann-Hesse-Literaturpreises 2022 im Karlsruher Rathaus durch den Vorstandsvorsitzenden der Stiftung Hermann-Hesse-Literaturpreis Prof. Dr. Hansgeorg Schmidt-Bergmann (l.) und den Karlsruher Oberbürgermeister Dr. Frank Mentrup (r.) an Sasha Marianna Salzmann (2. v. l.) und des Hermann-Hesse-Förderpreises an Steven Uhly (2. v. r.). Jury: Jan Drees, Dr. Stefan Kister und Sandra Kegel.

Hermann-Hesse-Literaturpreis

Seit 2006 betreuen die Literarische Gesellschaft und Prof. Dr. Hansgeorg Schmidt-Bergmann die Stiftung Hermann-Hesse-Literaturpreis Karlsruhe. 1957 wurde diese Auszeichnung erstmals vergeben. Der erste Preisträger war Martin Walser mit seinem Roman *Ehen in Philippsburg*. Der Hermann-Hesse-Preis, der mit 15.000 € dotiert ist, und der Hermann-Hesse-Förderpreis, dotiert mit 7.500 €, werden alle zwei Jahre von einer Fachjury ausgewählt. Die Preisverleihung findet traditionell im Bürgersaal des Karlsruher Rathauses statt.

Lust am Schreiben! Schreibwettbewerb der Jugendstiftung der Sparkasse Karlsruhe und der Literarischen Gesellschaft

Der Schreibwettbewerb ›Lust am Schreiben‹ der Jugendstiftung der Sparkasse Karlsruhe und der Literarischen Gesellschaft, der sich an Schülerinnen und Schüler richtet, hat sich im Bereich der Schreibförderung in Karlsruhe erfolgreich etabliert. Ziel ist die Förderung der Sprachkompetenz.[17]

17 Vgl. Literarische Gesellschaft: Lust am Schreiben, in: mitteilungen 91 (2024), S. 46 f.; für weitere Informationen vgl. Jugendstiftung der Sparkasse Karlsruhe: Jugendstiftung, URL www.sparkassenstiftungen-ka.de/jugendstiftung (letzter Zugriff: 26.8.2024).

Abb.: Sparkassendirektor Michael Huber, Vorstandsmitglied der Literarischen Gesellschaft und ein großer Förderer der Literatur, beim Schreibwettbewerb ›Lust am Schreiben‹ der Jugendstiftung der Sparkasse Karlsruhe im Jahr 2023.

Prosapreis JuLi / Junge Literatur

Der JuLi-Preis für junge Literatur wird von der Literarischen Gesellschaft gemeinsam mit der GEDOK Karlsruhe und dem Kulturamt der Stadt Karlsruhe alle zwei Jahre vergeben. Gefördert werden deutschsprachige Texte (Prosa oder Drama) junger Schreibenden im Alter von 15 bis 21 Jahren. Karin Bruder, Autorin und Leiterin von Schreibworkshops, initiierte den Preis im Jahr 2009.

Workshops

Abb.: Schreibwerkstatt *beschriftet* mit der Autorin Katharina Hagena.

Semra Güvendir, Verwaltungsleiterin.

Manga-Workshop 2023 mit der Künstlerin »Sandie« Dietz.

Apollinaire-Preis

In Anlehnung an den Scheffel-Preis wurde 2001 im Auftrag der Robert Bosch Stiftung Stuttgart der Apollinaire-Preis als Französisch-Preis eingeführt. Von 2001 bis 2009 wurde der Apollinaire-Preis an über 400 Schulen in allen Bundesländern für überdurchschnittliche Abiturleistungen im Fach Französisch verliehen.

Scheffel-Preis

Der Scheffel-Preis wurde im Jahr 2024 an etwa 800 Schulen verliehen. Somit beteiligen sich so viele Schulen wie nie zuvor in der Geschichte der Literarischen Gesellschaft an der Vergabe des renommierten Scheffel-Preises, der nach wie vor als eine der wichtigsten Auszeichnungen für die beste Leistung im Fach Deutsch gilt.

Bedeutende Politikerinnen und Politiker waren bei der Literarischen Gesellschaft zu Gast und betonten in ihren Reden die Relevanz des Scheffel-Preises. Am 5. Juli 1999 hielt Dr. Annette Schavan, Ministerin für Kultus, Jugend und Sport, anlässlich der Scheffel-Preis-Feier in Karlsruhe das Grußwort und äußerte sich anerkennend:

> Die Literarische Gesellschaft ist mit ihrer Arbeit, der gelungenen Gestaltung des Literaturmuseums hier im PrinzMaxPalais beispielhaft für eine nichtstaatliche Einrichtung. Konstant und beharrlich, geprägt von Qualitätsbewusstsein, kümmern Sie sich um die Förderung der Literatur und ihre Vermittlung.
> In der Art, wie Sie dies tun, wird deutlich, dass es Ihnen um zukunftsgerichtetes Handeln geht. Sie sind damit zu einer Institution in unserem Lande geworden. Wir können in Baden-Württemberg stolz darauf sein, dass hier aus dem PrinzMaxPalais, Sinnbild badischer Residenzzeit, weit über unser Bundesland hinaus gewirkt wird.[18]

Eine Auszeichnung mit dem Scheffel-Preis ordnete die Kultusministerin wie folgt ein:

18 Annette Schavan, Ministerin für Kultus, Jugend und Sport, im Rahmen der Scheffel-Preis-Feier in Karlsruhe am 5. Juli 1999, in: mitteilungen 67 (2000), S. 18-22.

Abb.: Urkunde Apollinaire-Preis, Auszeichnung für die beste Abiturleistung im Fach Französisch.

Der Scheffelpreis gehört seit über 70 Jahren in die Bildungslandschaft des Südwestens: ein badisches Kulturgut, das nach Schwaben, in die Pfalz, ins Saarland und über die Landesgrenzen hinausstrahlt. [...] Ein Abitur mit der ›Zugabe‹ Scheffelpreis ist in Deutschland und Europa viel wert.[19]

In einem Gespräch zwischen Ministerin Annette Schavan und Prof. Schmidt-Bergmann wurde beschlossen, den Scheffel-Preis weiter auszubauen.[20] Dazu zählte die Vergabe des Scheffel-Preises an den offiziellen Deutschen Auslandsschulen, die vom Außenministerium betreut werden. Prof. Schmidt-Bergmann erläuterte im *Magazin Schule* den Bildungsauftrag der Literarischen Gesellschaft und die Idee des Scheffel-Preises.

Der damalige Staatsminister Dr. Christoph E. Palmer hielt im Rahmen der Jubiläumsfeier ›75 Jahre Scheffel-Preis‹ am 10. Juli 2003 in der Stuttgarter Liederhalle das Grußwort in Vertretung des Ministerpräsidenten Erwin Teufel und betonte, dass die Literarische Gesellschaft mit zahlreichen Ausstellungen, Vorträgen, Tagungen und Veröffentlichungen die Kulturlandschaft Baden-Württembergs bereichere.[21]

19 Ebd.
20 Vgl. mitteilungen 73 (2006), S. 6.
21 Vgl. Staatsminister Dr. Christoph E. Palmer anlässlich der Jubiläumsfeier ›75 Jahre Scheffel-Preis‹ in der Stuttgarter Liederhalle am 10.7.2003, in: mitteilungen 71 (2004), S. 4-10, hier S. 8 f. Palmer war damals Minister im Staatsministerium und Minister für europäische Angelegenheiten.

Abb.: Cover *Ikarus. Texte vom Fallen*, gefördert von der Mechthild-Mayer-Stiftung.

Staatsminister Dr. Christoph Eberhardt Palmer.

Von Seiten des Ministeriums für Wissenschaft, Forschung und Kunst Baden-Württemberg wird anerkennend hervorgehoben, dass die Literarische Gesellschaft ein ›Eckpfeiler der Literaturförderung‹ des Landes Baden-Württemberg sei.[22] Thema war auch die aktuelle Pisa-Studie. In seiner Ansprache plädierte Palmer dafür, die Herausforderung der Pisa-Studie anzunehmen: »[D]ie Vergabe des Scheffel-Preises steht für die Entschlossenheit, den Leistungsgedanken auf überzeugende Weise in die Schule und in die Öffentlichkeit zu tragen.«[23]

Der baden-württembergische Ministerpräsident a. D. Erwin Teufel war bei der Jubiläumsfeier ›80 Jahre Scheffel-Preis‹ am 4. Juli 2008 zu Gast im PrinzMaxPalais und stellte ebenfalls die Sprachkompetenz und die Stärkung des Sprach-

22   Vgl. Literarische Gesellschaft: Protokoll der 50. Mitgliederversammlung, in: mitteilungen 71 (2004), S. 25. Diese offizielle Einschätzung von Seiten des Ministeriums stammt aus einem Gespräch zwischen Prof. Dr. Schmidt-Bergmann, Dr. Ursula Bernhardt vom Ministerium und Dr. Michael Heck vom Kulturamt der Stadt Karlsruhe.
23   Staatsminister Dr. Christoph E. Palmer anlässlich der Jubiläumsfeier ›75 Jahre Scheffel-Preis‹ in der Stuttgarter Liederhalle am 10.7.2003, in: mitteilungen 71 (2004), S. 4-10, hier S. 5.

Abb.: Ministerpräsident Winfried Kretschmann hielt die Festrede bei der Scheffel-Preis-Feier am 1. Juli 2014 im Konzerthaus Karlsruhe.

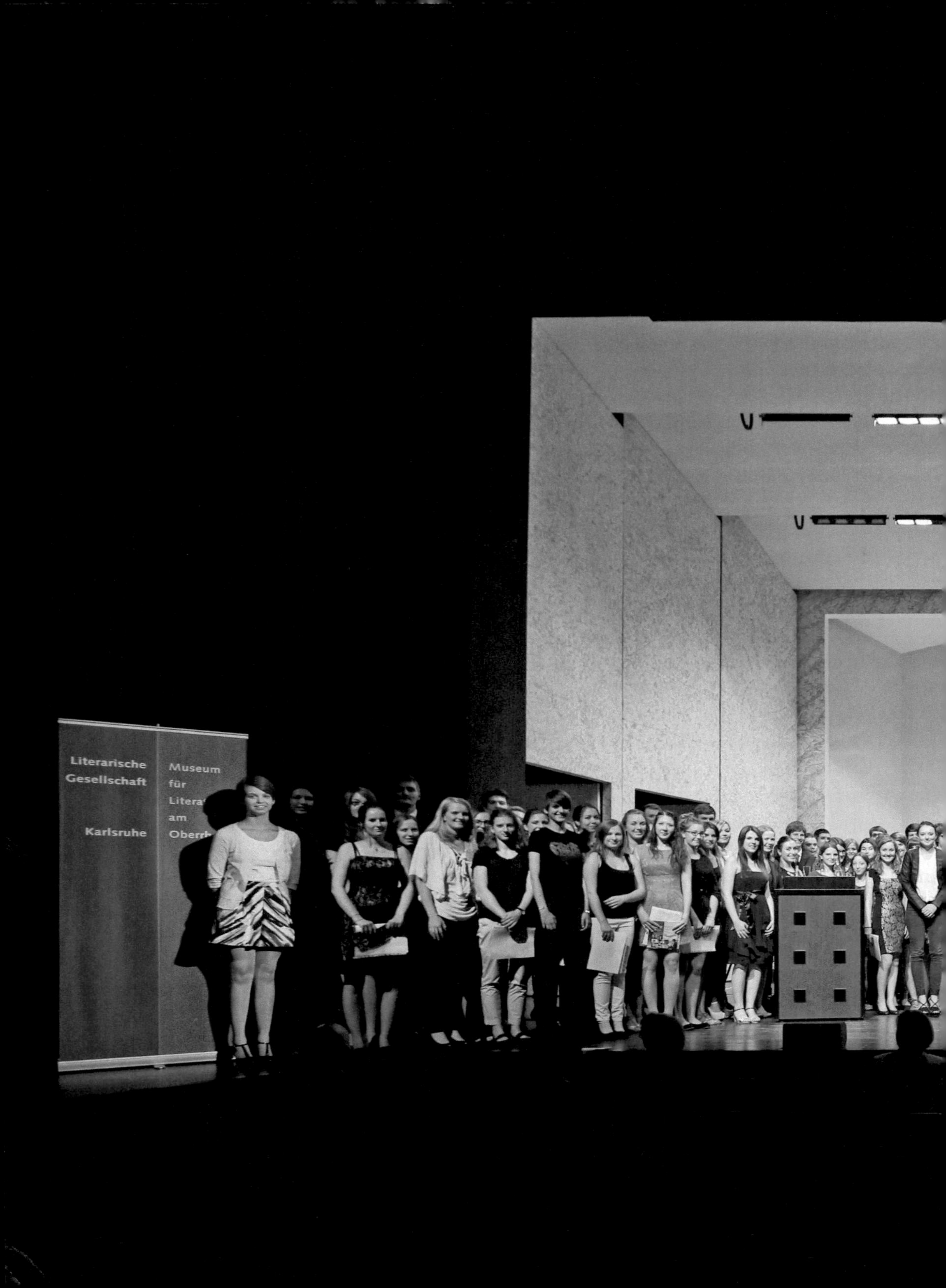
Literarische
Gesellschaft
Karlsruhe
Museum
für

vermögens in den Mittelpunkt seiner Rede: »Die Förderung der Sprache ist heute wichtiger denn je.«[24]

»Auch Umwege erhöhen die Ortskenntnis!«[25]

Ministerpräsident Winfried Kretschmann, Scheffel-Preisträger 1968 und seit 2006 Mitglied der Literarischen Gesellschaft, hielt die Festrede bei der Scheffel-Preis-Feier am 1. Juli 2014 im Konzerthaus Karlsruhe.

Der Ministerpräsident sprach über persönliche Erinnerungen an seine Schulzeit und von der Bildungsarbeit als notwendige Basis für das demokratische Gemeinwesen:

> Die Arbeit der Literarischen Gesellschaft [...], die sich ganz der Förderung der literarischen Bildung verschrieben hat, ist [...] für ein demokratisches Gemeinwesen natürlich ungeheuer wertvoll.[26]

Er rief die Scheffel-Preisträgerinnen und -Preisträger zu bürgerschaftlichem Engagement auf.

Petra Olschowski, Staatssekretärin im Ministerium für Wissenschaft, Forschung und Kunst Baden-Württemberg (2016-2022), betonte anlässlich der Scheffel-Preis-Feier am 6. Juli 2018 in Karlsruhe in ihrem Grußwort: »Tradition und Innovation, Vergangenes und Zukünftiges immer zusammen zu denken, dafür steht dieses Haus und der Scheffel-Preis.«[27]

24 Ministerpräsident a. D. Dr. h. c. Erwin Teufel bei der Verleihung des Scheffel-Preises am 4. Juli 2008 in Karlsruhe, in: mitteilungen 76 (2009), hier S. 32.
25 Ministerpräsident Winfried Kretschmann bei der Scheffel-Preis-Feier im Konzerthaus Karlsruhe am 1. Juli 2014, in: mitteilungen 82 (2015), S. 40-43, hier S. 40.
26 Ebd.
27 Petra Olschowski, Staatssekretärin im Ministerium für Wissenschaft, Forschung und Kunst Baden-Württemberg, anlässlich der Scheffel-Preis-Feier in Karlsruhe am 6. Juli 2018, in: mitteilungen 86 (2019), S. 68 f., hier S. 69.

Abb.: Cover *Deutsche Literatur vom Mittelalter bis zur Romantik. Eine Literaturgeschichte nicht nur für Jugendliche* (von Adina-Monica Trinca), gefördert von der Mechthild-Mayer-Stiftung.

Abb. S. 180/181: Gruppenbild mit Ministerpräsident Winfried Kretschmann und Scheffel-Preisträgerinnen und -Preisträgern 2014 im Konzerthaus Karlsruhe.

Karlsruhe

Kretschmann 1968

Joseph Victor von Scheffels Roman „Ekkehard" ist keinem Abiturienten mehr zuzumuten. Zu altertümlich ist die Liebesgeschichte Hadwig von Schwabens und Ekkehards erzählt. Aber die Literarische Gesellschaft in Karlsruhe vergibt jedes Jahr an 700 Gymnasiasten einen Schülerpreis, der nach dem in Karlsruhe geborenen Dichter benannt ist. Er soll Schüler zu Lesenden machen und zum Schreiben animieren. Bei der Scheffelpreisverleihung am Dienstag in Karlsruhe zitierten die Preisträger auch erst gar nicht aus den Werken Scheffels. Sie trugen ihre eigenen Poetry-Slam-Verse vor: „Empören wir uns, engagieren wir uns und verändern die Welt", dichtete der Schüler Tobias Gralke.

Begabte Schüler Foto Onuk

Das war mehr als ein Willkommensgruß für Winfried Kretschmann. Der grüne Ministerpräsident war nämlich in diesem Jahr als Festredner in das Konzerthaus gekommen, weil er 1968 auch Scheffelpreisträger war. Gymnasien, die der Literarischen Gesellschaft sind, und das sind im Südwesten fast alle, schlagen den im Fach Deutsch begabtesten Schüler für den Preis vor. Der darf dann an seiner Schule die Abiturrede halten. So war es auch am Hohenzollern-Gymnasium in Sigmaringen vor 46 Jahren. Wie es sich für das Jahr 1968 gehörte, hielt Kretschmann eine aufrührerische politische Rede. Kretschmann zitierte nur wenige Sätze aus der alten Rede, und schon war er bei seinem Lebensthema: der Bürgerbeteiligung. „Demokratie ist unteilbar. Ein demokratischer Staat kann innerhalb seiner Mauern eine so wichtige Institution wie die Schule nicht als autoritäres Relikt am Leben erhalten." Aus heutiger Sicht seien das „harmlose" Sätze gewesen, sagte der Ministerpräsident und pries dann – wie so oft – seine eigene „Politik des Gehörtwerdens".

Mancher Zuhörer hätte sich vom Ministerpräsidenten vielleicht ein Wort zur Schulpolitik der Landesregierung erwartet. Immerhin wird in Kretschmanns grüner Landtagsfraktion derzeit über eine Meinungsumfrage diskutiert, nach der 38 Prozent in der Schulpolitik das drängendste Problemthema sehen. Der Schriftsteller Peter Schneider oder der Komponist Wolfgang Rihm sind auch Scheffelpreisträger. Von ihnen hätte wahrscheinlich auch niemand verlangt, dass sie vor den Schülern über Romane oder Kompositionen sprechen, die beim Publikum auf wenig Beifall stoßen. RÜDIGER SOLDT

Abb. links: Artikel in der *Frankfurter Allgemeinen Zeitung* auf Seite 2: *Karlsruhe. Kretschmann 1968* vom 3. Juli 2014 von Rüdiger Soldt über die Rede des Ministerpräsidenten Winfried Kretschmann im Rahmen der Scheffel-Preis-Feier 2014.

ZEIT-Artikel *Das Wort zum Abi* (7.8.2014) mit der Rede von Ministerpräsident Winfried Kretschmann zur Scheffel-Preis-Feier in Karlsruhe 2014.

Scheffel-Preis an deutschen Auslandsschulen

Abb.: Scheffel-Preis an Deutschen Auslandsschulen 2023: Scheffel-Preisträgerin 2023 an der Deutschen Schule Stockholm, Schweden: Judith Löjdquist Springhorn, Scheffel-Preisträgerin, in schwedischer Schulabschlusstracht bei der feierlichen Übergabe der Scheffel-Preis-Urkunde. Der Deutsche Botschafter Dr. Joachim Bertele (l.) überreichte ihr die Abitur-Mappe in Anwesenheit des Schulleiters Matthias Peters (M.).

Außenansicht Escola Alemã Corcovado / Deutsche Schule Rio de Janeiro.

Scheffel-Förderpreis

Seit 2005 wird der Scheffel-Förderpreis jährlich für die beste Leistung im Fach Deutsch an Schülerinnen und Schüler des berufsvorbereitenden Jahres verliehen. Der Preis soll Jugendliche, deren Bildungschancen zu wenig berücksichtigt werden, fördern und mangelnden Kenntnissen der deutschen Sprache sowie Defiziten beim Lesen und Verstehen von Texten entgegenwirken.

Dieser Preis wurde auf Initiative von Frau Studiendirektorin Marthamaria Drützler-Heilgeist, ehemaliges Beiratsmitglied der Literarischen Gesellschaft, mit dem Ziel eingerichtet, die Sprachkompetenz im berufsbildenden Bereich zu fördern.[28]

Kulturpolitische Funktion heute

Als Literatur vermittelnde Einrichtung hat die Literarische Gesellschaft eine öffentliche kulturpolitische Funktion. Dabei stehen die Vermittlung deutschsprachiger Literatur des Oberrheingebiets sowie die Förderung von Lesefähigkeit und Sprachkompetenz im Zentrum. Die Aufgabenstellung besteht darin, das literarische Erbe dieser grenzüberschreitenden Kulturregion zu dokumentieren, zu sammeln, zu archivieren und zu pflegen. Dem Museum für Literatur am

28 2005 vergaben Schulen u. a. in Weinheim, Bühl, Freiburg, Baden-Baden, Nagold, Mannheim und Bruchsal den Scheffel-Förderpreis; vgl. mitteilungen 73 (2006), S. 6. 2006 wurde der Scheffel-Förderpreis an berufsbildenden Schulen in Pforzheim, Überlingen und Mannheim verliehen; vgl. mitteilungen 74 (2007), S. 54.

Abb.: Scheffel-Preisträgerinnen- und -Preisträger aus Karlsruhe und der Region bei der Scheffel-Preis-Feier 2024 im PrinzMaxPalais.

Oberrhein kommt eine landespolitische Bedeutung für die grenzüberschreitende Kulturregion zu.

Durch ein historisches Bewusstsein in der Gesellschaft kann eine gemeinsame kulturelle Identität entstehen. Die Identität stiftende Wirkung von Literatur oder Kultur in einem bestimmten Raum kann auf verschiedenen Ebenen erfolgen: auf lokaler, regionaler, nationaler oder supranationaler Ebene. Wesentlich bleibt die Förderung der deutschsprachigen Literatur.

2024 hat die Literarische Gesellschaft annähernd 7000 Mitglieder und ist somit die größte selbstständige literarische Vereinigung in Europa.

Abb. S. 187: Ein Resultat des Manga-Workshops 2023.

len

Liste aller Vorstandsmitglieder und Beiräte der Literarischen Gesellschaft[1]

Vorstandsmitglieder

Ehrenvorsitzende/-mitglieder:

Eck Freiherr von Reischach-Scheffel (1924-1963†); Margaretha Freifrau von Reischach-Scheffel (1965-1977†); Vera-Maria Wieland (1999-2017†)

Vorsitzende der Literarischen Gesellschaft:

Prof. Dr. Friedrich Panzer, Germanist (1924-1938); Dr. Franz Anselm Schmitt, Direktor der Badischen Landesbibliothek Karlsruhe (1962-1974); Dr. Traugott Bender, ehem. Justizminister des Landes Baden-Württemberg (1974-1979); Prof. Dr. Karl Foldenauer, Germanist (1979-1993); Prof. Dr. Hansgeorg Schmidt-Bergmann, Literaturwissenschaftler (1993 ff.)

Vorstandsmitglieder:

Dir. Kurt Fanger (1962-1989); Dr. Peter Paepcke (1993-1994); Dir. Jakob Hupperich (1993-2010); RA Arno Stengel (1996 ff.); Dir. Dr. Peter Michael Ehrle (1999 ff.) RA Arndt Brillinger (2002-2004); Dir. Michael Huber (2010 ff.); PD Dr. Beate Laudenberg (2014 ff.)

Geschäftsführer der Literarischen Gesellschaft:

Dr. Reinhold Siegrist (1924-1966); Prof. Dr. Friedrich Bentmann (1966-1977); Dr. Beatrice Steiner (1977-1989); Dr. Dieter Vogt (1989-1991); Claudia Querfeldt (1991-1993); Gundula Axelsson (1993-1994); Prof. Dr. Hansgeorg Schmidt-Bergmann (1994 ff.)

---

1 Der Name ›Literarische Gesellschaft‹ bezieht auch den ›Deutschen Scheffel-Bund‹ und den ›Volksbund für Dichtung, vorm. Scheffel-Bund‹ ein.

Beiräte

Ministerialdirektor Dr. Karl Ott (1945-1952); Prof. Otto Kraemer (1950-*); Dr. Reinhard Anders (1950-1970); Tobias Gaiser (*-1957); Prof. Dr. Friedrich Bentmann (1950-1966, 1977-1980); Prof. Dr. Berthold Sütterlin (1950-1975); Oberbürgermeister Günther Klotz (1954-*); Ministerialdirektor Dr. Hermann Franz (1954-1957); Präsident Dr. Wolfgang Eichelberger (1954-*); Dr. Eugen Keidel (1954-1964); Dir. Eugen Hirt (1958-1962); Prof. Dr. Walter Bleines (1958-1974); Egon Funk (*-1979); Prof. Willy Huppert (1958-1979); Dr. Robert Müller-Wirth (1958-1980); Ministerialrat Dr. Franz Heidelberger (1958-*); Minister a. D. Dr. Hermann Veit (1962-*); Dr. Emil Gutenkunst (1964-*); Prof. Dr. Rudolf Immig (1967-1980); Dr. Ilse Albrecht (1968-*); Dir. Kurt Fanger (1990-1993); OSR. Walter Helmut Fritz (1968-2007); Horst Lehner (1972-*); Prof. Charlotte Engesser (1972-1988); Prof. Dr. Jacob Steiner (1978-1990); Dr. Michael Heck (1979-1981, 1983, 1986-2021); Dr. Elmar Mittler (1975-1978); Vera-Maria Wieland (1975-89); G. Frank (1980-1984); Oberschulamtspräsident Dr. Leonhard Müller (1980-1992); Hans-Georg Zier (*-1993); Dir. Dr. Harro Petersen (1989-1993); Dir. Dr. Peter Michael Ehrle (1994-1998); OStD. Karl Heinrich Speckert (1990-1993); Dr. Rudolf Stähle (1993-1998); OStD. Heinrich Hauß (1993-1998); Regine Kress-Fricke (1993-1998); Cordula Hoepfner (1993-2004); StDir. Marthamaria Drützler-Heilgeist (1993-2021); Dir. Dr. Heinz Schmitt (1994-1998); Prof. Dr. Hans-Martin Schwarzmeier (1994-2004); Dir. Dr. Gerhard Römer (*-1995); Michael Hübl (1995-2021); Beate Rygiert (1996-1998); Prof. Dr. Klaus Schrenk (1996-2008, 2010); Susanne Strobach-Brillinger (1999-2007); Dr. Diether Plesch (1999-2010); Johannes Wieland (1999-2011); Matthias Kehle (1999-2016); Manfred Bosch (2002-2007); Prof. Dr. Volker Rödel (2005-2016); Dr. Françoise Hammer (2005-2021); Dr. Susanne Asche (2008-2013); Dr. Franz Littmann (2008-2021); Wolfgang Sieber (2008-2021); Prof. Dr. Pia Müller-Tamm (2010-2021); Dr. Beate Laudenberg (2011-2013); Dr. Jürgen Glocker (2011 ff.); Dr. Ernst Otto Bräunche (2014-2019); Petra Rosenberger-Wieland (2014-2017); Markus Orths (2017 ff.); Dr. Ulrich Maximilian Schumann (2017 ff.); Prof. Dr. Wolfgang Zimmermann (2018 ff.); Claus Temps (2020-2021); Dr. Rolf Fath (2022 ff.); Prof. Dr. Mathias Herweg (2022 ff.); Prof. Dr. Holger Jacob-Friesen (2022-2024); Marlène Rigler (2022 ff.); Dominika Szope (2022 ff.)

* Nicht in allen Fällen konnten die genauen Daten der Mitgliedschaft im Beirat der Literarischen Gesellschaft ermittelt werden.

(Elena Henn und Victoria Link)

Victoria Link

Chronologie der Literarischen Gesellschaft (Scheffelbund) e.V.[1]

1889   In Österreich wird drei Jahre nach dem Tod des Dichters der Österreichische Scheffelbund gegründet, der unter anderem regelmäßig Scheffel-Jahrbücher herausbringt und in Mattsee bei Salzburg ein Scheffelmuseum einrichtet.

Um 1900

In Graz existiert kurzfristig ein Anti-Scheffelbund, der zwei »Rachejahrbücher« publiziert.

1924

13.9.:   Auf Einladung von Eck Freiherr von Reischach-Scheffel Gründungsversammlung des Deutschen Scheffel-Bundes e.V. im Heidelberger Gasthaus zum Ritter. Vorsitzender (Bundesleiter) Prof. Dr. Friedrich Panzer (Germanist an der Universität Heidelberg).

1925

Mit dem Band *Scheffel als Zeichner und Maler* von Josef August Beringer erscheint die erste Jahresgabe des Bundes. Zum Geschäftsführer wird Dr. Reinhold Siegrist ernannt.

1926   100. Geburtstag Scheffels.

12.2.:   Feierliche Eröffnung des Scheffel-Museums im Bibliotheksbau des Karlsruher Schlosses. Beginn des Aufbaus der Scheffel-Schulpreis-Stiftung.

1927

3.12.:   Im Scheffel-Museum findet die erste ordentliche Mitgliederversammlung des Bundes statt. Leonie von Scheffel, die Schwiegertochter des Dichters, und Anton Breitner, Gründer des ehemaligen Österreichischen Scheffelbundes, werden zu Ehrenmitgliedern ernannt.

1928   Erste Verleihung des Scheffelpreises an den Karlsruher Oberprimaner Paul Schrag.

1931   Mit der Jahresgabe *Die Mär von Lenggries* von Max Rohrer erscheint der erste Band der durch Dr. Reinhold Siegrist begründeten Reihe *Hilfe den Lebenden*.

1932   Umzug von Scheffel-Bund und -Museum ins Haus Solms in der Karlsruher Bismarckstraße 24.

---

1 Die Jahre zwischen 1889 und 1970 wurden leicht redigiert übernommen aus: Matthias Kußmann: 70 Jahre Literarische Gesellschaft (Scheffelbund) Karlsruhe. Im Auftrag der Literarischen Gesellschaft (Scheffelbund) Karlsruhe, Eggingen 1994. Die Jahre 1971 bis 2024 wurden von Victoria Link recherchiert. Der Name ›Literarische Gesellschaft‹ bezieht auch den ›Deutschen Scheffel-Bund‹ und den ›Volksbund für Dichtung, vorm. Scheffel-Bund‹ ein.

1933   Von nun an finden im Scheffel-Bund in Karlsruhe und in den Ortsverbänden monatliche Dichterstunden statt – Lesungen und Rezitationen durch Sprechkünstler.

1936   ›Scheffeljahr‹: Der Scheffel-Bund beteiligt sich an zahlreichen Veranstaltungen in Baden anlässlich des 110. Geburtstages und 50. Todestages Scheffels.
Eröffnung des Badischen Dichtermuseums als Erweiterung des Scheffel-Museums.
Erstmals findet ein Treffen der Scheffelpreisträger statt.

1937

Sonderausstellung: *Lebende Dichter um den Oberrhein*. Neben badischen werden jetzt auch Autoren aus der Pfalz, dem Elsass und der Schweiz einbezogen. 1942 erscheint als Jahresgabe eine umfangreiche Anthologie mit gleichem Titel.
Die NS-Kulturgemeinde Karlsruhe beteiligt sich an verschiedenen Dichterlesungen. Ihre Mitglieder erhalten ermäßigten Eintritt.

1938

April: Erstmals erscheinen die *mitteilungen* des Scheffel-Bundes in Heftform. Aufgenommen werden von nun an neben den Nachrichten des Bundes auch Gedichte, Erzählungen und Essays, gerade auch von noch unbekannten Autoren. Daneben werden Vorträge und Reden von Scheffel-Preisträgern abgedruckt.

Juli: Generaldirektor Adolf Samwer wird neuer Bundesleiter. Professor Panzer wird zum Ehrenvorsitzenden ernannt.

1939   Zwangsweise Aufnahme des Scheffel-Bundes in das Reichswerk Buch und Volk, die nationalsozialistische Dachorganisation aller Vortragsveranstalter und Vereinigungen von Bücherfreunden.

Juni: Eröffnung der Museumsabteilung »Lebende Dichter um den Oberrhein«. Präsentiert werden Leben und Werk von zunächst vierundsechzig Dichterinnen und Dichtern, darunter auch aus der Schweiz und dem Elsass.

1939-1945 Durch Auslagerung u. a. in das Salzbergwerk können die Sammlungen von Scheffel-Bund, und Badischem Dichtermuseum, Handschriften, Bilder und Bibliothek weitgehend unbeschadet über die Kriegszeit gerettet werden.

1942   Gründung eines Kuratoriums zur festen Finanzierung des Scheffel-Preises.
Gründung neuer Ortsverbände des Scheffel-Bundes in Straßburg, Konstanz, Donaueschingen, Mühlhausen/Elsass, Waldshut, Lörrach und Radolfzell.

November: Verleihung des vom Scheffel-Bund initiierten Förderungs-Preises für die Dichtung am Oberrhein an Friedrich Franz von Unruh.

1943   Verleihung des Förderungs-Preises an Oskar Wöhrle.
Gründung weiterer Ortsverbände in Kolmar, Singen a. H. und Offenburg.

1944   Verleihung des Förderungs-Preises an Paul Bertololy.

1.9.:   kriegsbedingtes Verbot (»Stilllegung«) des Scheffel-Bundes durch die Nationalsozialisten. Keine Scheffel-Preis-Verleihung möglich.

4.12.:   Das historische Scheffelhaus in der Karlsruher Stephanienstraße 16 wird durch einen Bombenangriff getroffen – damit geht auch der Verlust eines großen Teils der Bibliothek Joseph Victor von Scheffels einher.

1945

Herbst: ›Wiederaufbau‹ des Bundes nach Lizenzvergabe und unter Aufsicht der amerikanischen Militärregierung. Geschäftsstelle und Museum befinden sich wieder im (teils noch durch Luftangriffe beschädigten) Haus Solms in der Bismarckstraße.

1946   Umbenennung in ›Volksbund für Dichtung, vormals Scheffelbund‹. Die Jahresgaben Nr. 21 bis 23 (1946-1949) tragen den Druckvermerk: »Veröffentlicht unter der Zulassung Nr. US-W – 1076 der Nachrichtenkontrolle der Militärregierung III. 47. 3000«.

April: Zum neuen Vorsitzenden wird Oberstudiendirektor Prof. Dr. Oskar Blank gewählt. Geschäftsführer bleibt Dr. Reinhold Siegrist. Die amerikanische Militärregierung genehmigt die Errichtung eines Ortsverbandes in Mannheim.

Einrichtung eines Lesezimmers im Haus Solms. Zeitungen, Zeitschriften und literarische Neuerscheinungen liegen dort für die Öffentlichkeit auf.

Wiederaufnahme der Dichterstunden in den jetzt bestehenden Ortsverbänden Ettlingen, Mannheim und Heidelberg. In den Ortsverbänden der französischen Zone sind zunächst keine Veranstaltungen möglich.

1947   Der Scheffel-Preis wird wieder verliehen, von nun an alljährlich ohne Unterbrechungen.

Winter: Mit der Publikation der *Legende Wie drei Bettler zu Königen wurden* von Oskar Gitzinger ist erstmals ein ehemaliger Scheffelpreisträger (1942) Autor einer Jahresgabe.

1948   Gründung einer Arbeitsgemeinschaft für Dichtung der Gegenwart. Neuere und neueste Literatur soll gelesen und diskutiert werden. Themen u.a.: André Gide, Jean-Paul Sartre, Thomas Mann.

Gründung eines Preisträger-»Rings« in Karlsruhe. Scheffel-Preisträger treffen sich monatlich zu gemeinsamem Lesen, Vortrag, Diskussion und Gespräch. Weitere »Ringe« in anderen Städten sollen entstehen.

Finanzieller Engpass des Volksbundes durch die Währungsreform im Juni des Jahres. – Das Kapital der Scheffel-Schulpreis-Stiftung (RM 180.000) schmilzt auf ca. ein Drittel des ursprünglichen Gesamtwertes.

Der Bund wirbt um Unterstützung des Wiederaufbaus durch Spenden.

Starker Besucherrückgang nach der Währungsreform.

1949   Die Jahresgabe 1948 erregt die Gemüter. Paul Bertololys Erzählung *Die Verfemten* wird wegen ihres »grausigen Stoffes« und ihrer »düsteren Dämonie« von einigen Mitgliedern des Volksbundes vehement kritisiert, von anderen hingegen für ihre gestalterische Leistung gelobt.

Dichterstunden finden von nun an regelmäßig in allen Ortsverbänden statt: Donaueschingen, Heidelberg, Konstanz, Lörrach, Mannheim, Offenburg, Radolfzell, Singen a. H., Stuttgart.

1951   Scheffels 125. Geburtstag – Wiedereröffnung des Scheffel-Museums auf der Halbinsel Mettnau bei Radolfzell, eingerichtet vom Volksbund für Dichtung und der Stadt Radolfzell.

1954   September: 30-jährige Gründungsfeier des Bundes im Karlsruher Schauspielhaus.

Im Rahmen der *mitteilungen* erscheint die Dokumentation *30 Jahre Volksbund für Dichtung (Scheffelbund)*.

1958   Der Begründer des Bundes, Eck Freiherr von Reischach-Scheffel, wird zum Ehrenvorsitzenden ernannt.

1961   Beginn des Wiederaufbaus des Scheffel-Museums mit seinen verschiedenen Abteilungen, die nun zusammengefasst ›Oberrheinisches Dichtermuseum‹ heißen sollen, in der Karlsruher Röntgenstraße.

1962

März: Dr. Franz Anselm Schmitt, Direktor der Badischen Landesbibliothek Karlsruhe, neuer wird Vorsitzender des Volksbundes für Dichtung.

1964

Juni: Einzug des Volksbundes in die neuen Räume in der Karlsruher Röntgenstraße 6.

1965

20. März: Eröffnung des Oberrheinischen Dichtermuseums in der Röntgenstraße.

1966

November: Prof. Dr. Friedrich Bentmann wird neuer Geschäftsführer des Volksbundes.

1967

Herbst: Ausstellung *Thomas Mann*. Eröffnung durch Golo Mann. Festvortrag von Martin Gregor-Dellin.

1968

Herbst: Ausstellung Wilhelm Hausenstein in Zusammenarbeit mit dem Deutschen Literaturarchiv und dem Schiller-Nationalmuseum Marbach.

1969
Herbst/Winter: Ausstellung *Robert Musil.*

1970/71
Dezember – Januar: *Ausstellung deutsche Literatur heute,* geschaffen vom ›Kuratorium unteilbares Deutschland‹, zusammengestellt von Marcel Reich-Ranicki.

1971
November – Dezember: Ausstellung *Handschriften deutscher Dichter – von Grimmelshausen bis zur Gegenwart* (Wanderausstellung des Freien Deutschen Hochstifts, Frankfurt/Main).

1972
März: Der Volksbund für Dichtung (Scheffelbund) wird umbenannt in Literarische Gesellschaft (Scheffelbund).

1974
März-Juni: Ausstellung René Schickele. Leben und Werk in Dokumenten.
Sommer: Der ehemalige baden-württembergische Justizminister Dr. Traugott Bender wird neuer Vorsitzender der Literarischen Gesellschaft.
Herbst: Ausstellung *Illustrationen zu Dichtungen von Willy Huppert.*
November – Dezember: Schweizer Woche in der Literarischen Gesellschaft.
       Die Dokumentation *50 Jahre Literarische Gesellschaft* erscheint.

1975
Juni – Juli: Ausstellung *Albert Schweitze*r, die zuvor in der Universität Straßburg gezeigt wurde.

1976
Februar – März: Ausstellung *Scheffel* (150. Geburtstag Scheffels).
Herbst: Johann Peter Hebel-Gedächtnisausstellung (150. Todestag Hebels). Festvortrag von Prof. Dr. Jacob Steiner: Der Dichter Johann Peter Hebel.

1977
Januar – Februar: Ausstellung *Grimmelshausen,* erarbeitet vom Germanistischen Institut der Westfälischen Wilhelms-Universität und dem Westfälischen Landesministerium für Kunst- und Kulturgeschichte, Münster.
April: Amtsantritt der neuen Geschäftsführerin Dr. Beatrice Steiner.
Winter: Ausstellung *Max Frisch – Bücher, Bilder, Dokumente,* zusammengestellt von der Deutschen Bibliothek, Frankfurt/Main unter Mitarbeit der Literarischen Gesellschaft.

1978
Mai – Dezember: Ausstellung *Rolf Schott – Handschriften, Bücher, Grafiken und Illustrationen.*
November: Ausstellung *Uni-Kunst* (Malerei, Grafik, Skulptur).

1979

Februar: Der Germanist Prof. Dr. Karl Foldenauer wird neuer Vorsitzender der Literarischen Gesellschaft.

Februar – März: Ausstellung *Robert und Karl Walser,* erarbeitet von der Präsidialabteilung der Stadt Zürich, dem Kunsthaus Zürich und der Carl Seelig-Stiftung (Robert Walser-Archiv). Eröffnungsvortrag von Dr. Siegfried Unseld.

1979/80 Renovierung des Oberrheinischen Dichtermuseums.

1980

Frühjahr: Ausstellung Uni-Kunst II.

Herbst: Ausstellung Literatur und Grafik aus dem Elsaß.

1981

Frühjahr: Ausstellung *Träger des Schiller-Gedächtnispreises des Landes Baden-Württemberg.*

Herbst: Ausstellung *Autoren aus Baden-Württemberg und ihre Bücher.*

1982   Ausstellungen *Volkskunst aus Afghanistan* (zusammen mit der Volkshochschule Karlsruhe); *Karl May; Schreibende Frauen in Karlsruhe* (dazu Gemälde und Plastiken Karlsruher Künstlerinnen); *Leben und Werk Stefan Zweigs; Gemälde und Plastiken der Künstlervereinigung GEDOK; Gemälde und Plastiken von Studierenden der Badischen Kunstakademie,* Karlsruhe.

Dezember: Lesetag. 13 Autoren aus der Region lesen.

1983   Ausstellungen *Japan* (zusammen mit der Volkshochschule Karlsruhe); *HAP Grieshaber und die Dichter; Indische Volkskunst* (zusammen mit der Volkshochschule Karlsruhe); *Das katalanische Buch heute* (im Rahmen der 1. Europäischen Kulturtage Karlsruhe); *Dalí und die Bücher; Germania Illuminata.*

Oktober: Katalanische Literaturtage im Oberrheinischen Dichtermuseum. Lesungen, Vorträge, Musik.

Dezember: Lesetag. Literatur und Musik. Ehrengast ist Walter Helmut Fritz.

1984

Frühjahr: Ausstellung *In der Residenz. Literatur in Karlsruhe 1715-1918,* erarbeitet vom Institut für Kulturpädagogik der Hochschule Hildesheim. Zu der Ausstellung erscheint ein Begleitband, heute ein Standardwerk.

Herbst: Ausstellung *Shmuel Brand – Litographien und Ölbilder.*

1985   Ausstellungen *Goethe und Frankreich, Thomas Mann.* Es erscheint ein kleiner Begleitband; *Literatur aus der Schweiz; Finnische Bücher;* Gedächtnisausstellung *Christa Banaker-Bund;* ›Femmage‹ (11 junge bildende Künstlerinnen stellen aus).

1986

Februar – April: Ausstellung *Scheffel – Leben und Werk* (anlässlich seines 100. Todestages). Weitere Ausstellungen: *Wider das Vergessen; Japan.*

1987   Ausstellungen *Albanien; Ulrich Bräker; Heinrich Vogeler. Exlibris; Die Türkei; Bilder im Raum* (Landesstipendiaten Bereich Bildende Kunst des Landes Baden-Württemberg).

1988   Ausstellungen *Ruanda. Ein Land in Afrika; Die Malerinnen Angelika Flaig und Brigitte Pfaffenberger;* Jubiläumsausstellung *Theo Sand.*

Herbst: Symposion *Natur – Kultur – Zivilisation.* In Verbindung mit dem PrinzMaxPalais Karlsruhe. Leitung: Prof. Dr. Iso Camartin.

Dezember – Januar 1989: Ausstellung *Der Johann-Peter-Hebel-Preis 1936-1988.* Es erscheint ein umfangreicher Begleitband.

1989   Ausstellungen *Retrospektive Arnold K. Lutz; China; Armenien; Gisèle Freund – Künstlerportraits und Fotoreportag*e.

März: Verabschiedung von Dr. Beatrice Steiner.

April: Amtsantritt des Geschäftsführers Dr. Dieter Vogt.

1990   Ausstellungen *Musenhof* (im Rahmen der Europäischen Kulturtage Karlsruhe): *Malende Frauen;* Werkschau Karin Kieltsch.

1991

Frühjahr: Ausstellung *Carl Einstein – Prophet der Avantgarde* (erarbeitet vom Institut für Angewandte Kulturwissenschaften der FU Berlin und dem Institut für Literaturwissenschaft der Universität Karlsruhe).

Juni/Juli: Baden-Württembergische Literaturtage in Karlsruhe. 12 Veranstaltungen im Oberrheinischen Dichtermuseum, darunter Lesungen, Rezitationen, Vorträge, Musik. Weitere Ausstellungen: *Frauenperspektiven; ›Femmage‹ – Malende Frauen.*

1992   Ausstellungen *Literatur aus Estland* (im Rahmen der Europäischen Kulturtage Karlsruhe).

Januar – Februar: *Leo Tolstoi und seine Zeit,* erarbeitet vom Tolstoi-Museum Moskau und der Literarischen Gesellschaft.
Heinrich Mann – Augenzeuge des Jahrhunderts.
Maria. Arbeiten sieben junger Künstler.

September: *Generationen – Fotografie und Sprache* (Ernst Jäger, Gottfried Jäger, Markus Jäger).
»Stärker als ihr denkt …« – Moderne Mädchenbücher.
NEUN. Dozentinnen und Dozenten der Kunstschule Karlsruhe stellen aus.

1993   Ausstellung *Walter Benjamin. Grenzfall und Erwartung* (erarbeitet vom Institut für Heuristik, Berlin und dem Institut für Literaturwissenschaft der Universität Karlsruhe).

Ausstellung *Fotoarbeiten der Wuppertaler Künstlergruppe »Kladestin«* (6.3.-26.3.).

Ausstellung *Erfinderinnen, Entdeckerinnen, Rebellinnen.*

24.3.:   Rücktritt des Vorsitzenden Prof. Dr. Karl Foldenauer und Wahl des neuen Vorsitzenden PD Dr. Hansgeorg Schmidt-Bergmann.

23.6.:   Amtsantritt des neuen Vorstandes und Literaturwissenschaftlers PD Dr. Hansgeorg Schmidt-Bergmann

Ausstellung *Ariane Schmieder und Edith Baerwollf. Gemälde* (1.10.-24.10.).

Dezember: Gründung des Arbeitskreises Neue Literatur mit regelmäßigen monatlichen Lesungen, um junge Autorinnen und Autoren der Oberrheinregion zu fördern.

Erste Renovierungsarbeiten im Haus der Röntgenstraße werden durchgeführt. Die Bestände der Bibliothek (Bücher, Bilder und Handschriften) werden gesichtet und neu geordnet aufgebaut.

1994   70-jähriges Jubiläum der Literarischen Gesellschaft / Scheffelbund.

Das Archiv kann der Öffentlichkeit wieder zur Benutzung zugänglich gemacht werden und durch die finanziellen Mittel der Stiftung Kulturgut des Landes Baden-Württemberg kann eine Archivarin zur Inventarisierung angestellt werden.

5.1.:   Erste Lesung des Arbeitskreises Neue Literatur: Georg Patzer liest aus *Der Sammler.*

Gründung von zwei Schriftreihen: *rheinschrift* und *Fragmente.*

Ausstellung *Die Bücher des Stahlberg Verlages* (28.1.-25.2.).

Die erste Ausgabe der *rheinschrift* erscheint: *Katalog zur Stahlberg-Ausstellung.*

Ausstellung *Claudius Böhm, Axel Haberstroh, Wolfgang Kaiser, Daniel Roth, Lutz Schäfer. Gemälde* (12.3.-4.4.).

Ausstellung *Wolfgang Frommel. Argonaut im 20. Jahrhundert* (erstellt von der Stiftung Castrum Peregrini, Amsterdam in Zusammenarbeit mit dem Oberrheinischen Dichtermuseum) (29.4.-27.5.).

Ausstellung *Gustav Landauer (1870-1919). Von der Kaiserstraße nach Stadelheim* (erarbeitet von Hansgeorg Schmidt-Bergmann und einer Gruppe Studentinnen und Studenten des Instituts für Literaturwissenschaft der Universität Karlsruhe) (10.6.-9.7.).

Die zweite Ausgabe der *rheinschrift* erscheint als Begleitschrift zur Ausstellung Gustav Landauer.

Ausstellung *Gerold Bursian – Neue Arbeiten* (2.9.-25.9.).

Ausstellung *Nikolaus Lenau. »Ich bin ein unstäter Mensch auf Erden.«* (Ausstellung des Hauses der Heimat, im Auftrag des Innenministeriums Baden-Württemberg, des Südostdeutschen Kulturwerkes München und des Instituts für Donauschwäbische Geschichte und Landeskunde Tübingen, in Zusammenarbeit mit dem Oberrheinischen Dichtermuseum) (14.9.-16.10.).

1995

20.10.: Neueröffnung des Oberrheinischen Museums als Museum für Literatur am Oberrhein.

20.10.: Patrick Roth hält die Festrede anlässlich der Museumseröffnung: *Johann Peter Hebels Hollywood oder Freeway ins Tal von Balzac.*

Erste Pläne für den Umzug ins PrinzMaxPalais.

Ausstellungen: *Elsässische Gegenwartsliteratur – ein aktueller Überblick; Frauenperspektiven 95 – Tendenzen der Frauenliteratur; »Ich fliege auf der Luftschaukel Europa-Amerika-Europa«. Rose Ausländer in Czernowitz und New York.*

1996 Ausstellung *Wer mich einen Fremden heißt – Berthold Auerbachs Jahre in Karlsruhe.*

Ausstellung *Rahel Varnhagen – Eine jüdische Frau in der Berliner Romantik.*

1997 Ausstellung *Max Barth: Exil dort – und hier Exil* (22.1.-23.2.1997).

Ausstellung *Buchobjekte von Babsi Daum zu Texten von Ernst Jandl, Josef Czermin, Edmond Rostand und Gertrude Stein.*

Ausstellung *Aus der Tasche an die Hand: Taschenbücher in Deutschland 1946-1963.*

Inventar des Scheffelarchives wird erarbeitet und der Bestand der Bibliothek ist vollständig elektronisch erfasst.

1998 Vergabe des Scheffel-Preises auch am Deutschen Gymnasium in Rom.

Nach 33 Jahren in der Röntgenstraße zieht die Literarische Gesellschaft ins Karlsruher PrinzMaxPalais um, den Sitz des letzten Reichskanzlers Max von Baden und des Bundesverfassungsgerichts zwischen 1951 und 1969.

Die Literarische Gesellschaft ist mit über 5000 Mitgliedern die größte literarische Vereinigung der Bundesrepublik Deutschland.

Ausstellung *Literatur und Revolution in Baden 1848/49* (3.5.-5.7.): Die erste Ausstellung im PrinzMaxPalais.

11.9.: Eröffnung des Museums für Literatur am Oberrhein mit einem Grußwort vom Staatssekretär Dr. Christoph E. Palmer anlässlich der Eröffnung sowie einer Festrede von Prof. Dr. Joachim W. Storck: Begegnungen.

Ausstellung *Ihr könnt das Wort verbieten – ihr tötet nicht den Geist.*

Im Rahmen dieser Ausstellung wurde die erste CD-ROM der Literarischen Gesellschaft erstellt.

Einrichtung eines Bibliothekstages: donnerstags von 11 bis 20 Uhr ist die Bibliothek für die Öffentlichkeit geöffnet.

1999 Die Publikationen der Literarischen Gesellschaft umfassen nicht mehr ausschließlich Bücher, sondern auch CDs mit Ausschnitten aus Lesungen.

Erstellung und Aufbau einer Webpräsenz: online wird über anstehende Pläne und Ziele informiert, das aktuelle Programm sowie die Kataloge der Bibliothek sind einsehbar.

Ausstellung *Zwischen Dada und Resignation: Otto Flake (1880-1963). Kabinettausstellung.*

Ausstellung *Walter Helmut Fritz – »Augenblicke der Wahrnehmung«.*

1.7.: Ausscheiden von Vera-Maria Wieland (geb. Freiin von Reischach-Scheffel) aus dem Vorstand: Auf Initiative von Prof. Dr. Hansgeorg Schmidt-Bergmann wird sie zur Ehrenvorsitzenden der Literarischen Gesellschaft ernannt.

5.7.: Grußwort der Ministerin für Kultus, Jugend und Sport Dr. Annette Schavan anlässlich der Vergabe des Scheffel-Preises.

2000 Ausstellung *Werner Bergengruen (1892-1964): Stationen eines literarischen Weges.* Kabinettausstellung.

Publikation: *Joseph Victor von Scheffel: Ekkehard mit Zeichnungen von Johannes Grützke.*

Ausstellung *Liter@tur. Computer/Literatur/Internet* (im Rahmen der Europäischen Kulturtage).

Ausstellung *Von Entdeckern, Auswanderern und reisenden Kaufleuten – Erzählungen von fernen Welten in historischen Kinder- und Jugendbüchern.* Kabinettausstellung aus den Beständen der Kinderbuchsammlung Dr. Erich Strobach (Bielefeld). Festansprache: Prof. Gundel Mattenklott.

Ausstellung *Doppelbegabungen I: Joseph Victor von Scheffel als Zeichner.*

Die Jahresgabe 1999 *Aus dem Tonkabinett der Literarischen Gesellschaft* wird in das offizielle Programm des Suhrkamp-Verlages aufgenommen, sodass die Literarische Gesellschaft Teil des 50. Jubiläumsjahres von Suhrkamp ist.

Der erste Band einer neuen Schriftenreihe *Schriften des Museums für Literatur am Oberrhein* erscheint: Die Magisterarbeit des Mitarbeiters Torsten Liesegang, *Lesegesellschaften in Baden 1780-1850. Ein Beitrag zum Strukturwandel der literarischen Öffentlichkeit* (Rhombos-Verlag).

2001 Die Projekte *www.buecher-kanon.de* und digitales Lexikon lebender Autoren *www.autoren-bw.de* sind fertiggestellt.

Digitale *Scheffel-Bibliographie,* die Forschungsliteratur ab 1945 enthält.

Das Scheffel-Inventar erscheint in dreibändiger Ausgabe.

Vergabe des Apollinaire-Preises im Auftrag der Robert Bosch Stiftung Stuttgart an über 400 Schulen in allen Bundesländern für überdurchschnittliche Abiturleistungen im Fach Französisch.

Beginn des Projekts Oberrheinische Literaturstraße.

Für 12.000 DM (aufgebracht durch private Zuwendungen) wird das Gemälde *Faust-Vorlesung Goethes am Karlsruher Hof* restauriert.

Ausstellung *Die Lesbarkeit der Welt – 50 Jahre Suhrkamp* mit einer Eröffnungsrede von Prof. Dr. Siegfried Unseld.

Ausstellung *Präprintium – Moskauer Bücher aus dem Samisdat.*

2002 Ausstellung *Mori Ôgai (1862-1922) als Wegbegleiter der Goethe-Rezeption in Japan* (in Zusammenarbeit mit der Deutsch-Japanischen Gesellschaft Karlsruhe) (22.3.-28.4).

Ausstellung *Ein Bild der Zeit – Literatur in Baden-Württemberg 1952-1970*. Eine Ausstellung im Rahmen des Landesjubiläums 50 Jahre Baden-Württemberg (14.6.-8.9.).

2003 Ausstellung des Museums Hölderlin-Turm in Tübingen *À l'image du temps. Nach dem Bilde der Zeit. Gisèle Celan-Lestrange und Paul Celan.*

Ausstellung *Verstöhnt der mi? 200 Jahre Alemannische Gedichte von Johann Peter Hebel.*

10.7.: Zentrale Preisverleihung des Scheffel-Preises in der Liederhalle Stuttgart anlässlich des 75-jährigen Bestehens des Scheffel-Preises mit über 1000 Gästen. Eine Straßenbahn, zur Verfügung gestellt vom Karlsruher Verkehrsverbund, fährt die Gäste von Karlsruhe nach Stuttgart und zurück.

Vergabe des Scheffel-Preises auch an der German School in New York.

In Zusammenarbeit mit der Arbeitsstelle für literarische Museen, Archive und Gedenkstätten in Baden-Württemberg in Marbach (alim) koordiniert die Literarische Gesellschaft ab sofort die Mittelvergabe zur Bespielung der Literarischen- und Gedenkstätten am Oberrhein (insgesamt 16 Häuser).

Erste Ausgabe der ›Karlsruher‹ *allmende* erscheint (Ausgabe Nr. 72).

2004 Ausstellung *Hermann Hesse: Diesseits des Glasperlenspiels* (Ausstellung des Schiller-Nationalmuseums Marbach) (12.2.-4.4.).

Ausstellung *Drei Schriften – drei Sprachen. Kroatische Schriftdenkmäler und Drucke durch die Jahrhunderte* (Ausstellung in Zusammenarbeit von National- und Universitätsbibliothek Zagreb und Württembergischer Landesbibliothek Stuttgart und dem Museum für Literatur am Oberrhein Karlsruhe).

80-jähriges Jubiläum der Literarischen Gesellschaft / Scheffelbund.

Festveranstaltung anlässlich des Jubiläums im Museum.

Beginn der Erstellung einer Datenbank, die alle Scheffel-Preisträgerinnen und -Preisträger seit 1947 erfasst.

Das Internetportal www.literaturland-bw.de wird freigeschaltet und beinhaltet Informationen zu literarischen Museen und Gedenkstätten in Baden-Württemberg.

22.6.: Oberrheinisches Dichtermuseum wird umbenannt in Museum für Literatur am Oberrhein.

Ausstellung *Haiku* (Ausstellung der Deutsch-Japanischen Gesellschaft Karlsruhe mit dem Museum für Literatur am Oberrhein Karlsruhe) (28.10.-13.1.2005).

2005 Ausstellung *40 Jahre Verlag Klaus Wagenbach. Eine Ausstellung zu 40 Jahren bundesdeutscher Verlagsgeschichte* (28.1.-13.3.).

Ausstellung *›sah vorzügliche Gemälde von Murillo, Duov, Caracci‹. H. C. Andersen zu Besuch in Karlsruhe* (11.4.-12.6.).

Erstmalige Vergabe des Scheffel-Förderpreises an dreizehn berufsbildenden Schulen in Baden-Württemberg.

Ausstellung *DIALOG Karlsruhe–Prag* (in Zusammenarbeit mit der GEDOK Karlsruhe) (15.7.-24.9.).

Ausstellung *Dokumentation übersetzter Bücher* (anlässlich der 5. Baden-Württembergischen Übersetzertage) (16.11.-22.11.).

Herausgabe der Kleinen Karlsruher Bibliothek in Zusammenarbeit mit dem Info Verlag zur Neubelebung weniger bekannter, vergriffener oder vergessener Texte Karlsruher Schriftstellerinnen und Schriftsteller.

2006   80. Geburtstag des Museums für Literatur am Oberrhein.

Ausstellung *Doch ich wurde unversehens in die Residenz berufen: Präsentation der Hebel-Sammlung von Karl Fritz* (30.3.-7.5.).

Ausstellung *200 Jahre Literatur in Baden: 1806-2006* (21.9.-7.1.2007).

Tagung: *Wo ich bin, ist deutsche Kultur – Zur Bedeutung Thomas Manns* (zusammen mit der Evangelischen Akademie Baden).

Vergabe des Scheffel-Preises an weiteren deutschen Auslandsschulen, zum Beispiel in Buenos Aires an der Goethe-Schule.

2007   Martin-Walser-Tagung zusammen mit der Evangelischen Akademie (23.2.-25.2.).

Ausstellung *Karlsruhe 1907: Der Sensationsprozess Carl Hau* (8.5.-9.9.).

Ausstellung *Dokumentation »Johann-Peter-Hebel-Sammlung Karl Fritz«* (23.10.-10.3.2008) Dokumentation *50 Jahre Hermann-Hesse-Preis.*

Ankauf der über 700 Exponate umfassenden Johann-Peter-Hebel-Sammlung von Karl Fritz (ermöglicht durch private Spenden).

2008   Nach zweijähriger Arbeit Eröffnung der neuen Dauerausstellung des Museums für Literatur am Oberrhein: *Epochen der Literaturgeschichte von der Klosterkultur bis ins 21. Jahrhundert.* Der Audio-Guide ergänzt den Katalog.

Ausstellung *Karlsruher Kinogeschichte(n). Vom Resi zum Multiplex* (21.2.-20.4.).

Ausstellung *Friedrich Weinbrenners Weg nach Rom* (7.4.-1.6.).

Ausstellung *Klaus Arnold. Malerei* (12.9.-12.10.).

Der Apollinaire-Preis wird ein letztes Mal durch die Bosch-Stiftung vergeben.

2009   Ausstellung *Glotzt nicht so romantisch! 20 Jahre Arbeitsstelle Bertolt Brecht = 20 Jahre Brecht und Karlsruhe* (24.4.-24.5.).

Der Audioguide des Museums wird um die Sprache Französisch und eine Führung für Kinder und Jugendliche erweitert.

Ausstellung *Gastarbeiter in Deutschland – Zuwanderung nach Karlsruhe* (eine Ausstellung des Stadtmuseums Karlsruhe und des SWR International in Kooperation mit dem Büro für Integration der Stadt Karlsruhe, dem Bundesamt für Migration und unter Beteiligung des Museums für Literatur am Oberrhein) (11.9.-15.11.).
Durchführung der ersten Karlsruher Langen Lesenacht.
Neue Lesesreihe *Lesung SÜD im KOHI* am Karlsruher Werderplatz.

2010 250. Geburtstag von Johann Peter Hebel mit 120 Veranstaltungen in der Stadt Karlsruhe und der Region.

Februar: Schreibwerkstatt »Kreatives Schreiben« zur Förderung junger Autorinnen und Autoren.
Ausstellung *Pavel Schmidt: Franz Kafka – Verschrieben & Verzeichnet* (eine Ausstellung der Galerie Alfred Knecht in Karlsruhe im Museum für Literatur am Oberrhein) (4.3.-28.3.).
Ausstellung *Auf dem Weg zur Theorie des Romans. Georg Lukács – Heidelberger Ästhetik (1912-1918)* (28.4.-8.6.).
Ausstellung *Anleitung zum Selberdenken. Johann Peter Hebels Excerpthefte* (Eine Ausstellung des Museums für Literatur am Oberrhein in Zusammenarbeit mit der Badischen Landesbibliothek) (19.5.-11.9.).
Ausstellung *Feridun Zaimoglu: Hinterland – Die Bilder zum Roman* (14.9.-31.10.).

2011 Beitritt zum Südwestverbund der Bibliotheken.
Ausstellung *Marcia Raquel Székely – Kreisarbeiten* (12.3.-10.4.).
Veröffentlichung des Oberrheinischen Literaturführers in Zusammenarbeit mit dem ADAC.
Publikation: Eine Jugend in Deutschland (Zusammenstellung von Texten der im Februar 2010 durchgeführten Schreibwerkstatt »Kreatives Schreiben«).

2012 60-jähriges Jubiläum des Landes Baden-Württemberg.

9.1.: Der designierte Bundespräsident Joachim Gauck auf Einladung der Literarischen Gesellschaft im Konzerthaus mit über 1000 Zuhörerinnen und Zuhörern.
Ausstellung *Etwas Neues entsteht im Ineinander. Wolfgang Rihm als Liedkomponist: Die Gedichtvertonungen* (Ausstellung im Rahmen der 21. Europäischen Kulturtage Karlsruhe mit ausführlichem Begleitprogramm) (28.3.-26.8.).
Ausstellung Literatur in Baden-Württemberg 1970-2010 (Ausstellung im Rahmen des Landesjubiläums mit begleitender Publikation).

2013 Publikation: *Wartet nicht auf beßre Zeiten. Literatur in Baden-Württemberg 1970-2012.*
Der durch The Voice of Germany bekannte Musiker Max Giesinger erhält bei der diesjährigen KAMUNA (Karlsruher Museumsnacht) den ersten Eintrittsbutton.

Herbst: Digitale Plattform für Scheffel-Preisträgerinnen und -Preisträger, auf Initiative von Praktikantin und Scheffel-Preisträgerin Deborah Fehr.

2014   Ausstellung »… *in die verwilderten Gärten der Dichtung und Poesie.« Der Kritiker und Schriftsteller Adolf von Grolman (1888-1973) – Kulturkonservative Literaturgeschichtsschreibung zwischen Anpassung und Opposition in der Weimarer Republik und im »Dritten Reich«* (14.9.-11.1.2015).

Ausstellung *Joseph Victor von Scheffel als bildender Künstler – ein Künstlerleben des 19. Jahrhunderts* (Ausstellung zum 90-jährigen Jubiläum der Literarischen Gesellschaft) (16.11.-29.3.2015).

90. Geburtstag der Ehrenvorsitzenden und Urenkelin Scheffels Vera-Maria Wieland.

Der Scheffel-Preisträger von 1968 Ministerpräsident Winfried Kretschmann nimmt an der diesjährigen Scheffel-Preisfeier im Konzerthaus Karlsruhe teil und hält die Festrede.

2015   Beginn der Digitalisierung der Bestände.

2016

14.1.:   Worldwide Reading-Lesung für den inhaftierten Dichter Ashraf Faxadh im Foyer des ZKM.

Ausstellung *Joseph Victor von Scheffel – Zeichnerische Impressionen* (16.2.-17.4.) (Ausstellung anlässlich des 190. Geburtstages von Scheffel).

Ausstellung *Echoland. Über das Ringen um Europa. Fotoarbeiten von Jörg Gläscher* (9.4.-17.4.) (Ausstellung im Rahmen der Europäischen Kulturtage).

Ausstellung *FETZEN: Rotzig, kraftvoll, wild – Papierarbeiten von Lisa Kränzler* (12.5.-28.8.).

20.7.:   Eröffnung der von der Literarischen Gesellschaft neugestalteten Scheffelräume im Hochrheinmuseum Schloss Schönau in Bad Säckingen mit der neu konzipierten Dauerausstellung *Der Trompeter von Säckingen. Eine Liebesgeschichte. Ein Buch. Ein Bestseller.*

Beginn der Erfassung des umfangreichen Bildmaterials zu Autorinnen und Autoren, literarischen Orten und Zeitdokumenten des Archivs mit der Datenbank Opus4 mit Unterstützung des Bibliotheksservice-Zentrums Baden-Württemberg.

2017

22.5.:   Benefizveranstaltung mit Rafik Schami zugunsten notleidender syrischer Kinder im Karlsruher Konzerthaus.

22.6.:   Tod der Ehrenvorsitzenden Vera-Maria Wieland, geb. Freiin von Reischach-Scheffel, die seit ihrem fünften Lebensjahr, seit 1929, Mitglied im Scheffelbund war.

Ausstellung *Die Kunst der Wissenschaft / The Art of Science* (30.9.-5.11.).

Ausstellung *15 Jahre Mechthild-Mayer-Stiftung. 15 Jahre Kunst- und Literaturförderung. Eine Dokumentation* (5.12.-18.3.2018).

2018   Erscheinen der Ausgabe Nr. 100 der *allmende* (Titel: *Literatur als Gemeingut*).

Die erste Anthologie von *beschriftet. Texte junger Autoren* der gleichnamigen Schriftstellergruppe erscheint.

Ausstellung *Liebe & Revolution. Hedwig Lachmann und Gustav Landauer zwischen Kunst und Politik* (Ausstellung im Rahmen der Europäischen Kulturtage, 28.4.-2.9.).

2019

Januar: Die Literarische Gesellschaft ist ab sofort auf Instagram vertreten; auch auf Facebook ist sie verstärkt präsent.

2.9.: Erscheinen der sechsbändigen Johann Peter Hebel-Gesamtausgabe.

7.10.: Jubiläumsveranstaltung mit Bas Böttcher zum 10-jährigen Bestehen der Lesereihe Lesung SÜD am Werderplatz im Rahmen der Karlsruher Literaturtage.

16.11.: Korea-Tag im PrinzMaxPalais (in Zusammenarbeit mit dem Zukunftsforum für Korea e. V.).
10-jähriges Bestehen des Prosapreises für junge Literatur JuLi.

2020

Ab März: Schließung des PrinzMaxPalais aufgrund der internationalen Covid-19-Pandemie.

April: Verstärkte Präsenz im Internet durch Eröffnen einer Mediathek mit Lesungen und Vorträgen der letzten fünf Jahrzehnte (zweimal wöchentlich werden Lesungen veröffentlicht).
3. Auflage der Johann Peter Hebel-Ausgabe erscheint.
Digitale Präsenz von Schriftstellerinnen und Schriftstellern, die sich mit Videoclips online präsentierten können sowie digitale Lesungen per Streaming.
Weiterer Ausbau des digitalen Leseprogramms und Bildungsangebots als ergänzende Medien (literarische Workshops, informative Videos zur deutschen Literaturgeschichte).

17.5.: Anlässlich des Internationalen Museumstages kann das Museum für Literatur wieder öffnen.

2021

Januar-Mai: Analoge Veranstaltungen jeglicher Art sind wegen der Pandemie abgesagt.

Ab Februar: Die vierte Staffel der Karlsruher Literaturclips.

16.5.: Präsentation des Animationsfilms *Hiddigeigei* (in Zusammenarbeit mit der Stadt Bad Säckingen).
Trotz Öffnung mussten pandemiebedingt das ganze Jahr über Veranstaltungen ausfallen oder verschoben werden.

2022

Ab Januar: Beginn der Digitalisierung und Transkription der Briefe Joseph Victor von Scheffels für eine geplante mehrbändige Ausgabe der gesammelten Briefe.
Weiterhin vereinzelt pandemiebedingtes Verschieben oder Absagen von Veranstaltungen.
Ausstellung *Vorhang auf! Trude Schelling-Karrer: von der Bühne zur Innenarchitektur* (3.6.28.8.).
Ausstellung *70 Jahre Literaturland Baden-Württemberg – Geschichten und Geschichte* (7.7.-30.9.).

12.10.: Die ersten hybriden Veranstaltungen im Rahmen der 10. Karlsruher Literaturtage: Veranstaltungen in der Hemingway Lounge und dem PrinzMaxPalais werden live bei YouTube gestreamt, sodass sie analog und digital besucht werden können.

2023 Ausstellung *Simone de Beauvoir: Das andere Geschlecht* (2.11.-7.4.2024).
Technische Neuerung: der Druckprozess für die Urkunden, die Anschreiben und Mitgliedsausweise läuft nun automatisiert ab. Nach pandemiebedingten Schließungen können die Veranstaltungen wieder wie gewohnt stattfinden und werden vom Publikum gut aufgenommen und besucht.

2024 100-jähriges Jubiläum der Literarischen Gesellschaft / Scheffelbund. Ganzjährige Fest-Veranstaltungen, u. a. mit Scheffel-Preisträgerinnen und -Preisträgern.

Abb.: Karlsruher Schlosslichtspiele 2024 © MLO.

Jahresgaben der Literarischen Gesellschaft Karlsruhe[1] (Scheffelbund) e.V.

Jahr	Titel
1925	Beringer, Josef August: Scheffel der Zeichner und Maler, mit vier Bilderbeigaben, Karlsruhe 1925.
1926	Freiherr von Münchhausen, Börries (Hg.): Scheffel. Jahrbuch des Deutschen Scheffel-Bundes. Der Jahrbücher des Scheffel-Bunds neue Folge, Band 1, Karlsruhe 1926.
1927	Zentner, Wilhelm (Hg.): Scheffel in Säckingen. Briefe ins Elternhaus 1850-1851, im Auftrag des Deutschen Scheffel-Bundes, Karlsruhe 1927.
1928	Höfer, Conrad (Hg.): Briefwechsel zwischen Scheffel und Großherzog Carl Alexander, im Auftrag des Deutschen Scheffel-Bundes, Karlsruhe 1928.
1929	Zentner, Wilhelm (Hg.): Scheffel in Italien. Briefe ins Elternhaus 1852-1853, im Auftrag des Deutschen Scheffel-Bundes, Karlsruhe 1929.
1930	Irene von Spilimberg. Unvollendeter Roman von Josef Viktor von Scheffel, für den Deutschen Scheffel-Bund aus dem Nachlaß des Dichters hrsg. und eingel. von Friedrich Panzer, Karlsruhe 1930.
1931	Rohrer, Max: Die Mär von Lenggries. Illustriert von J. Riedl, mit einem Vorwort »Hilfe der Lebenden« im Auftrag des Deutschen Scheffel-Bundes hg. von Reinhold Siegrist, Karlsruhe 1931.
1932	Höfer, Conrad (Hg.): Briefwechsel zwischen Scheffel und Heyse, für den Deutschen Scheffel-Bund, Karlsruhe 1932.
1933	Bramann, Wilhelm: Namenlos. Novelle, mit drei Bildgaben, Karlsruhe 1933.
1934	Zentner, Wilhelm (Hg.): Vom Trompeter zum Ekkehard. Scheffels Briefe ins Elternhaus 1853/55, im Auftrag des Deutschen Scheffel-Bundes, Karlsruhe 1934.
1935	Siegrist, Reinhold (Hg.): »Auftönt ein Lied im Wind vom Strome her …«. Lebende südwestdeutsche Dichter, im Auftrag des Deutschen Scheffel-Bundes, Karlsruhe 1935.
1936	Ruge, Gerda (Hg.): Eine Studienfreundschaft. Scheffels Briefe an Friedrich Eggs 1844/1849, im Auftrag des Deutschen Scheffel-Bundes, Karlsruhe 1936.

[1] Der Name ›Literarische Gesellschaft‹ bezieht auch den ›Deutschen Scheffel-Bund‹ und den ›Volksbund für Dichtung, vorm. Scheffel-Bund‹ ein.

1937   Panzer, Friedrich (Hg.): Scheffels Wartburgroman, 1. Teil: Wartburggeschichten, für den Deutschen Scheffel-Bund aus dem Nachlaß des Dichters, Karlsruhe 1937.

1938   Siegrist, Reinhold (Hg.): Lebende elsässische Dichter. Lyrik und Erzählung, im Auftrag des Deutschen Scheffel-Bundes, Karlsruhe 1938.

1939   Siegrist, Reinhold (Hg.): Mein Glück will mir nicht glücken. Scheffels Briefe ins Elternhaus 1856/57, für den Deutschen Scheffel-Bund, Karlsruhe 1939.

1940   Wöhrle, Oskar: Pömperles Ausfahrt in die Welt. Elsässische Novelle, Karlsruhe 1940.

1942   Siegrist, Reinhold (Hg.): Lebende Dichter um den Oberrhein. Lyrik und Erzählungen, im Auftrag des Deutschen Scheffel-Bundes im Reichswerk Buch und Volk, Karlsruhe 1942.

1944   Siegrist, Reinhold (Hg.): Sechs neue Erzählungen um die Liebe, im Auftrag des Deutschen Scheffel-Bundes im Reichswerk Buch und Volk, Karlsruhe 1944.

1946   Zentner, Wilhelm (Hg.): Zwischen Pflicht und Neigung. Scheffel in Donaueschingen, Briefe ins Elternhaus, für den Volksbund für Dichtung vormals Scheffelbund, Karlsruhe 1946.

1947   Gitzinger, Oskar: Wie drei Bettler zu Königen des Lebens werden, eine Legende, Karlsruhe 1947.

1948   Bertololy, Paul: Die Verfemtem. Erzählung, Karlsruhe 1948.

1949   Huggenberger, Alfred: Die Magd vom See. Mit Zeichnungen von W. Huppert, Karlsruhe 1949.

1950   Unruh, Friedrich Franz von: Liebe wider Willen. Erzählung, Karlsruhe 1950.

1951   Zentner, Wilhelm (Hg.): Wandern und Weilen. Scheffels Briefe ins Elternhaus 1860-1864, für den Volksbund für Dichtung (vormals Scheffel-Bund), Karlsruhe 1951.

1952   Gäng, Richard: Rosina. Novelle, Karlsruhe 1952.

1953   Siegrist, Reinhold (Hg.): Gedichtet und erlebt. Erzählungen von Bernhard Bender, Elisabeth Bentmann, Karl Staiger, Oskar Wöhrle, Wilhelm Zentner, Karlsruhe 1953.

1954   Mildenberger, Wolfgang Ernst: Der Hauptmann vom Wald. Eine Erzählung aus der Zeit des Bauernkrieges, Karlsruhe 1954.

1955   Siegrist, Reinhold (Hg.): Fünf Geschichten und ein Spiel. Von Helmut Paulus, Bernhard Bender, Otto Heuschele, Albert Schneider, Rose Woldstedt-Lauth und Wilhelm von Scholz, Karlsruhe 1955.

1956   Siegrist, Reinhold (Hg.): Lyriker und Erzähler aus unseren Tagen. Mit Beiträgen von Otto Heinrich Kühner, Josef Mühlberger, Martha Saalfeld, Wolfgang Martin Schede, Karlsruhe 1956.

1957   Goltz, Joachim von der: Gedichte und Erzählungen, hg. vom Volksbund für Dichtung (Scheffelbund), Hauptgeschäftsstelle Karlsruhe, Karlsruhe 1957.

1958   Unruh, Friedrich Franz von: Sechs Novellen, hg. vom Volksbund für Dichtung (Scheffelbund), Hauptgeschäftsstelle Karlsruhe, Karlsruhe 1958.

1959   Siegrist, Reinhold (Hg.): Zeitgenössische Dichter. Lyrik und Prosa, im Auftrag des Volksbundes für Dichtung (Scheffelbund), Karlsruhe 1959.

1960   Mühlberger, Josef: Erzählungen, hg. vom Volksbund für Dichtung (vorm. Scheffelbund), Hauptgeschäftsstelle Karlsruhe, Karlsruhe 1960.

1961   Gutting, Willi: Unweit vom Strom. Aus der Chronik der Familie Holsch, hg. vom Volksbund für Dichtung (Scheffelbund), Hauptgeschäftsstelle Karlsruhe, Karlsruhe 1961.

1962   Scholz, Wilhelm von: Zwischenreich. Erzählungen, im Auftrag des Volksbundes für Dichtung (vorm. Scheffelbund) hg. von Reinhold Siegrist, Karlsruhe 1962.

1963   Siegrist, Reinhold (Hg.): Zeitgenössische Erzähler. Friedrich Bischoff; Georg Britting; Herbert Eisenreich; Gertrud Fussenegger; Marie Luise Kaschnitz, im Auftrag des Volksbundes für Dichtung (vorm. Scheffelbund), Karlsruhe 1963.

1964   Wohmann, Gabriele: Erzählungen. Im Auftrag des Volksbundes für Dichtung (vorm. Scheffelbund) hg. von Reinhold Siegrist, Karlsruhe 1964.

1965   Siegrist, Reinhold (Hg.): Aus unserer Zeit. Sieben Erzähler; Horst Bienek; Karl Günther Hufnagel; Hermann Lenz; Paul Schallück; Reinhold Schneider; Georg Thürer; Robert Walser, im Auftrag des Volksbundes für Dichtung (vorm. Scheffelbund), Karlsruhe 1965.

1966   Feuerstein, Ernst. Deudonex. Vagabundenfahrt in den »Kleinen Orient«, im Auftrag des Volksbundes für Dichtung (vorm. Scheffelbund) hg. von Reinhold Siegrist, Karlsruhe 1966.

1967   Wolken, Karl Alfred: Erzählungen, im Auftrag des Volksbundes für Dichtung (vorm. Scheffelbund) hg. von Reinhold Siegrist, Karlsruhe 1967.

1968   Hausenstein, Wilhelm: Jugenderinnerungen und Reiseskizzen, im Auftrag des Volksbundes für Dichtung (vorm. Scheffelbund) hg. von Friedrich Bentmann, Karlsruhe 1968.

1969   Gregor-Dellin, Martin: Unsichere Zeiten. Erzählungen und Essays, im Auftrag des Volksbundes für Dichtung (vorm. Scheffelbund) hg. von Friedrich Bentmann, Karlsruhe 1969.

1970   Kaschnitz, Marie Luise: Aufbruch wohin, im Auftrag des Volksbundes für Dichtung (vorm. Scheffelbund) hg. von Friedrich Bentmann, Karlsruhe 1970.

1971   Fritz, Walter Helmut: Teilstrecken, im Auftrag des Volksbundes für Dichtung (vorm. Scheffelbund) hg. von Friedrich Bentmann, Karlsruhe 1971.

1972   Piontek, Heinz: Klarheit schaffen, im Auftrag des Volksbundes für Dichtung (vorm. Scheffelbund) hg. von Friedrich Bentmann, Karlsruhe 1972.

1973   Bernus, Alexander von: Wachsen am Wunder. Heidelberger Kindheit und Jugend, im Auftrag der Literarischen Gesellschaft (Scheffelbund) hg. von Franz Anselm Schmitt, Karlsruhe 1973.

1974   Schickele, René: Leben und Werk in Dokumenten, im Auftrag der Literarischen Gesellschaft (Scheffelbund) hg. von Friedrich Bentmann, Karlsruhe 1974.

1975   Bentmann, Friedrich (Hg.): Synchron. Prosa und Poesie junger Autoren, im Auftrag der Literarischen Gesellschaft (Scheffelbund), Karlsruhe 1975.

1976   Bentmann, Friedrich (Hg.): Der unbekannte Scheffel. Zu seinem 150. Geburtstag, im Auftrag der Literarischen Gesellschaft (Scheffelbund), Karlsruhe 1976.

1977   Weckmann, André: Geschichten aus Soranien. Ein elsässisches Anti-Epos, im Auftrag der Literarischen Gesellschaft (Scheffelbund), hg. von Friedrich Bentmann, Karlsruhe 1977

1978   Thum, Bernd: Aufbruch und Verweigerung. Literatur und Geschichte am Oberrhein im hohen Mittelalter, Aspekte eines geschichtlichen Kulturraums, Band 1, hg. von der Literarischen Gesellschaft (Scheffelbund), Karlsruhe 1978.

1979   Literarische Gesellschaft (Scheffelbund) (Hg.): Das junge Karlsruhe. Zehn junge Schriftsteller; Landthaler; Lang; Gensch; Gnam; Zimmermann; Kress-Fricke; Wegner; Hurst; Lober; Ney, Karlsruhe 1979.

1980   Thum, Bernd: Aufbruch und Verweigerung. Literatur und Geschichte am Oberrhein im hohen Mittelalter, Aspekte eines geschichtlichen Kulturraums, Band 2, hg. von der Literarischen Gesellschaft (Scheffelbund), Karlsruhe 1980.

1981   Steiner, Beatrice (Hg.): Kostbarkeiten. Essays und Laudationes zur Literatur des 19. und 20. Jahrhunderts, im Namen der Literarischen Gesellschaft (Scheffelbund), Karlsruhe 1981.

1982   Steiner, Beatrice / Meyer, E. Y. (Hg.): Geräusche. Eine Schweizer Anthologie, im Namen der Literarischen Gesellschaft (Scheffelbund), Waldkirch 1982.

1983   Meckel, Christoph: Sein Herz ist sein Rücken, hg. von der Literarischen Gesellschaft (Scheffelbund), Karlsruhe 1983.

1984   Literarische Gesellschaft (Scheffelbund) (Hg.): Linien. Maria Beig, Reinhard Größer, Johannes Hösle, Gisela Linder, Maria Menz, Maria Müller-Gögler, Karlsruhe 1984.

1985   Fritz, Walter Helmut: Die Verwechslung. Roman, mit einem Nachwort von Karl Foldenauer, hg. von der Literarischen Gesellschaft (Scheffelbund), Karlsruhe 1985.

1986   Steiner, Jacob: Rilke. Vorträge und Aufsätze, hg. von der Literarischen Gesellschaft (Scheffelbund), Karlsruhe 1986.

1987   Cämmerer, Monika: Lyrik – Prosa. Im Auftrag der Literarischen Gesellschaft (Scheffelbund) hg. von Beatrice Steiner, Karlsruhe 1987.

1988   Oberrheinisches Dichtermuseum Karlsruhe (Hg.): Der Johann Peter Hebel-Preis 1936-1988. Eine Dokumentation von Manfred Bosch, im Auftrag des Ministeriums für Wissenschaft und Kunst des Landes Baden-Württemberg, Karlsruhe 1988.

1989   Lenz, Hermann: Gedichte und Prosa. Im Auftrag der Literarischen Gesellschaft (Scheffelbund), Auswahl und Nachwort von Karl Foldenauer, Karlsruhe 1989.

1990   Bender, Hans: Gedichte und Prosa. Im Auftrag der Literarischen Gesellschaft (Scheffelbund), Auswahl und Nachwort von Karl Foldenauer, Karlsruhe 1990.

1991   Domin, Hilde: Gedichte und Prosa. Im Auftrag der Literarischen Gesellschaft (Scheffelbund), Auswahl und Nachwort von Karl Foldenauer, Karlsruhe 1992.

1992   Zeller, Eva Christina: Lyrik und Prosa. Im Auftrag der Literarischen Gesellschaft (Scheffelbund), Auswahl und Nachwort von Karl Foldenauer, Karlsruhe 1992.

1993   Schmidt-Bergmann, Hansgeorg / Kußmann, Matthias (Hg.): Exil, Widerstand, Innere Emigration. Badische Autoren zwischen 1933 und 1945, im Auftrag der Literarischen Gesellschaft (Scheffelbund), Karlsruhe 1993.

1994   Walser, Martin: Zauber und Gegenzauber, mit einem Nachwort von Klaus Siblewski, hg. von Hansgeorg Schmidt-Bergmann im Auftrag der Literarischen Gesellschaft (Scheffelbund), Karlsruhe 1994.

1995   Schmidt-Bergmann, Hansgeorg / Kußmann, Matthias (Hg.): Ich bin jung. Mein Freund heißt Achill. Zehn junge Autorinnen vom Oberrhein, im Auftrag der Literarischen Gesellschaft (Scheffelbund), Karlsruhe 1995.

1996   Kehle, Matthias / Kühn, Matthias / Patzer, Georg (Hg.): Sondern anderswo. Neue Literatur vom Oberrhein, im Auftrag der Literarischen Gesellschaft (Scheffelbund), Karlsruhe 1996.

1997 / 1998 Faath, Ute / Schmidt-Bergmann, Hansgeorg (Hg.): Literatur und Revolution in Baden 1848/49. Eine Anthologie, im Auftrag der Literarischen Gesellschaft (Scheffelbund),
Karlsruhe 1997.

1999 Meyer, Jochen / Schmidt-Bergmann, Hansgeorg (Hg.): Geschichte der Literatur am
Oberrhein. Ein Querschnitt. Dokumentation anlässlich der Neueröffnung des Museums
für Literatur am Oberrhein, Karlsruhe 1999.

2000 Schmidt-Bergmann, Hansgeorg (Hg.): Aus dem Tonkabinett der Literarischen
Gesellschaft, Folge 1: Dichter lesen: Uwe Johnson, Hans Mayer, Karl Krolow, Peter Bichsel, Siegfried Unseld, Wolfgang Hildesheimer, Durs Grünbein, Patrick Roth, Karlsruhe
2000.

2001 Schmidt-Bergmann, Hansgeorg (Hg.): Scheffel Kalender 2001, im Auftrag der Literarischen Gesellschaft (Scheffelbund), Freiburg 2000.

2002 Schmidt-Bergmann, Hansgeorg (Hg.): Aus dem Tonkabinett der Literarischen Gesellschaft, Folge 2: Schriftstellerinnen lesen: Sigrid Damm, Carola Stern, Marlene Streeruwitz, Barbara Honigmann, Zoe Jenny, Sarah Khan, Beate Rygiert, Babette Dieterich,
Karlsruhe 2002.

2003 Schmidt-Bergmann, Hansgeorg / Kohl, Peter (Hg.): Ein Bild der Zeit. Literatur in Baden-
Württemberg 1952-1970, im Auftrag der Literarischen Gesellschaft (Scheffelbund),
Karlsruhe 2002.

2004 Bosch, Manfred / Schmidt-Bergmann, Hansgeorg: allmende. Zeitschrift für Literatur 73
(2004), im Auftrag der Literarischen Gesellschaft (Scheffelbund), Karlsruhe 2004.

2005 Schmidt-Bergmann, Hansgeorg (Hg.): Hebel-Kalender, im Auftrag der Literarischen Gesellschaft (Scheffelbund), Karlsruhe 2004.

2006 Schmidt-Bergmann, Hansgeorg (Hg.): Joseph Victor von Scheffel. Brief aus Venedig und
andere Reisebilder, mit Zeichnungen von Joseph Victor von Scheffel und zeitgenössischen
Illustrationen (Scheffel Bibliothek, Band 1), im Auftrag der Literarischen Gesellschaft
(Scheffelbund) bearb. von Jürgen Oppermann, Karlsruhe 2005.

2007 Avena, Rolf: Mordaffäre Molitor. Ein Tatsachenroman, neu hg. von Hansgeorg
Schmidt-Bergmann, mit einem Nachwort von Sibylle Brenk-Keller, Halle (Saale) 2006.

2008 Schmidt-Bergmann, Hansgeorg (Hg.): allmende. Zeitschrift für Literatur 82 (2008), im
Auftrag der Literarischen Gesellschaft (Scheffelbund), Karlsruhe 2008.

2009 Schmidt-Bergmann, Hansgeorg (Hg.): Aus dem Tonkabinett der Literarischen Gesellschaft, Folge 3: Neue Literatur vom Oberrhein: Joachim Zelter, Ulf Stolterfoht, Jagoda
Marinić, Martin Gülich, Silke Scheuermann, Kai Weyand, Anja Kümmel, Christoph Köh-

ler, Nina Jäckle, Markus Orths, Gunzi Heil, Rastetter & Wacker, im Auftrag der Literarischen Gesellschaft (Scheffelbund), Karlsruhe 2009.

2010 Hebel, Johann Peter: Glück und Verstand. Minutenlektüren, ausgewählt, hg. und mit einem Nachwort von Hansgeorg Schmidt-Bergmann und Franz Littmann, Hamburg 2009.

2011 Trinca, Adina-Monica: Literatur vom Mittelalter bis zur Romantik. Eine Literaturgeschichte nicht nur für Jugendliche, mit Illustrationen von Hannes Mercker, hg. von Hansgeorg Schmidt-Bergmann im Auftrag der Literarischen Gesellschaft (Scheffelbund), Halle (Saale) 2011.

2012 Schmidt-Bergmann, Hansgeorg (Hg.): Aus dem Tonkabinett der Literarischen Gesellschaft (Scheffelbund), Folge 4: Autorinnen und Autoren aus Baden-Württemberg: Martin Walser, Karl-Heinz Ott, Dilek Güngör, Uwe Tellkamp, Jagoda Marinić, Björn Kern, Lena Gorelik, Claudia Gabler, Patrick Roth, Joachim Zelter, im Auftrag der Literarischen Gesellschaft (Scheffelbund), Karlsruhe 2012.

2013 Schmidt-Bergmann, Hansgeorg (Hg.): »Wartet nicht auf beßre Zeiten«. Literatur in Baden-Württemberg 1970-2012, im Auftrag der Literarischen Gesellschaft (Scheffelbund) bearb. von Ina Gohn-Kreuz und Björn Hayer, Halle (Saale) 2013.

2014 Schickele, René: »Das Wort hat einen neuen Sinn« – Prosa, Lyrik, Essays, Briefe, hg. von Christian Lückscheiter und Hansgeorg Schmidt-Bergmann im Auftrag der Literarischen Gesellschaft (Scheffelbund), Halle (Saale) 2014.

2015 Gutgesell, Natalie: »Das Malen als eigenes volles in Farben sich bewegendes Denken«. Zu Joseph Victor von Scheffel als Künstler, hg. von Hansgeorg Schmidt-Bergmann im Auftrag der Literarischen Gesellschaft (Scheffelbund), Halle (Saale) 2015.

2016 Stadler, Ernst: »Denn der Zukunft dient alle wahre Kunst!« Lyrik, Prosa, Essays, Briefe, Tagebuchaufzeichnungen, hg. von Christian Luckscheiter und Hansgeorg Schmidt-Bergmann, im Auftrag der Literarischen Gesellschaft (Scheffelbund), Halle (Saale) 2016.

2017 Schmidt-Bergmann, Hansgeorg (Hg.): Der Trompeter von Säckingen. Eine Liebesgeschichte. Ein Buch. Ein Bestseller. Begleitpublikation zur gleichnamigen Dauerausstellung im Hochrheinmuseum Schloss Säckingen, Bad Säckingen, mitbearbeitet von Sarah von Keudell, im Auftrag der Literarischen Gesellschaft (Scheffelbund), Karlsruhe 2016.

2018 Arp, Hans-Jean: »ich bin in einer wolke geboren« / »je suis né dans un nuage«. Gedichte/ Poèmes, hg. von Hansgeorg Schmidt-Bergmann, im Auftrag der Literarischen Gesellschaft (Scheffelbund), Halle (Saale) 2018.

2019 Schmidt-Bergmann, Hansgeorg (Hg.): Liebe & Revolution. Hedwig Lachmann und Gustav Landauer zwischen Kunst und Politik, bearbeitet von Hansgeorg Schmidt-Bergmann und Sarah von Keudell unter Mitarbeit von Larissa Dehm, Lindemanns Bibliothek, Karlsruhe 2018.

2020　　Flake, Otto: »Wiederum vergleicht Frankreich!« Essays und Skizzen, hg. von Christian Luckscheiter und Hansgeorg Schmidt-Bergmann im Auftrag der Literarischen Gesellschaft (Scheffelbund), Halle (Saale) 2020.

2021　　Schmidt-Bergmann, Hansgeorg (Hg.): allmende. Zeitschrift für Literatur 106 (2020), hg. von Hansgeorg Schmidt-Bergmann, im Auftrag der Literarischen Gesellschaft (Scheffelbund), Halle (Saale) 2020.

2022　　Prévôt, René: »Und Harlekin heißt der neue König von Paris!« Szenen, Essays, Prosastücke, hg. von Christian Luckscheiter und Hansgeorg Schmidt-Bergmann im Auftrag der Literarischen Gesellschaft (Scheffelbund), Halle (Saale) 2022.

2023　　von Scheffel, Joseph Victor: »Warum küssen sich die Menschen?«, zuerst hg. 1992 von Klaus Oettinger und Helmut Weidhase, neu hg. von Hansgeorg Schmidt-Bergmann im Auftrag der Literarischen Gesellschaft (Scheffelbund), Lengwil am Bodensee 2023.

2024 / 2025　Schmidt-Bergmann, Hansgeorg (Hg.): »Förderer deutscher Kultur«. 100 Jahre Literarische Gesellschaft, Göttingen 2025.

Fragmente

*Eine Publikationsreihe neuer Literatur:
1994 bis 2005 (herausgegeben von
Matthias Kehle und Georg Patzer).*

1 Georg Patzer: Der Sammler. Nr. 1, Karlsruhe 1994.
2 Matthias Kehle: 16 Gedichte. Nr. 2, Karlsruhe 1994.
3 Matthias Kühn: Taschengeld / Morselli. Nr. 3, Karlsruhe 1994.
4 Achim Stößer: Trug. Utopische Erzählungen. Nr. 4, Karlsruhe 1994.
5 Phoebe Müller: Sommer der Ratten. Nr. 5, Karlsruhe 1994.
6 Ulrich Koch: Über den Fluß. Nr. 6, Karlsruhe 1994.
7 Roland Lang: Erkundungen in Nepal. Nr. 7, Karlsruhe 1994.
8 Andreas Gesierich: Geliebte. Nr. 8, Karlsruhe 1994.
9 Beate Rygiert: Fenster 1994. Nr. 9, Karlsruhe 1994.
10 Frank Zimmer: Und Peter wird es dunkel. Nr. 10, Karlsruhe 1995.
11 Susanne Geiger: Nomaden. Nr. 11, Karlsruhe 1995.
12 Thomas Rübenacker: Demnächst in der Unmittelbar. Nr. 12, Karlsruhe 1995.
13 Wolfgang Rohner-Radegast: Vetter Blaubart oder wie die wohl drüben. Nr. 13, Karlsruhe 1995.
14 Volker Kaminsky: Lebenszeichen. Nr. 14, Karlsruhe 1995.
15 Andreas Kirchgäßner: Zeitverlust. Nr. 15, Karlsruhe 1996.
16 Almut Greiser: Zeit für Abraham. Nr. 16, Karlsruhe 1996.
17 Bernd Hettlage: Leila Guptal. Nr. 17, Karlsruhe 1996.
18 Alexander Häusser: Nicht Fisch, nicht Fleisch. Nr. 18, Karlsruhe 1996.
19 Stefan Finke: Familienalbum. Nr. 19, Karlsruhe 1996.
20 Hilga Wesle: Alte Bekannte. Nr. 20, Karlsruhe 1997.
21 Gabriele Clara Leist: Timbuktu. Nr. 21, Karlsruhe 1997.
22 Dieter Koethe: Vermeidbare Stürze. Nr. 22, Karlsruhe 1997.

23 Susanne Stephan: Schriftlings. Nr. 23, Karlsruhe 1997.

24 Dietmar Guth. November. Nr. 24, Karlsruhe 1997.

25 Katrin Seglitz: Der Schatten des Häuptlings. Nr. 25, Karlsruhe 1999.

26 John von Düffel: Nachtfahrt. Nr. 26, Karlsruhe 1999.

27 Karlheinz Kluge: Tiefkeller. Nr. 27, Karlsruhe 2000.

28 Christina Griebel: Zwittrige Burschen. Nr. 28, Karlsruhe 2001.

29 Walle Sayer: Kleine Studie. Nr. 29, Karlsruhe 2001.

30 Angelika Maisch: Angst & Bange. Nr. 30, Karlsruhe 2002.

31 Eva Ehrenfeld: Koralle, Baum, ich. Nr. 31, Karlsruhe 2005.

32 Werner Baur: Jahrhundertsommer. Nr. 32, Karlsruhe 2005.

Bildnachweis

Umschlag © ONUK
4/5 © MLO
8 © MLO
10 © Mattsee Archiv, Anton Breitner um 1920
11 © Allgemeine Kunst-Chronik. Illustrirte Zeitschrift für Kunst, Kunstgewerbe, Musik, Theater und Literatur XIII (1889), Bd. Nr. 17, S. 495 (CC BY-SA 4.0 DEED / unverändert)
13 © Mattsee Archiv, Scheffel-Museum, Innenansicht, Villa Breitner
14 © MLO
15 © MLO
16 © Landesarchiv Baden-Württemberg, Generallandesarchiv Karlsruhe 56-1 2579 [Eigentum: Haus Baden] (Permalink: http://www.landesarchiv-bw.de/plink/?f=4-1984861)
17 © Stadtarchiv Vaihingen, S2_355
18 © MLO (oben links); © Stadtarchiv Heidelberg, BILDA 14231 (unten rechts)
19 © Universitätsarchiv Heidelberg, Pos I 02233 (Fotograf: Robert Herbst) (links); © Wiener Salonblatt (2.10.1927), S. 5 (CC BY-SA 4.0 DEED / unverändert) (rechts)
20 Scan aus: Hugo Freiherr von Reischach: Unter drei Kaisern, Berlin 1925. © Phot. Ernst Sandau, Hofphotograph, Berlin
21 © Stadtarchiv Heidelberg, BILDA 25790
22 © Stadtarchiv Karlsruhe 8/PBS oIII 413
23 © Universitätsbibliothek Heidelberg, Heid. Hs. 3824 Teil a C2.392
24 © Stadtarchiv Heidelberg, BILDA 3315
25 CC by Wikipedia (links)© Universitätsbibliothek Heidelberg, Heid. Hs. 3824 Teil a C2.392 (rechts)
26 © MLO
27 © Wiener Salonblatt (8.12.1923), S. 6 (CC BY-SA 4.0 DEED / unverändert)
28 © Landesarchiv Baden-Württemberg, Generallandesarchiv Karlsruhe 56-1 2579 [Eigentum: Haus Baden]

(Permalink: http://www.landesarchiv-bw.de/plink/?f=4-1984861)
29 © Landesarchiv Baden-Württemberg, Generallandesarchiv Karlsruhe 56-1 2579 [Eigentum: Haus Baden] (Permalink: http://www.landesarchiv-bw.de/plink/?f=4-1984861)
30 © Landesarchiv Baden-Württemberg, Generallandesarchiv Karlsruhe 56-1 2579 [Eigentum: Haus Baden] (Permalink: http://www.landesarchiv-bw.de/plink/?f=4-1984861)
31 © Stadtarchiv Karlsruhe 8/PBS oXIVc 304
32 © MLO
33 © Wiener Salonblatt (30.9.1928), S. 10 (CC BY-SA 4.0 DEED / unverändert)
34/35 © MLO
37 © Landesarchiv Baden-Württemberg, Generallandesarchiv Karlsruhe 56-1 2579 [Eigentum: Haus Baden] (Permalink: http://www.landesarchiv-bw.de/plink/?f=4-1984861)
39 © Stadtarchiv Karlsruhe 8/PBS oIII 721
40 © Stadtarchiv Karlsruhe 8/PBS oXIVa 1342 (oben); © MLO (Mitte und unten)
42 © MLO
46 © B9, MLO
47 © B12, MLO
49 © Stadtarchiv Karlsruhe 8/PBS oXIVa 1319
51 © Stadtarchiv Karlsruhe 8/StS 26/18, S. 116
54 © Stadtmuseum/-archiv Baden-Baden A 32/230
55 © Stadtmuseum/-archiv Baden-Baden A 32/230
56 © B20, MLO
57 © Landesarchiv Baden-Württemberg, Generallandesarchiv Karlsruhe 235 40457 (Permalink: http://www.landesarchiv-bw.de/plink/?f=4-3374823)
61 © Drs. Ulko Sijbesma, Transvaal 7, NL-4254 BA Sleeuwijk

63 © Landesarchiv Baden-Württemberg, Generallandesarchiv Karlsruhe N Wieland
67 © Stadtarchiv Karlsruhe 1/H-Reg. 2918/115
69 © MLO
70 © Stadtarchiv Heidelberg, BILDA 6
71 © Straßburger Neueste Nachrichten Nr. 231 (22.08.1944), S.1 (CC BY-SA 4.0 DEED / unverändert)
72 © B36, MLO
75 © Stadtarchiv Karlsruhe 8/BA Bildstelle III 599
76 © Landesarchiv Baden-Württemberg, Generallandesarchiv Karlsruhe 235 40457 (Permalink: http://www.landesarchiv-bw.de/plink/?f=4-3374823)
77 © Landesarchiv Baden-Württemberg, Generallandesarchiv Karlsruhe 235 40457 (Permalink: http://www.landesarchiv-bw.de/plink/?f=4-3374823)
79 © Landesarchiv Baden-Württemberg, Generallandesarchiv Karlsruhe 235 40457 (Permalink: http://www.landesarchiv-bw.de/plink/?f=4-3374823)
83 © Landesarchiv Baden-Württemberg, Staatsarchiv Ludwigsburg EL 402/12 Bü 633 a: Report of Property Transactions vom 7. Juni 1946 (Permalink: http://www.landesarchiv-bw.de/plink/?f=2-649607)
84 © Landesarchiv Baden-Württemberg, Staatsarchiv Ludwigsburg EL 402/12 Bü 633 a (Permalink: http://www.landesarchiv-bw.de/plink/?f=2-649607)
85 © B36, MLO
86 © Landesarchiv Baden-Württemberg, Staatsarchiv Ludwigsburg EL 402/12 Bü 633 a (Permalink: http://www.landesarchiv-bw.de/plink/?f=2-649607 (oben); © Landesarchiv Baden-Württemberg, Staatsarchiv Ludwigsburg EL 402/12

Bü 633 a (Permalink: http://www.landesarchiv-bw.de/plink/?f=2-649607) (unten)

87 © Landesarchiv Baden-Württemberg, Staatsarchiv Ludwigsburg EL 402/12 Bü 633 a (Permalink: http://www.landesarchiv-bw.de/plink/?f=2-649607)

88-90 © Landesarchiv Baden-Württemberg, Staatsarchiv Ludwigsburg EL 902/23 Bü 6362 (Permalink: http://www.landesarchiv-bw.de/plink/?f=2-1685023)

91 © MLO (alle)

94 © MLO

95 © Badische Neueste Nachrichten, Nr. 80 (6.4.1964)

99 © Landesarchiv Baden-Württemberg, Staatsarchiv Freiburg C 25/1 Nr. 234, Bild 6 und 7 (Permalink: http://www.landesarchiv-bw.de/plink/?f=5-67923)

106 © Badische Landesbibliothek Karlsruhe.

107 © Landesarchiv Baden-Württemberg, Generallandesarchiv Karlsruhe N Wieland

108-109 © Landesarchiv Baden-Württemberg, Hauptstaatsarchiv Stuttgart EA 3/203 Bü 719 (Permalink: http://www.landesarchiv-bw.de/plink/?f=1-90116).

110 © C.F. Müller Verlag

111 © MLO

112 © MLO.

113 © MLO (beide)

114 © MLO (alle)

115 © Allgemeine Zeitung (22.3.1965), Nr. 67 (oben); © Badische Neueste Nachrichten (2.10.1967) (unten)

116 © MLO

117 © MLO (beide)

118 © MLO

119 © MLO

121 © Verlag Hans Carl Nürnberg, 1974 (oben); © MLO (unten)

123 © MLO

125 © Landesarchiv Baden-Württemberg, Hauptstaatsarchiv Stuttgart Q 2-50 Nr. 5645_[20a] (Permalink: http://www.landesarchiv-bw.de/plink/?f=1-2666967)

126 © Stadtbibliothek Baden-Baden

127 © MLO

128 © MLO

129 © Lott

130 © Wallstein Verlag (links); © MLO (rechts)

131 © MLO

132 © MLO

133 © MLO

135 © DER SPIEGEL 28/1991, SPIEGEL-Verlag Rudolf Augstein GmbH & Co. KG, Hamburg (links); © MLO (rechts)

136 © MLO

137 © Frankfurter Allgemeine Zeitung GmbH, Frankfurt. Alle Rechte vorbehalten. Zur Verfügung gestellt vom Frankfurter Allgemeine Archiv

139 © MLO

143 © MLO

144 © ONUK

146 © MLO (beide)

147 © MLO (beide)

148 © MLO (alle)

149 © MLO

150 © MLO (beide)

151 © MLO

152 © MLO

153 © MLO (alle)

154 © MLO (alle)

155 © MLO (alle)

156 © MLO (alle)

157 © Badische Neueste Nachrichten (5.5.2020), S. 15

158 © MLO (alle)

159 © MLO (alle)

160 © MLO (alle)

161 © MLO (alle)

162 © Info Verlag / MLO (oben links); © MLO (oben rechts, unten)

163 © MLO (beide)

164 © MLO (beide)

165 © MLO

166 © MLO (oben;) © Lea Meral (molitor) (unten)

167 © MLO. (oben)

168 © MLO (beide)

169 © MLO (beide)

170 © MLO

171 © MLO (links); © Frankfurter Allgemeine Zeitung GmbH, Frankfurt. Alle Rechte vorbehalten. Zur Verfügung gestellt vom Frankfurter Allgemeine Archiv

172 © MLO (beide)

173 © MLO (beide)

174 © MLO (oben und unten); © Gemeinde Renchen (Mitte)

175 © MLO (links); © Sparkasse Karlsruhe (rechts)

176 © MLO (alle)

177 © MLO (beide)

178 © MLO (beide)

179 © ONUK

180/181 © ONUK

182 © MLO

183 © Frankfurter Allgemeine Zeitung GmbH, Frankfurt. Alle Rechte vorbehalten. Zur Verfügung gestellt vom Frankfurter Allgemeine Archiv (links); © DIE ZEIT, Zeitverlag Gerd Bucerius GmbH & Co. KG, Hamburg (rechts)

184 © Thomas Persson, Deutsche Schule Stockholm, Schweden (oben); © Escola Alemã Corcovado / Deutsche Schule Rio de Janeiro (unten)

185 © Jörg Donecker

187 © MLO

205 MLO

214 MLO

218 MLO

Trotz sorgfältiger Recherchen war es nicht in allen Fällen möglich, die Rechteinhaber aller Texte und Bilder zu ermitteln. Wir bitten hiermit um Verständnis und ggf. um Kontaktaufnahme.

Autor und Autorinnen

Prof. Dr. Hansgeorg Schmidt-Bergmann, geb. 1956, lehrt Literaturwissenschaft an der Universität Karlsruhe (KIT). Er wurde über den Lyriker Nikolaus Lenau promoviert und mit einer Arbeit über den Berliner Expressionismus habilitiert. Seit 1998 ist er Geschäftsführender Vorsitzender der Literarischen Gesellschaft und Leiter des Museums für Literatur Karlsruhe.

Miriam Schabinger M.A. absolvierte ein Germanistik-Master-Studium am Karlsruher Institut für Technologie (KIT). Sie arbeitet als wissenschaftliche Mitarbeiterin bei der Literarischen Gesellschaft Karlsruhe.

Judith Samp M.A. absolvierte die Bachelorstudiengänge Literatur- und Geschichtswissenschaft an der Universität Erfurt und den Masterstudiengang Geschichte transkulturell an der Universität Erfurt mit dem Forschungsschwerpunkt Frauengeschichte. Zusätzlich studierte sie 2020/2021 an der National University of Ireland in Galway (NUIG). Seit 2023 arbeitet sie als Volontärin bei der Literarischen Gesellschaft.

Victoria Link B.A. studierte Buchwissenschaft und Germanistik; im Masterstudium studiert sie Mediävistik und Frühe Neuzeit.

Abb.: Das Team der Literarischen Gesellschaft bei der Jubiläumsfeier am 30. November 2024: Dr. Jürgen Oppermann, Matthias Walz, Christina Will, Judith Samp, Semra Güvendir, Prof. Dr. Hansgeorg Schmidt-Bergmann, Jan Herrmann, Isabell Gebhardt, Miriam Schabinger, Victoria Link (v. l.).

Dank

Wir bedanken uns ausdrücklich für die vielfältige Unterstützung beim Landesarchiv Baden-Württemberg, Generallandesarchiv Karlsruhe: Prof. Dr. Wolfgang Zimmermann, Dr. Martin Stingl, Sara Diedrich, Gabriele Wüst. Sehr hilfreich für unsere Recherchen war auch das Stadtarchiv Karlsruhe, insbesondere Angelika Herkert, Katja Schmalholz und Ariane Rahm.

Vielfältige Unterstützung leisteten: Stadtarchiv Heidelberg, Dr. Jonas Billy, Staatsarchiv Ludwigsburg, insbesondere Hartmut Obst, Hauptstaatsarchiv Stuttgart, insbesondere Dr. Albrecht Ernst und Dr. Clemens Regenbogen, Staatsarchiv Freiburg, insbesondere Jochen Rees, Stadtarchiv Baden-Baden, Dagmar Rumpf, Barbara Kimmerle für das Stadtarchiv Heilbronn, Andrea Majer für das Stadtarchiv Vaihingen und Caroline Blarr vom Staatsministerium Baden-Württemberg.

Zu danken haben wir auch unseren Mitarbeiterinnen und Mitarbeitern: Isabell Gebhardt, Christina Will, Dr. Jürgen Oppermann.

Wir danken der Stadt Karlsruhe und dem Land Baden-Württemberg für die finanzielle Unterstützung.

Der Dank gilt auch dem Wallstein Verlag für die Betreuung und die Aufnahme in das Verlagsprogramm, namentlich Thedel v. Wallmoden und Diane Coleman Brandt.

Dieses Buch wäre nicht möglich gewesen ohne die finanzielle Zuwendung unseres langjährigen Mitglieds Frau Jutta Dogan (1931-2023).

Dank an den Vorstand der Literarischen Gesellschaft: Dr. Peter Michael Ehrle (Stellvertretender Vorsitzender), Dr. habil. Beate Laudenberg, Dir. Michael Huber, Arno Stengel (Justiziar).

Abb.: *Geschäftsführender Vorstandsvorsitzender und Leiter des Museums für Literatur am Oberrhein Karlsruhe:* Professor Dr. Hansgeorg Schmidt-Bergmann (Literaturwissenschaftler, Universität Karlsruhe KIT); *Stellvertretende Vorsitzende:* Dr. Peter Michael Ehrle (Direktor der Badischen Landesbibliothek Karlsruhe i. R.); Dr. phil. habil. Beate Laudenberg (Dozentin an der Pädagogischen Hochschule Karlsruhe); *Schatzmeister:* Direktor Michael Huber (Vorstandsvorsitzender der Sparkasse Karlsruhe); *Justitiar:* Arno Stengel (Rechtsanwalt, Kanzlei Nonnenmacher Rechtsanwälte).

Personenregister

Bibliografische Information der Deutschen Nationalbibliothek
Die Deutsche Nationalbibliothek verzeichnet diese Publikation in der
Deutschen Nationalbibliografie; detaillierte bibliografische Daten
sind im Internet über http://dnb.d-nb.de abrufbar.

© Wallstein Verlag, Göttingen 2025
Geiststr. 11, 37073 Göttingen
www. wallstein-verlag.de
info@wallstein-verlag.de

Vom Verlag gesetzt aus der Aldus nova pro
Umschlaggestaltung: Susanne Gerhards, Düsseldorf, © SG-Image
unter Verwendung einer Fotografie des PrinzMaxPalais von ONUK.

Druck: Friedrich Pustet, Regensburg
ISBN 978-3-8353-5689-4